Investimento
A Última Arte Liberal

Robert G. Hagstrom

Investimento
A Última Arte Liberal

Tradução | **Fernando Silva**

São Paulo | 2022

Impresso no Brasil, 2022
Título original: *Investing: The Last Liberal Art*
Copyright © 2013 Robert G. Hagstrom

Os direitos desta edição pertencem à
LVM Editora
Rua Leopoldo Couto de Magalhães Júnior, 1098, Cj. 46
04.542-001 • São Paulo, SP, Brasil
Telefax: 55 (11) 3704-3782
contato@lvmeditora.com.br • www.lvmeditora.com.br

Gerente Editorial | Chiara Ciodarot
Editor-chefe | Pedro Henrique Alves
Editor responsável | Alex Catharino
Tradução | Fernando Silva
Revisão da tradução | Chiara di Axox
Revisão ortográfica e gramatical | Márcio Scansani / Armada
Elaboração do índice | Márcio Scansani / Armada
Capa | Mariangela Ghizellini
Diagramação e editoração | Rogério Salgado / Spress
Gráfica | Gráfica Viena

Dados Internacionais de Catalogação na Publicação (CIP)
Angélica Ilacqua CRB-8/7057

H167i Hagstrom, Robert G., 1956-
    Investimento : a última arte liberal / Robert G. Hagstrom; tradução de Fernando Silva. — 2 ed. - São Paulo: LVM Editora, 2022.
    320 p.

    Bibliografia
    ISBN 978-65-86029-86-4
    Título: Investing: The last liberal art

1. Investimentos 2. Economia I. Título II. Silva, Fernando

22-2054   CDD 332.6

Índices para catálogo sistemático:
1. Investimentos 332.6

Reservados todos os direitos desta obra.
Proibida toda e qualquer reprodução integral desta edição por qualquer meio ou forma, seja eletrônica ou mecânica, fotocópia, gravação ou qualquer outro meio de reprodução sem permissão expressa do editor.
A reprodução parcial é permitida, desde que citada a fonte.

Esta editora empenhou-se em contatar os responsáveis pelos direitos autorais de todas as imagens e de outros materiais utilizados neste livro.
Se porventura for constatada a omissão involuntária na identificação de algum deles, dispomo-nos a efetuar, futuramente, os possíveis acertos.

Sumário

Agradecimentos
- 07 -

Prefácio
- 13 -

Capítulo I | Uma Treliça De Modelos Mentais
- 19 -

Capítulo II | Física
- 39 -

Capítulo III | Biologia
- 61 -

Capítulo IV | Sociologia
- 93 -

Capítulo V | Psicologia
- 127 -

Capítulo VI | Filosofia
- 157 -

Capítulo VII | Literatura
- 191 -

Capítulo VIII | Matemática
- 227 -

Capítulo IX | Tomada de Decisão
- 263 -

Lista de Leitura do St. John's College
- 293 -

Índice Remissivo e Onomástico
- 301 -

Agradecimentos

AGRADECIMENTOS

Para começar, desejo agradecer, com apreço e gratidão, a Charlie Munger e seu maravilhoso conceito de treliça de modelos mentais. Esta ideia inspirou este livro e continua a me inspirar na condução de minha vida profissional todos os dias.

Então, para escrever o livro propriamente dito, devo começar expressando meu mais profundo agradecimento à minha parceira de redação, Maggie Stuckey. Este é o oitavo livro que escrevemos juntos nos últimos dezoito anos e, honestamente, não acho que teria escrito um livro sem ela. Maggie trabalha e mora em Portland, Oregon. Moro na Pensilvânia e trabalho na Costa Leste. Uma colaboração separada por um continente pode representar um problema para muitos, mas o trabalho árduo de Maggie, sua dedicação e seu dom especial de se conectar imediatamente ao trabalho sempre me fizeram sentir que ela mora ao lado. Como mencionei no Prefácio, este foi um livro particularmente difícil de escrever. Contudo, o talento de Maggie para se ligar imediatamente ao material tornou o desafio muito mais fácil. Ela sempre foi capaz de adicionar um pedacinho extra, animando a história. Você, leitor, e eu, o autor, temos muita sorte de Maggie ter compartilhado, de bom grado, seus dons naturais conosco.

Tenho a sorte de ter tido muitos amigos, colegas e professores dispostos a compartilhar seu valioso tempo comigo. Cada um explicou, pacientemente, as nuances de sua área específica de especialização e como o seu aprendizado também pode beneficiar as pessoas que lutam para entender o mundo dos investimentos.

Um agradecimento especial vai para Bill Miller, que me apresentou ao Instituto Santa Fé e ao mundo dos sistemas adaptativos complexos. Bill é uma biblioteca ambulante que me permitiu "verificar", de graça, inúmeros livros e ideias.

Michael Mauboussin, estrategista de investimentos, professor e escritor talentoso, é igualmente curioso sobre o mundo dos investimentos. Sua generosidade em compartilhar ideias e disposição para me orientar nas partes mais difíceis foram incrivelmente úteis. Obrigado, Michael.

Gostaria de agradecer a Richard Beeman, Paul Sniegowski, Larry Gladney e William Wunner da Universidade da Pensilvânia. Na Villanova University, minha *alma mater*, Maria Toyoda e Markus Kruezer têm paixão por uma interpretação do mundo através das artes liberais. A paixão acadêmica deles foi uma faísca importante e oportuna, motivando-me a cavar um pouco mais fundo.

No St. John's College, um agradecimento especial é estendido ao presidente Christopher Nelson. Chris apoiou entusiasticamente o projeto, apresentando-me a várias pessoas que ajudaram a compreender melhor os benefícios de uma educação em Grandes Livros. Agradecimentos a Walter Sterling, tutor; Greg Curtis, ex-aluno honorário e a Don Bell, Lee Munson e Steve Bohlin. *Go Johnnies!*

Gostei especialmente de minha conversa com Benjamin Doty, diretor sênior de investimentos da Koss Olinger e professor adjunto da Universidade de Michigan. Ben é um investidor profissional, tendo dedicado seu valioso tempo para ministrar um curso sobre os benefícios da leitura de literatura e como fazer isso o torna um investidor melhor. Sua lista de leitura é uma distração cuidadosa e bem-vinda das pilhas de informações que dominam nossas horas de leitura.

Tenho uma grande dívida para com Laurie Harper, da Sebastian Literary Agency. Laurie é a agente perfeita que navega pelo mundo editorial com grande integridade. É inteligente e leal. Seu profissionalismo, franca honestidade e grande senso de humor sempre foram apreciados. Ela é, em uma palavra, especial.

Também gostaria de agradecer, de todo o coração, Myles Thompson da Columbia University Press. Quando Myles perguntou se eu poderia revisitar *Investimentos: A Última Arte Liberal* imediatamente aproveitei a oportunidade. Myles não é apenas um editor talentoso, é também meu amigo. Obrigado por seu apoio contínuo.

Escrever é um esforço demorado. O tempo que você passa escrevendo um livro exige paciência e compreensão de sua família. Por seu apoio inabalável, devo mais do que posso dizer a minha esposa Maggie e a John, Rob, Kim e Jaques.

Por tudo o que há de bom e correto sobre este livro, você pode agradecer às pessoas mencionadas aqui. Por quaisquer erros e omissões, sou o único responsável.

Prefácio

Prefácio

No ano 2000, escrevi um livro então intitulado *Latticework: The New Investing*[1]. Era uma interpretação liberal sobre investimentos, inspirada pelas palestras de Charlie Munger sobre a arte de obter o que ele chamava de "sabedoria mundana". Para aqueles que não conhecem Charlie, ele é vice-presidente da Berkshire Hathaway[2] e parceiro de investimentos de Warren Buffett — provavelmente, o maior investidor do mundo.

O título *Latticework* [treliça] foi deliberadamente escolhido com o intuito de deixar clara a sua ligação com a abordagem de Charlie. Seu conceito de "treliça de modelos mentais" é bem conhecido por investidores, instantaneamente identificável. Pelo menos, eu pensava assim. Desde então, aprendi que autores são os melhores para escrever livros, mas profissionais de *marketing* são os melhores para intitulá-los e publicá-los. No ano seguinte à

---

[1] HAGSTROM, Robert G. *Latticework: The New Investing*. New York: Texere, 2000.
[2] Companhia sediada no Nebraska, responsável pela supervisão e gerenciamento de um conglomerado de empresas subsidiárias, famosa também por conseguir crescimentos significativos das empresas que gerencia e subsidia; seu CEO é o lendário Warren Buffett. O valor de mercado da Berkshire Hathaway, na primeira metade de janeiro de 2021, é de US$ 548,87 bilhões.

publicação de *Latticework*, o editor decidiu relançar o livro como brochura, com um novo título: *Investimentos: A Última Arte Liberal*. O resultado? Um inegável aumento no interesse pelo livro. Posteriormente, quando a Editora da Universidade Columbia perguntou se eu estaria interessado em revisar o trabalho original para a segunda edição, aceitei imediatamente a oportunidade. Primeiro porque acredito profundamente nos valores e lições do livro e, sobretudo, por causa da quantidade de conhecimento novo (ao menos, para mim), que obtive durante a última década. Para dar um pequeno exemplo, existem aproximadamente cem novas entradas na Bibliografia.

 A estrutura geral do livro é a mesma. Examinamos os principais modelos mentais em Física, Biologia, Ciências Sociais, Psicologia, Filosofia e Literatura. Adicionamos ainda um capítulo inteiramente novo sobre Matemática. O livro então se conclui com um capítulo sobre "tomadas de decisão". Para aqueles que leram a primeira edição, vocês irão revisitar muitos dos modelos clássicos, mas também receberão conhecimento e entendimento substancialmente novos, baseados em um novo material a cada capítulo. Prova positiva de que o aprendizado é um processo contínuo.

 Tenha algo sempre em mente: este não é um livro didático sobre investimentos. Você não encontrará um novo conjunto de instruções passo-a-passo sobre como escolher ações, ou administrar seu portfólio. Entretanto, após ler este livro, você terá — se estiver disposto a dedicar algum tempo às ideias desafiadoras — uma nova forma de *pensar* sobre investimentos e um entendimento mais claro de como mercados e economias funcionam. É uma compreensão derivada, não de livros didáticos de Economia e Finanças, porém de verdades básicas incorporadas em um número de disciplinas aparentemente não-relacionadas. As mesmas que você iria encontrar em uma educação liberal clássica.

 Para desenvolver esse novo entendimento, você e eu caminharemos juntos através dessas áreas de conhecimento, investi-

Prefácio

gando os conceitos básicos e fundamentais de cada campo. Por vezes, começaremos com uma visão geral histórica para ver a origem dos conceitos; depois, avançaremos. Sempre examinaremos como esses conceitos se relacionam a investimentos e aos mercados. Um capítulo de cada vez, uma peça de cada vez, juntamente com algumas das maiores mentes de todos os tempos, reuniremos uma forma de pensar sobre investimentos nova e original.

Devo confessar que escrever este livro foi difícil. Foi necessário mergulhar profundamente em diversas disciplinas para, então, destilar a essência de cada uma em um curto capítulo. As discussões são — por necessidade e sem excesso de desculpas —, ao mesmo tempo, breves e gerais. Caso você seja um especialista em qualquer uma dessas disciplinas, poderá questionar minha apresentação, ou concluir que omiti certos conceitos. Porém, compreenda que fazer de outra forma teria resultado em um livro com capítulos de cem páginas e um manuscrito final proporcionalmente similar a uma enciclopédia. Enquanto escrevia este livro, concluí ser muito mais importante fazer um sermão mais curto para um número maior de pessoas, ao invés de restringir a mensagem geral aos poucos dispostos a enfrentar uma dissertação. Por este motivo, espero que reconheça ter sido necessário limitar as descrições em cada disciplina aos princípios básicos.

Mesmo assim, muitos podem achar a leitura desse livro, de certa forma, um desafio. Não terá sido menos desafiador do que foi escrevê-lo. Foi desafiador de duas maneiras. Primeiro, alguns dos capítulos podem tratar de disciplinas que não lhe são familiares e lê-los pode fazê-lo lembrar de um seminário intensivo de nível superior. Contudo, espero que a exposição a novas ideias lhe seja estimulante e gratificante. Segundo, uma vez que cada capítulo apresenta um campo de estudo completamente diferente, o benefício total do livro talvez não fique inteiramente claro até você chegar ao final. Trata-se de um processo cumulativo, com cada capítulo adicionando uma nova camada de ideias. Tentei apontar temas em comum e fazer conexões mentais, mas meus comentários não substituem sua própria revelação pessoal. Ela virá de um estudo cuidadoso e de uma reflexão ponderada.

A leitura deste livro requer tanto curiosidade intelectual quanto uma medida significativa de paciência. Em um mundo que busca cada vez mais atender às nossas necessidades no mais curto espaço de tempo, este livro pode ser uma anomalia. Entretanto, sempre acreditei que não existem atalhos para uma compreensão maior. Você deve, simplesmente, aprender os fundamentos.

Essa perspectiva ampla da compreensão é o coração de uma abordagem liberal para investimentos. Já não é suficiente simplesmente adquirir e dominar o básico em Contabilidade, Economia e Finanças. Gerar bons retornos pelo investimento, acredito eu, requer muito mais. É motivado por um apetite mental pela descoberta e uso de novas visões, independentemente da classificação decimal Dewey que tenham, ou do quanto elas possam parecer, em princípio, não relacionadas.

Os erros mais frequentes em investimentos acontecem devido à confusão do investidor. Em minha opinião, as lições básicas de investimento aprendidas até agora não nos deram uma visão completa de como os mercados operam, ou de como investidores operam dentro dos mercados. Não é surpreendente que estejamos confusos. Não surpreende que cometamos erros. Quando não entendemos algo, existe sempre 50% de chance de tomarmos a decisão errada. Caso este livro melhore, ainda que ligeiramente, seu entendimento de investimentos, e de como os mercados funcionam, então, as probabilidades de sucesso estarão a seu favor.

Robert G. Hagstrom
Villanova, Pensilvânia Setembro de 2012

Capítulo I

Capítulo I
Uma Treliça de Modelos Mentais

Em abril de 1994, na Escola de Negócios Marshall da Universidade do Sul da Califórnia (USC), estudantes do Seminário de Investimentos do Dr. Guilford Babcock receberam um presente incomum: uma dose poderosa de conhecimento do mundo real advinda de um homem cujas ideias sobre dinheiro são amplamente consideradas inestimáveis.

Charles Munger — Charlie, como é conhecido por todo o mundo dos investimentos — é vice-presidente da Berkshire Hathaway, a *holding* gerida por Warren Buffett, o investidor mais famoso do mundo. Formado originalmente como advogado, Charlie é parceiro de negócios, amigo e braço direito de Buffett. E atrai atenção sempre que fala.

Charlie Munger é uma joia intelectual, de certa forma, escondida atrás de seu parceiro mais famoso. O anonimato não é culpa de Buffett. Charlie, simplesmente, prefere um comportamento discreto. Exceto por suas aparições ocasionais — tais como a da USC — e seu papel proeminente nas reuniões anuais na Berkshire Hathaway, Charlie se mantém, em grade medida, longe dos olhos do público. Mesmo durante essas reuniões anuais, ele mantém suas considerações breves, permitindo que Buffett responda a maioria dos questionamentos dos acionistas. Porém, ocasionalmente, Charlie tem algo a acrescentar. Quando ele fala, os acionistas se endireitam, inclinam-se para a frente na ponta da cadeira, esforçam-se para ter uma visão melhor e ouvir cada palavra.

Na sala de aula do Dr. Babcock, naquele dia de abril, a atmosfera era praticamente a mesma. Os estudantes sabiam quem estavam escutando. Sabiam estar prestes a receber o benefício de um considerável conhecimento sobre investimentos. O que, na verdade, obtiveram foi algo infinitamente mais valioso.

No primeiro momento, Charlie admitiu, maliciosamente, que estava para pregar uma peça em sua plateia. Ao invés de discutir a Bolsa de Valores, pretendia falar sobre "escolha de ações como uma subdivisão da arte da sabedoria mundana"[3]. Durante a próxima hora e meia, ele desafiou os estudantes a ampliarem sua visão de Mercado, Finanças e Economia em geral. O objetivo era percebê-las, não como disciplinas separadas, mas como parte de um corpo mais amplo de conhecimentos, que também incorpora Física, Biologia, Ciências Sociais, Psicologia, Filosofia, Literatura e Matemática.

Dentro desta visão mais ampla, sugeriu ele, cada disciplina se entrelaça a todas as outras, fortalecendo-as durante o processo. De cada disciplina, a pessoa cuidadosa extrai modelos mentais significativos; ideias-chave que, combinadas, produzem uma compreensão coesa. Quem cultivar essa visão ampla estará bem encaminhado para conquistar a sabedoria acumulada da humanidade. Aquela fundação mental sólida, sem a qual o sucesso no mercado, ou em qualquer outro lugar, não passa de uma mera casualidade de curta duração.

Para sustentar seu argumento, Charlie utilizou uma metáfora memorável para descrever essa estrutura interligada de

---

[3] A apresentação completa de Charles Munger na aula do Dr. Babcock, em forma levemente editada, aparece na edição de 5 de maio de 1995, da *Outstanding Investor Digest* (OID), de onde as passagens citadas aqui foram retiradas.

ideias: uma treliça de modelos. "Você deve ter modelos em sua cabeça," explicou ele, "e deve organizar essas experiências — diretas e de terceiros — nesta treliça de modelos". Essa imagem visual é tão imediata que "treliça" se tornou uma espécie de designação abreviada no mundo dos investimentos. Uma referência rápida e facilmente reconhecível para a abordagem de Charlie.

É um tema ao qual ele retorna com frequência. Nas reuniões anuais da Berkshire Hathaway, por exemplo, ele frequentemente complementa as respostas de Buffett com citações de algum livro lido recentemente. Muitas vezes, a citação não parece, a princípio, ter conexão direta com investimentos, contudo, com a explicação de Charlie, ela se torna rapidamente relevante. Não que as respostas de Buffett sejam incompletas. Longe disso. Na verdade, quando Charlie se mostra apto a conectar as ideias de Buffett a ideias similares de outras disciplinas, isso tende a elevar os níveis de entendimento pelo grupo.

A atenção de Charlie a outras disciplinas é proposital. Ele opera com uma firme crença: unir os modelos mentais de disciplinas separadas, para criar uma treliça de conhecimento, é uma maneira poderosa de obter resultados superiores em investimentos. Decisões de investimento são mais propensas a estarem corretas quando ideias de outras disciplinas levam às mesmas conclusões. Esta é a principal recompensa: um conhecimento mais amplo nos torna investidores melhores. Entretanto, ficará imediatamente óbvio que as ramificações são muito mais amplas. Aqueles empenhados em entender conexões estarão bem encaminhados para obter a sabedoria acumulada pela experiência humana. Isso nos torna não somente melhores investidores, mas melhores líderes, cidadãos, pais, cônjuges e amigos.

Como alguém adquire a tal "sabedoria mundana"? Para explicar a questão de modo conciso: é um processo contínuo de, primeiro, adquirir conceitos significativos — os modelos — de diversas áreas de conhecimento para, então, em segundo, aprender a reconhecer padrões similares entre eles. O primeiro é uma questão de educar a si mesmo. O segundo é o caso de aprender a pensar e a enxergar de maneira diferente.

Adquirir o conhecimento de diversas disciplinas pode parecer uma tarefa assustadora. Felizmente, você não precisa se tornar um especialista em cada área. Você, simplesmente, precisa aprender os princípios fundamentais — o que Charlie chama de "grandes ideias" — e aprendê-los tão bem a ponto de estarem sempre com você. Os capítulos seguintes deste livro têm o objetivo de serem um ponto de partida para essa autoeducação. Cada um examina uma disciplina específica — Física, Biologia, Ciências Sociais, Psicologia, Filosofia, Literatura e Matemática — da perspectiva de sua contribuição para uma treliça de modelos. Claro, muitas outras fontes estão disponíveis para o explorador intelectual.

Normalmente, nesse ponto se escuta uma reclamação: "Não é o que uma educação universitária deve nos oferecer, ensinar conceitos críticos que foram desenvolvidos ao longo dos séculos?" Claro. A maioria dos educadores vai lhe dizer, de maneira apaixonada, que um amplo currículo fundamentado nas artes liberais é a melhor maneira (talvez a única) de produzir pessoas bem-educadas. Em tese, poucos argumentariam contra esse posicionamento. Porém, na realidade, tornamo-nos uma sociedade que prefere a especialização à amplitude.

Isso é completamente compreensível. Estudantes e pais gastam uma pequena fortuna em uma educação universitária, esperando que esse investimento se pague prontamente na forma de boas propostas de emprego após a graduação. Eles sabem que a maioria dos recrutadores corporativos quer trabalhadores com conhecimento especializado, que possam trazer uma contribuição imediata e específica para a organização. Não é de admirar que a maior parte dos estudantes de hoje, confrontados com essa pressão, resistam a uma educação ampla em artes liberais, favorecen-

Capítulo I | Uma Treliça de Modelos Mentais

do uma especialização principal. Compreensível, como eu disse. Ainda assim, acredito estarmos todos mais pobres por causa disso.

Em determinado momento de nossa história, recebemos um excelente modelo do que constitui uma boa educação. Talvez devêssemos ter prestado mais atenção.

* * *

No verão de 1749, assinantes da *Gazeta da Pensilvânia* receberam, juntamente com seu jornal, um panfleto adicional, escrito pelo editor do jornal, Benjamin Franklin (1706-1790). Ele descreveu esse panfleto — intitulado *Propostas Relacionadas à Educação da Juventude na Pensilvânia* — como um "artigo de dicas" referente ao desapontamento de que "a juventude da Província não tinha formação"[4]. Os jovens de Connecticut e Massachusetts já estavam frequentando Yale e Harvard, os da Virgínia tinham a Faculdade William e Mary. Estudantes de Nova Jérsei tinham a opção da Faculdade de Nova Jérsei (posteriormente, chamada de Princeton). Mas a Filadélfia, a maior e mais rica cidade das Colônias, conhecida como a Atenas da América, não tinha instituição de nível superior. Em seu panfleto, Franklin explicou sua proposta para remediar essa situação com o estabelecimento da Academia Pública da Filadélfia.

O conceito de Franklin era original para a época. Harvard, Yale, Princeton e William e Mary eram escolas para a educação de clérigos. Seus currículos enfatizavam os estudos clássicos ao invés das lições práticas que preparavam jovens para os negócios e para o serviço público. A esperança de Franklin era que a Academia da Filadélfia enfatizasse, tanto as áreas tradicionais clássicas (chamadas por ele de "ornamentais") quanto as práticas. Ele escreveu:

---

[4] Benjamin Franklin, "Proposals Relating to the Education of the Youth in Pensilvania", 1749. Todas as citações de Franklin nessa seção do capítulo foram tiradas desse panfleto.

Quanto a seus estudos, seria ótimo se eles pudessem ser ensinados com aquilo tudo o que é útil e tudo o que é ornamental. Mas a arte é longa e seu tempo, curto. Desta forma, propõe-se que eles aprendam aquelas coisas consideradas mais propensas a serem úteis e ornamentais, levando em consideração as profissões que irão exercer.

Hoje, a Academia Pública da Filadélfia de Franklin é a Universidade da Pensilvânia. O antigo reitor da Faculdade de Artes e Ciências, Dr. Richard Beeman (1942-2016), descreve o escopo da realização de Franklin[5]. "Benjamin Franklin propôs o primeiro currículo secular da Era Moderna," explica ele, "e o momento foi perfeito." No século XVIII, a base de conhecimento mundial estava se expandindo com novas descobertas em Matemática e Ciências. E o currículo clássico de Grego, Latim e a Bíblia já não era mais suficiente para explicar esse novo conhecimento. Franklin propôs incluir essas novas áreas na Academia — e foi além. Recomendou também que os estudantes adquirissem o conjunto de conhecimentos necessários para se tornarem bem sucedidos nos negócios e no serviço público. Segundo ele, uma vez que os estudantes dominassem essas competências básicas — que na época incluíam ainda Redação, Desenho, Oratória e Aritmética — poderiam, então, dedicar atenção à aquisição de conhecimento.

"Quase todos os tipos de conhecimentos úteis podem ser aprendidos através do estudo da História", escreveu Franklin. Entretanto, ele quis ir muito além da definição costumeira que temos da disciplina de História. Para Franklin, "história" abrangia tudo o que é significativo e valioso. Ao encorajar os jovens a lerem História, Franklin quis dizer: Filosofia, Lógica, Matemática, Religião, Governo, Direito, Química, Biologia, Saúde, Agricultura, Física e Idiomas estrangeiros. Para aqueles que consideravam se

---

[5] Professor Richard Beeman, entrevistado pelo autor, 23 de dezembro de 1999.

essa pesada tarefa era realmente necessária, Franklin respondia que aprender não é um fardo, mas um presente. Se você lê as histórias universais, dizia, "isso vai lhe dar uma ideia conectada dos assuntos humanos".

Benjamin Franklin foi o criador da "educação em artes liberais", ressalta Beeman.

> Ele estava no negócio de cultivar hábitos mentais. A Academia da Filadélfia foi uma ampla plataforma para a aprendizagem permanente. Claro, Franklin é o exemplo perfeito. Ele manteve sua mente aberta e sua ambição intelectual completamente alimentada. Como educador, ele é meu herói.

Beeman continua:

> O sucesso de Benjamin Franklin como educador era baseado em três princípios fundamentais. Primeiro, o estudante deve adquirir o conjunto básico de conhecimentos: Redação, Leitura, Aritmética, Educação Física e Oratória. Depois, o estudante deve ser apresentado aos corpos de conhecimento para, finalmente, ser ensinado a cultivar hábitos da mente através da descoberta das conexões existentes entre os corpos de conhecimento.

Nos duzentos e cinquenta anos desde a proposta de Franklin, educadores americanos têm debatido, continuamente, o melhor método pra treinar jovens mentes. Administradores de faculdades têm ajustado incessantemente seus currículos na esperança de atrair os melhores estudantes. Ainda existem críticos ao nosso sistema educacional atual — e muitas de suas críticas parecem válidas. Mesmo assim, com todas as suas falhas, nosso sistema educacional hoje faz um trabalho razoavelmente bom, oferecendo ferramentas e produzindo conhecimento — os dois primeiros princípios-chave de Franklin. A questão é que, frequentemente, falta seu terceiro princípio: os "hábitos mentais" que parecem conectar diferentes corpos de conhecimento.

Podemos mudar isso. Mesmo que nossos dias de educação formal tenham sido deixados para trás, podemos buscar, por conta própria, ligações entre ideias em várias arenas, conexões que iluminam a real compreensão.

* * *

É fácil perceber que cultivar os "hábitos da mente" de Franklin — para usar a maravilhosa expressão do Professor Beeman — é a chave para conquistar a "sabedoria mundana" de Charlie Munger. Porém, enxergar isso é uma coisa; colocar em prática é outra. Para muitos de nós, isso vai contra o modelo mental. Após termos investido muitos anos aprendendo uma especialidade, agora estão nos pedindo para nos ensinarmos outras. Estão nos dizendo para não nos limitarmos aos confins estreitos da disciplina na qual fomos treinados, mas pular as cercas intelectuais e ver o que existe do outro lado.

Para investidores, as recompensas de fazer esse esforço são enormes. Quando você se permite ver através das cercas imediatas, consegue observar similaridades em outros campos, reconhecendo padrões de ideias. Então, à medida em que um conceito é reforçado por outro, outro e ainda outro, você percebe estar no caminho certo. A chave é descobrir as conexões entre uma ideia e outra. Felizmente para nós, a mente humana já trabalha dessa maneira.

* * *

Em 1895, um jovem estudante de pós-graduação chamado Edward Thorndike (1874-1949) começou a estudar comportamento animal sob a orientação do psicólogo e filósofo William James

(1842-1910), na Universidade Harvard. Iremos encontrar William James posteriormente neste livro, com outra função; no momento, nosso interesse em Thorndike é em sua pesquisa pioneira sobre como funciona o aprendizado — tanto em humanos quanto em animais. Thorndike foi o primeiro a desenvolver o que hoje conhecemos como estrutura de estímulo-resposta. Nela, o conhecimento ocorre quando associações — conexões — são formadas entre estímulo e resposta.

Thorndike continuou seus estudos na Universidade Columbia, onde trabalhou próximo a Robert S. Woodworth (1869-1962). Juntos, investigaram o processo através do qual o conhecimento é transferido. Concluíram, em artigo publicado em 1901, que conhecimento em uma área não facilita aprendizado em outras. Ao contrário, argumentavam, o aprendizado é transferido somente quando, tanto o original quanto a nova situação, apresentam elementos similares. Isto é, se entendemos *A* e reconhecemos algo em *B* que se assemelha a *A*, então, estamos bem encaminhados para entender *B*. Nesta visão, aprender novos conhecimentos está menos relacionado a uma mudança na habilidade de aprendizado de uma pessoa do que à existência de elementos em comum. Não aprendemos novos assuntos porque nos tornamos, de algum modo, melhores aprendizes, mas porque nos tornamos melhores em reconhecer padrões.

A teoria de aprendizado de Edward Thorndike está no cerne de uma teoria contemporânea de Ciência Cognitiva chamada *conexionismo*. (As Ciências Cognitivas abrangem o funcionamento do cérebro — como pensamos, aprendemos, raciocinamos, lembramos e tomamos decisões). O *conexionismo*, desenvolvido a partir dos estudos de Thorndike sobre padrões de estímulo e resposta, prega que o aprendizado é um processo de tentativa e erro, em que respostas favoráveis a novas situações (estímulos) de fato alteram as conexões neurais entre as células cerebrais. Isto é, o processo de aprendizado afeta as conexões sinápticas entre neurônios, que se ajustam continuamente à medida em que reconhecem padrões familiares e acomodam novas informações. O cérebro tem a habilidade de unir conexões relacionadas em uma cadeia e transferir o aprendizado em situações similares. A inteligência, portanto, pode ser vista como uma função de quantas conexões a pessoa aprendeu.

O *conexionismo* recebeu muita atenção, tanto de líderes de negócios, quanto de cientistas, porque está no centro de um poderoso e novo sistema de tecnologia da informação conhecido como *redes neurais artificiais*. Essas redes neurais — como são mais comumente chamadas — visam replicar o funcionamento do cérebro, com a maior precisão possível, com computadores tradicionais.

No cérebro, neurônios funcionam dentro de grupos chamados redes, cada uma com milhares de neurônios interconectados. Portanto, podemos pensar no cérebro como uma coleção de redes neurais. Redes neurais artificiais, por sua vez, são computadores que imitam a estrutura básica do cérebro. Consistem em centenas de unidades de processamento (análogos aos neurônios), interligadas em uma rede complexa. (Surpreendentemente, neurônios são mais lentos do que chips de silicone por muitas ordens de magnitude, contudo, o cérebro compensa essa falta de velocidade com um número imenso de conexões que oferecem enorme eficiência).

O grande poder da rede neural — e a qualidade que a diferencia de um computador tradicional — é que a ponderação das conexões entre suas unidades poder ser ajustada à medida em que as sinapses cerebrais se ajustam, tornando-se mais fracas, ou mais fortes, ou até mesmo completamente renovadas, quando for necessário realizar diferentes tarefas. Então, da mesma maneira que o cérebro aprende, uma rede neural pode aprender. Assim como o cérebro, ela tem a habilidade de reconhecer padrões complexos, classificar novas informações dentro de padrões e fazer associações entre informações novas.

Capítulo I | Uma Treliça de Modelos Mentais

Estamos somente começando a entender como essa tecnologia pode ser aplicada ao mundo dos negócios. Alguns exemplos: um fabricante de comidas para bebês usa a tecnologia para administrar a negociação de contratos futuros de boi gordo; engarrafadores de refrigerantes usam-no como um "nariz eletrônico", identificando e analisando odores desagradáveis; empresas de cartão de crédito o utilizam para detectar assinaturas falsificadas e para detectar fraude a partir dos desvios em hábitos de compra; companhias aéreas utilizam-na para prever demanda por voos; serviços postais usam redes neurais para decifrar caligrafia ruim; empresas de computador usam-nas para desenvolver um software que reconheça anotações feitas à mão enviadas por e-mail e desenhos de engenharia rabiscados em guardanapos de papel.

***

O processo de construir e utilizar uma treliça de modelos mentais é uma abordagem inovadora ao pensamento — e pode ser intimidadora para muitos, ao ponto da paralisia mental. Felizmente, existe um roteiro de fácil compreensão para o processo.

O Instituto Santa Fé, em Santa Fé, Novo México, é um centro de pesquisa e educação multidisciplinar. Nele, físicos, biólogos, matemáticos, cientistas da computação, psicólogos e economistas se unem para estudar sistemas adaptativos complexos. Esses cientistas estão tentando entender e prever sistemas imunológicos, sistemas nervosos centrais, ecologias, economias e bolsas de valores — todos eles, profundamente interessados em novas maneiras de pensar.

John H. Holland (1929-2015), professor em dois campos na Universidade de Michigan — Psicologia e Ciência e Engenharia da Computação — é um visitante frequente do Instituto Santa Fé, onde palestrou extensivamente sobre pensamento inovador. De acordo com Holland, pensamento inovador requer o domínio de dois passos importantes. Primeiro, devemos entender as disciplinas básicas das quais iremos extrair conhecimento. Segundo, precisamos estar cientes dos usos e benefícios das metáforas.

Você reconhecerá o primeiro passo como exatamente igual à primeira parte do processo de Charlie Munger para obter sabedoria mundana. A habilidade de conectar modelos mentais, para depois se beneficiar das conexões, supõe um entendimento básico de cada modelo da treliça. Não há benefício em entrelaçar modelos mentais se você não tem ideia de como cada modelo trabalha e quais fenômenos ele descreve. Lembre-se, contudo, que não é necessário se tornar especialista em cada modelo, mas sim, entender os fundamentos.

O segundo passo — encontrar metáforas — a princípio pode parecer surpreendente, especialmente se ele lhe faz lembrar sua aula de Inglês do primeiro ano do ensino médio. No nível mais simples, uma metáfora é uma maneira de transmitir significado utilizando uma linguagem fora do comum e não-literal. Quando dizemos "o trabalho foi infernal" não queremos realmente dizer que passamos o dia combatendo incêndios e revolvendo cinzas. Entretanto, desejamos comunicar, sem sombra de dúvida, o quanto nosso dia no escritório foi difícil. Utilizada dessa forma, uma metáfora é uma maneira concisa, memorável e frequentemente alegre de expressar emoções. Em um sentido mais profundo, metáforas representam não somente linguagem, mas também pensamento e ação. Ao escrever *Metáforas da Vida Cotidiana*, os linguistas George Lakoff e Mark Johnson sugeriram que "o nosso sistema conceitual comum, nos termos do pensar e agir, é fundamentalmente metafórico por natureza"[6].

Contudo, argumenta Holland, metáforas são muito mais do que uma mera forma alegre de discurso — e ainda mais do que

---

[6] LAKOFF, George & JOHNSON, Mark. *Metaphors We Live By*. Chicago: University of Chicago Press, 1980, p. 3.

uma representação de pensamentos. Elas também podem nos ajudar a traduzir ideias em modelos. Isso, diz ele, representa a base do pensamento inovador. Da mesma forma que uma metáfora ajuda a comunicar um conceito comparando-o com outro amplamente compreendido, usar um simples modelo para descrever uma ideia pode nos ajudar a compreender as complexidades de uma ideia semelhante. Em ambos os casos, estamos usando um conceito (a fonte) para melhor compreender outra (o objetivo). Utilizadas dessa maneira, metáforas não apenas expressam ideias existentes como estimulam novas.

No livro *Connections*, baseado em uma memorável série da PBS, James Burke descreve diversos casos em que inventores foram levados a uma descoberta ao observarem as similaridades existentes entre uma invenção prévia (fonte) e aquela que o inventor desejava construir (objetivo). O automóvel é um excelente exemplo. O carburador está ligado a um *spray* de perfume que, por sua vez, está relacionado a um italiano do século XVIII que estava tentando entender como aproveitar a força hidráulica da água. A pistola elétrica de Alessandro Volta, inicialmente criada para testar a pureza do ar, cento e vinte e cinco anos depois queimava o combustível borrifado pelo carburador. As marchas de um automóvel são os descendentes diretos da roda d'água; pistões e cilindros remontam ao motor a vapor de Thomas Newcomen, originalmente desenhado para drenar minas de carvão. Cada grande descoberta está conectada a uma ideia anterior, a um modelo que estimulou o pensamento original.

No nosso caso, o assunto principal que desejamos entender melhor (o modelo objetivo) é a Bolsa de Valores, ou a economia. Com o passar dos anos, acumulamos inúmeros modelos fonte dentro da disciplina de finanças para explicar esses fenômenos, porém, muitas vezes, eles nos decepcionaram. Sob muitos aspectos, a operação de mercados e economias ainda é um mistério. Talvez seja a hora de expandirmos o número de disciplinas que convocamos em nossa busca pelo entendimento. Quanto mais disciplinas temos para explorar, maior a probabilidade de encontrarmos semelhanças entre mecanismos esclarecedores dos mistérios. O pensamento inovador, que é o nosso objetivo, ocorre, mais frequentemente, quando dois ou mais modelos mentais agem de maneira conjunta.

A própria treliça de modelos mentais é uma metáfora — e, superficialmente, uma bastante simples. Todos sabem o que é uma treliça e a maioria das pessoas tem algum grau de experiência pessoal com ela. Provavelmente, não existe um adepto do "faça você mesmo" que não tenha feito bom uso de uma placa de treliça em algum momento. Nós a utilizamos para decorar cercas, criar sombras sobre pátios e dar sustentação a trepadeiras. É necessário pouco esforço para visualizar uma treliça metafórica como a estrutura de apoio para a organização de um conjunto de conceitos mentais.

Entretanto, como muitas ideias que, a princípio, parecem simples, quanto mais nos aproximamos para examinar a metáfora da treliça, mais complexa ela se torna e mais difícil é mantê-la como um conceito puro de modelo mental. Entendemos a variabilidade com que a mente humana recebe e processa informações. Qualquer educador sabe que a melhor maneira de ensinar uma ideia nova a um estudante pode não ter efeito algum com outra pessoa. Portanto, os melhores educadores carregam consigo um chaveiro virtual com muitas chaves diferentes para destrancar mentes individuais.

Quase da mesma maneira, encontrei-me usando várias analogias para apresentar o conceito de uma treliça de modelos mentais. Para aqueles com formação em alta tecnologia, frequentemente comparo o processo de construção de uma treliça mental ao de desenhar uma rede neural e eles, instantaneamente, reconhecem as possibilidades para obter imenso poder. Ao falar com matemáticos, posso pedi-los para pensar a respeito dos conceitos

CAPÍTULO I | UMA TRELIÇA DE MODELOS MENTAIS

primeiramente imaginados por George Boole (1815-1864) e, posteriormente, formalizados por Garrett Birkhoff (1911-1996), da Universidade Harvard, em seu livro intitulado *Lattice Theory*[7] Isto nos dá o duplo reforço de um contexto teórico comparável — por acaso, chamado pelo mesmo exato nome[8]. Psicólogos relacionam facilmente treliça com *conexionismo*. Educadores associam-na com a capacidade do cérebro para buscar e encontrar padrões. Para pessoas cuja zona de conforto intelectual está firmemente plantada nas Ciências Humanas, falo a respeito do valor das metáforas como mecanismos para expandir o escopo de seu entendimento. Muitos outros, não-cientistas como eu, frequentemente reagem melhor à minha descrição de uma verdadeira peça de treliça com pequenas luzes nos pontos de junção.

 Tive essa ideia em uma tarde, enquanto olhava através da janela para a cerca em nosso quintal. A cerca é inteiramente coberta com uma faixa decorativa em treliça, visualmente dividida em seções, que ecoam as partes da própria cerca definidas pelas estacas. Enquanto olhava para essa cerca, e pensava a respeito de modelos mentais, comecei a perceber, gradualmente, cada seção de treliça como uma área de conhecimento. A seção mais próxima da garagem se tornou a Psicologia, a seguinte, Biologia e assim por diante. Dentro de cada seção, era fácil pensar nos pontos em que duas tiras de treliça se conectavam em forma de nós. Então, naquela maneira maravilhosa em que nossos cérebros pulam de uma analogia para a próxima, subitamente pensei em decorações externas de Natal e comecei a visualizar, em minha mente, lâmpadas em miniatura em cada nó.

 Imagine que eu estivesse me esforçando para entender alguma tendência de mercado, ou tomar uma decisão de investimento, e organizasse minhas incertezas naquela treliça. Olhando

---

[7] BIRKHOFF, Garrett. *Lattice Theory*. Rhode Island: Amer Mathematical Society, 1979.
[8] Em português, a teoria surgiu na Matemática sob o nome teoria de reticulados. (N. E.)

para o problema da perspectiva da Biologia, eu poderia ver várias luzes se acendendo. Quando fosse para a outra seção, talvez Psicologia, algumas outras lâmpadas poderiam se acender. Caso eu também visse luzes em uma terceira seção, depois em uma quarta, saberia se poderia continuar com relativa confiança, pois meu pensamento original, e inseguro, agora teria sido confirmado e ratificado. Por outro lado, caso eu não visse nenhuma luz se acender, enquanto ponderava o problema, aceitaria isso como uma clara indicação para não proceder.

Essa é a força de uma treliça de modelos mentais, e se estende muito além da estreita questão de escolher ações. Ela leva ao entendimento de uma ampla gama de forças de mercado — novos mercados e tendências, mercados emergentes, o fluxo do dinheiro, mudanças internacionais, a economia em geral e as ações das pessoas nos mercados.

* * *

Dois anos depois que Charlie Munger surpreendeu os estudantes de finanças da USC, ao desafiá-los a considerar investimentos como uma subdivisão da sabedoria mundana, ele retomou seu conceito de uma treliça de modelos na Escola de Direito da Stanford, dessa vez com maiores detalhes[9].

Inicialmente, reiterou seu princípio básico: aprendizado verdadeiro e sucesso duradouro vêm para os que fazem um esforço de, primeiro, construir um entrelaçado de modelos mentais e, depois, aprender a pensar de forma associativa e multidisciplinar. Pode levar algum tempo, alertou, especialmente se sua educação

---

[9] As observações de Munger para a turma de Stanford e suas respostas às perguntas para os estudantes aparecem em dois exemplares da *Outstanding Investor Digest*, 29 de dezembro de 1997 e 13 de março de 1998. Os leitores são encorajados a ler a palestra que o editor da OID Henri Emerson descreve adequadamente como "Worldly Wisdom Revisited," em sua totalidade.

o forçou a se especializar. Porém, uma vez que esses modelos estejam firmemente definidos em sua mente, você está intelectualmente equipado para lidar com os mais diversos tipos de situações. "Você pode se aproximar e agarrar o modelo que melhor resolve o problema geral. Tudo o que tem que fazer é conhecê-lo e desenvolver os hábitos mentais corretos". Sem dúvida, Benjamin Franklin aprovaria.

Acredito que recompensas extraordinárias são possíveis para aqueles dispostos a descobrir combinações entre modelos mentais. Quando isso acontece, o que Charlie chama de "forças especialmente grandes" assumem o controle. Isso é mais do que somar um mais um; é a força explosiva da massa crítica, chamada por Charlie — o mestre da linguagem criativa — de "o efeito *lollapalooza*"[10].

Esse é o coração da filosofia de investimentos apresentada neste livro: desenvolver a habilidade de pensar as finanças e investimentos como uma peça de um todo unificado, um segmento de um corpo de conhecimento. Feito da maneira certa, ele produz nada menos do que um efeito *lollapalooza*. Acredito ser essa a nossa maior esperança para o sucesso em investimentos a longo prazo.

Vamos dar a Charlie a palavra final no assunto. Respondendo a perguntas de estudantes de Stanford, preocupados com o processo de descobrimento de modelos, ele observou:

> Sabedoria mundana é fundamentalmente muito, muito simples. Existe um número relativamente pequeno de disciplinas e um número relativamente pequeno de ideias verdadeiramente

---

[10] O termo *lollapalooza* é mais conhecido por causa do festival internacional de música alternativa, porém, em inglês, significa: "algo extraordinariamente impressionante, um exemplo excepcional". ("Lollapalooza". Dicionário Merriam Webster. Disponível em: <https://www.merriam-webster.com/dictionary/lollapalooza>, acesso em: 05 jan. 2021). (N. R.)

grandes. E é muito divertido descobri-las. Melhor ainda, a diversão nunca termina. Além do mais, existe muito dinheiro nisso, como posso testemunhar pela minha própria experiência pessoal.

O que estou incitando em vocês não é tão difícil de fazer. E as recompensas são incríveis... Vai lhes ajudar nos negócios. Vai lhes ajudar no Direito. Vai lhes ajudar em sua vida. E vai lhes ajudar no amor... Vai lhes tornar mais aptos a servir aos outros, vai lhes tornar mais aptos a servir a vocês mesmos e torna a vida mais divertida.

Capítulo II

Capítulo II
Física

Física é a ciência que investiga matéria, energia e a interação entre elas. Estuda, em outras palavras, como o universo funciona. Abrange todas as forças controladoras de movimento, som, luz, calor, eletricidade e magnetismo e sua ocorrência em todas as formas, desde as menores partículas subatômicas até todo o Sistema Solar. Ela é o fundamento intelectual de muitos princípios consagrados, como a gravidade, e muitos conceitos modernos extraordinários, como Mecânica Quântica e *relatividade*.

Tudo isso é coisa muito séria, frequentemente intimidante para não-cientistas. Há um lugar para ela em nossa treliça de modelos mentais para investidores? Acredito que sim.

Obviamente, muitas pessoas supõem que a Física seja difícil demais para a compreensão de mortais comuns, ou abstrata demais para ter qualquer utilidade real às finanças modernas. Caso você esteja entre elas, pense, por um momento, a respeito da última vez que esteve em um antiquário. Caso o dono da loja tenha muito estoque, os preços de repente se tornam negociáveis. Por outro lado, caso você se apaixone por um item único e especial, sabe que ele terá um preço alto pelo fato de ser raro. Porém, você pode estar disposto a pagar o preço, pois seu desejo de ter o item é igualmente elevado. O que acontece na loja é governado pela lei da oferta e da demanda que, por sua vez, é um exemplo clássico da lei do equilíbrio em funcionamento. E equilíbrio é um dos conceitos fundamentais no campo da Física.

Como esses conceitos foram descobertos e o grau em que podem estar evoluindo hoje para formatos um tanto diferentes, com profundas implicações para as Finanças e a Economia, é a história deste capítulo.

* * *

O coração dessa história começa com *sir* Isaac Newton (1642-1727), o homem considerado por muitos historiadores como a maior mente científica de todos os tempos. Ele nasceu no dia de Natal em 1642, na fazenda da família em Lincolnshire, Inglaterra. Nada nas circunstâncias familiares indicaria que a criança prematura e doentia viria a se tornar um gênio, posteriormente condecorado com o título de cavaleiro. Seu pai, que não sabia ler, nem escrever, morreu meses antes do nascimento de Isaac. Financeiramente despossuída, sua mãe foi forçada a deixar o bebê sob os cuidados de sua avó durante nove anos. O jovem se mantinha ocupado, construindo moinhos de vento de engenharia complexa, relógios de água e moinhos de milho puxados por ratos. Era uma prática que lhe serviu bem posteriormente, quando construiu seus próprios aparatos científicos para conduzir experimentos. Aos dezenove anos, sem nenhuma formação em Matemática ou Ciência, Newton entrou na Faculdade Trinity, em Cambridge, um mundo deslumbrante cheio de ideias novas.

Em 1661, ano em que Newton iniciou seus estudos em Cambridge, quase todo mundo — tanto acadêmicos quanto leigos — acreditava que Deus governava o mundo através de poderes sobrenaturais e inexplicáveis. Entretanto, o movimento hoje chamado de Revolução Científica estava bem encaminhado. Fora de suas salas de aula formais, os estudantes de Cambridge estavam explorando ideias ousadas e controversas dos grandes cientistas do século XVII: Johannes Kepler (1571-1630), Galileu Galilei (1564-1642) e René Descartes (1596-1650). Suas ideias estimulavam os estudantes. O aprendizado de Newton sobre esses três, por fim, o levou a uma nova visão sobre o funcionamento do Universo — em particular, sobre a lei do equilíbrio.

Johannes Kepler começou sua carreira científica como assistente de Tycho Brahe (1546-1601), um nobre e cientista dinamarquês. Ele havia projetado e construído um grande quadrante para estudar o movimento dos planetas. Naquele tempo, astrônomos estavam divididos entre duas teorias concorrentes sobre o Universo. Uma, originalmente sugerida por Aristóteles (384-322 a.C.) e alterada por Ptolomeu (90-168 d.C.) cerca de quatrocentos anos depois, sustentava que o Sol, as estrelas e os planetas giravam em torno da Terra. Outra, publicada em 1543 pelo astrônomo polonês Nicolau Copérnico (1473-1543), e amplamente considerada herege durante grande parte do século XVII, sustentava que o Sol ficava parado e todos os planetas — inclusive a Terra — se movimentavam ao redor dele.

Antes de Brahe, cientistas em ambos os campos dependiam do olho nu para mensurações celestiais — o telescópio ainda não havia sido inventado. O quadrante de Brahe (algo parecido com uma mira de arma) era capaz de registrar as posições dos planetas como dois ângulos, um medido a partir do horizonte, o segundo medido considerando-se o norte verdadeiro.

Durante um intervalo de vinte e cinco anos, Brahe registrou, em detalhes minuciosos, a posição dos planetas. Pouco antes de sua morte em 1601, entregou suas observações a seu jovem assistente. Matemático talentoso, Kepler reexaminou as descobertas detalhadas de Brahe e começou a traçar conclusões significativas, que ele resumiu como as três principais leis do movimento planetário. Quando Newton estava em Cambridge, as leis de Kepler tinham começado a suplantar as teorias geocêntricas existentes de Astronomia e haviam estabelecido firmemente o Sol como centro do Universo.

A lição que Newton recebe de Kepler é uma repetida diversas vezes através da história: nossa habilidade de responder, até mesmo, as questões mais fundamentais da existência humana, depende largamente dos instrumentos de mensuração disponíveis na época e da habilidade de cientistas em aplicar um rigoroso raciocínio matemático aos dados.

A segunda influência ao pensamento de Newton foi o trabalho de Galileu Galilei, morto no ano de nascimento de Newton. Galileu — o filósofo, matemático, inventor e físico italiano — é considerado o primeiro cientista experimental da Era Moderna. Entre suas muitas invenções, estão o termômetro, o relógio de pêndulo, o compasso proporcional utilizado por desenhistas e — mais importante para a nossa história — o telescópio. Galileu foi o primeiro a realmente observar os corpos celestiais descobertos por todos os astrônomos pioneiros: Kepler, Copérnico, Ptolomeu e Aristóteles. Com a tecnologia do instrumento ótico de aumento, Galileu podia provar, de uma vez por todas, que a terra não era o centro do Universo.

Galileu promoveu uma visão matemática da ciência. Ele acreditava que relações numéricas poderiam ser descobertas através de toda a natureza. Porém, apressou-se a acrescentar que sua existência não contradizia os ensinamentos da Igreja. Era importante, sentia ele, distinguir entre a "palavra de Deus" e o "trabalho de Deus". De acordo com Galileu, a primazia é do trabalho de Deus, e o objetivo dos cientistas era descobrir relações na natureza baseadas na lógica. Hoje, ele é lembrado pelos cientistas por suas técnicas experimentais.

A terceira influência importante em Newton foi René Descartes, matemático e cientista francês, frequentemente chamado de o pai da filosofia moderna. Ele foi um dos primeiros a se opor

CAPÍTULO II | FÍSICA

à visão aristotélica do mundo e a abraçar uma abordagem empírica e mecanicista. Descartes morreu em 1650, oito anos após o nascimento de Newton, e suas ideias estavam ganhando aceitação em certos círculos no momento em que Newton entrou em Cambridge.

Descartes promoveu uma visão mecânica do mundo. Ele argumentava que a única maneira de entender como algo funciona é construir um modelo mecânico — mesmo se construirmos esse modelo somente em nossa imaginação. De acordo com Descartes, o corpo humano, uma pedra que cai, uma árvore que cresce, ou uma noite tempestuosa, todos sugerem leis mecânicas em funcionamento. Essa visão mecânica proporcionou um poderoso programa de pesquisa para cientistas do século XVII. Ela sugeria que, não importando o quão complexa ou difícil fosse a observação, era possível descobrir as leis mecânicas subjacentes que explicam o fenômeno.

Durante seus primeiros dias em Cambridge, Newton estava alheio às novas descobertas e teorias desses três cientistas. Contudo, com estudo persistente e aplicando seus próprios, e intensos, poderes de concentração, Newton rapidamente compreendeu suas ideias básicas. O que ele fez com essas ideias é a questão fundamental da nossa história.

Enquanto ainda estudava, Newton começou a sintetizar as leis celestiais de movimentação planetária de Kepler com as leis terrestres da queda dos corpos de Galileu. Todas elas estavam incluídas na visão cosmológica do Universo de Descartes, de que o Universo deve operar através de leis mecânicas fixas. Isso deu a Newton um esboço para iniciar a formular as leis universais da Física.

Então, em 1665, a vida de Newton teve uma virada inesperada. À medida em que a praga caía sobre Londres, Cambridge foi fechada e Newton foi forçado a se recolher à fazenda da família. Ali, na solidão e quietude, o gênio de Newton brotou. Durante o que seria chamado de *annus mirabilis* ("ano maravilhoso"), Newton trouxe à luz novas ideias com uma velocidade de tirar o fôlego. Sua primeira descoberta foi a invenção de fluxos — o que hoje chamamos de Cálculo. Depois disso, desenvolveu a teoria ótica. Previamente, acreditava-se na cor como uma mistura de luz e sombra. Porém, em uma série de experimentos utilizando um prisma em um quarto escuro, Newton descobriu ser a luz composta de uma combinação de cores do espectro. Contudo, o ponto alto daquele ano foi a descoberta, por Newton, da lei da gravitação da gravidade universal.

De acordo com a lenda, Newton observou uma maçã cair de uma árvore e, em um lampejo de inspiração, concebeu a ideia da gravidade. Enquanto Kepler havia definido as três leis da movimentação planetária e Galileu havia confirmado que um corpo em queda acelera a uma velocidade uniforme, Newton, em um golpe de mestre, combinou as leis de Kepler às observações de Galileu. Newton percebeu a força agindo sobre a maçã como sendo a mesma que mantinha a Lua em órbita ao redor da Terra e os planetas ao redor do Sol. Foi um incrível salto intuitivo.

Surpreendentemente, Newton não publicou sua descoberta da gravidade por mais de vinte anos. Inicialmente incapaz de apresentar suas descobertas com precisão matemática, esperou até a publicação de sua obra-prima, *Principia Mathematica* [*Princípios Matemáticos da Filosofia Natural*[11]], para descrever suas três leis de movimento. Usando essas três leis, Newton era capaz de demonstrar como forças gravitacionais agem entre dois corpos. Ele demonstrou que planetas se mantêm em uma órbita fixa porque a velocidade do seu movimento para a frente é equilibrada pela força gravitacional que os puxa em direção ao Sol. Assim, duas forças equivalentes criam um estado de equilíbrio[12].

---

[11] Disponível em português na seguinte edição: NEWTON, Isaac. *Principia: Princípios Matemáticos de Filosofia Natural*. 2 Vol. São Paulo: Endusp, 2018. (N. E.)

[12] A primeira lei do movimento de sir Isaac Newton afirma que um objeto em movimento continuará em movimento em linha reta a uma velocidade constante, e um

CAPÍTULO II | FÍSICA

Equilíbrio é definido como um estado de harmonia entre forças, poderes ou influências opostas. Tipicamente, um modelo em equilíbrio identifica um sistema em repouso, que é chamado de *equilíbrio estático*. Quando forças concorrentes estão em estado de igualdade, um sistema atinge o *equilíbrio dinâmico*. Uma balança com pesos equivalentes nos dois lados é um exemplo de equilíbrio estático. Encha uma banheira de água, depois feche a torneira e você irá observar equilíbrio estático. Contudo, se tirar a tampa do ralo, em seguida abrir novamente a torneira, de modo a não alterar o nível da banheira, estará testemunhando o equilíbrio dinâmico. Outro exemplo é o corpo humano. Ele se mantém em equilíbrio dinâmico, desde que a perda de calor por resfriamento se mantenha equilibrada com o consumo de açúcares.

Com a publicação de *Princípios*, cientistas rapidamente abraçaram a crença de um mundo natural governado pelas leis universais, ao invés de uma divindade cujas vontades nenhum humano seria capaz de entender. Nunca será demais ressaltar a importância da mudança. Ela representou, simplesmente, uma completa inversão da fundação na qual se supunha alicerçada a existência humana. Significava que cientistas não mais se apoiavam na revelação divina para o entendimento. Se eles pudessem discernir leis naturais do Universo, estariam aptos a prever o futuro baseado em dados presentes. O processo científico utilizado para investigar essas leis naturais é o legado de *sir* Isaac Newton.

A visão newtoniana do mundo retrata a Ciência como o estudo de um universo ordenado, tão previsível quanto um re-

---

objeto estacionário permanecerá em repouso, a não ser se atingido por uma força que o desequilibre. Essa é a lei da inércia. A segunda lei afirma que a aceleração produzida em um corpo por uma força é proporcional à magnitude da força, e inversamente proporcional à massa do objeto. A terceira lei afirma que para cada ação há uma reação igual e oposta.

lógio. De fato, uma metáfora frequentemente usada pela visão newtoniana é "universo mecânico"[13]. Da mesma forma que conseguimos entender como um relógio funciona, ao separar seu mecanismo em partes individuais, podemos entender o universo, analisando seus elementos separadamente. Essencialmente, essa é a definição de Física: reduzir fenômenos a algumas partículas fundamentais e definir as forças que agem sobre essas partículas. Por mais de trezentos anos, dividir a natureza nas partes que a constituem tornou-se a atividade primária da Ciência.

A Física sempre ocupou uma posição invejável entre as ciências. Com sua precisão matemática e leis imutáveis, ela nos seduz com um sentido de certeza e nos dá o conforto de respostas absolutas. Não deveríamos nos surpreender ao entender, portanto, o fato de outras disciplinas geralmente olharem primeiramente para a Física na busca por respostas, para ordenar sob a bagunça da natureza. No século XIX, por exemplo, certos estudiosos ponderavam se era possível aplicar a visão newtoniana aos negócios dos homens. Adolphe Quetelet (1796-1874), matemático belga conhecido por aplicar a teoria da probabilidade a fenômenos sociais, introduziu a ideia de "física social". Auguste Comte (1798-1857) — que deveremos encontrar novamente no Capítulo IV — desenvolveu uma ciência para explicar organizações sociais e dirigir planejamento social, uma ciência chamada por ele de *sociologia*. Economistas também voltaram suas atenções ao paradigma newtoniano e às leis da Física.

Depois de Newton, estudiosos em diversas áreas voltaram suas atenções a sistemas que demonstram equilíbrio (estático ou dinâmico), acreditando ser esse o objetivo definitivo da natureza.

---

[13] Na tradução do inglês para o português se perde o termo e a referência metafórica do autor. O termo "*clockwork universe*" ao pé da letra seria: "Universo que funciona como um relógio". (N. T.)

CAPÍTULO II | FÍSICA

Se quaisquer desvios nas forças ocorressem, estava subentendido serem os desvios pequenos e temporários e o sistema sempre seria revertido ao equilíbrio. O ponto crítico à nossa história é como o conceito de equilíbrio expandiu da mecânica celestial para aplicações muito mais amplas, particularmente a Economia.

* * *

Durante mais de duzentos anos, economistas têm se apoiado na teoria do equilíbrio para explicar o comportamento das economias. Alfred Marshall (1842-1924), economista britânico, foi o principal defensor do conceito de equilíbrio dinâmico em Economia. Seu celebrado texto, *Princípios de Economia*, originalmente publicado em 1890, é considerado uma das mais importantes contribuições à literatura econômica[14]. No Livro 5 de *Princípios de Economia*, que trata da relação entre demanda, suprimento e preço, Marshall devota três capítulos separados ao equilíbrio econômico: em indivíduos, em empresas e no mercado.

Com relação aos indivíduos, Marshall explica:

> O caso mais simples de equilíbrio entre desejo e esforço acontece quando uma pessoa satisfaz um de seus desejos através de seu próprio trabalho direto. Quando um menino colhe mirtilos para ele mesmo comer, a própria ação de colher é, provavelmente, prazerosa durante um período. Por um período um pouco mais longo, o prazer de comer é mais do que suficiente para valer o esforço de colher. Porém, após ele ter comido uma boa quantidade, o desejo por comer diminui; ao mesmo tempo, a tarefa de colher começa a causar fraqueza, podendo de fato ser um sentimento mais de monotonia do que fadiga.

---

[14] Alfred Marshall aparece novamente em nosso palco no *Capítulo III*.

O equilíbrio é atingido quando, finalmente, sua ânsia de brincar e sua relutância ao trabalho de colher contrabalançam seu desejo de comer[15].

Ao explicar como o equilíbrio afeta empresas, Marshall escreve: "Um negócio cresce e ganha força e depois, possivelmente, fica estagnado, entrando em declínio; no ponto de virada existe um equilíbrio entre as forças de vida e declínio"[16].

Mesmo no mercado, as forças do equilíbrio trabalham para manter uma harmonia entre oferta e demanda, ajudando a estabelecer preços para os bens. De acordo com Marshall, "quando o preço de demanda é igual ao preço de oferta, a quantidade produzida não tem propensão nem a aumentar, nem a diminuir; está em equilíbrio"[17].

Na opinião de Marshall, quando a economia atinge equilíbrio, conquista estabilidade. Na verdade, Marshall acreditava o equilíbrio ser o estado natural da economia. Se os preços, demanda ou oferta se tornam deslocados, a economia trabalhará para retornar ao seu estado natural de equilíbrio. Aqui está a sua eloquente argumentação:

> Quando demanda e oferta estão em equilíbrio estável, se qualquer acidente mover a balança da produção de sua posição de equilíbrio, forças instantaneamente entrarão em ação com a tendência de levá-la de volta àquela posição. Da mesma forma, se uma pedra pendurada por uma corda estiver fora de sua posição de equilíbrio, a força da gravidade tenderá a trazê-la imediatamente de volta à sua posição de equilíbrio. Os movimentos da

---

[15] MARSHALL, Alfred. *Principles of Economics*. Philadelphia: Porcupine Press, 8ª ed., 1920, p. 276.
[16] Idem. *Ibidem.*, p. 269.
[17] Idem. *Ibidem.*, p. 287.

balança da produção sobre sua posição de equilíbrio serão de um tipo bastante similar[18].

Princípios de Economia de Marshall foi o livro didático de Economia padrão durante boa parte do século XX, até Paul Samuelson (1915-2009) introduzir seu *Economia*, em 1948. Embora faculdades tenham favorecido o texto atualizado de Samuelson sobre o trabalho clássico de Marshall, a mensagem do equilíbrio permaneceu a mesma. De acordo com Samuelson, milhões de preços e milhões de resultados estão conectados a um sistema interdependente semelhante a uma teia. Dentro desse sistema, lares com preferências por produtos e serviços interagem com empresas, que oferecem esses produtos e serviços. Estas empresas, cada uma guiada pelo desejo de maximizar lucros, transformam informações desses lares em produtos vendidos a eles. A estrutura lógica dessa troca, diz Samuelson, é um sistema geral de equilíbrio.

Paul Samuelson, ganhador do Prêmio Nobel de Economia em 1970, foi um homem de grande intelecto. A Bolsa de Valores o fascinava e ele começou a suspeitar de todo profissional que alegasse uma habilidade de prever mudanças de preço, vencendo assim o mercado. "O respeito às evidências," ele escreveu certa vez, "obriga-me a acreditar na hipótese de que a maior parte dos tomadores de decisão de portfólio deveria sair do mercado — e trabalhar como encanadores, dar aulas de grego, ou ajudar a produzir o PIB anual servindo como executivos corporativos"[19].

Parte importante de nossa história é rastrear como Samuelson, com seu respeito pelas evidências e métodos científicos, desenvolveu suas próprias teorias sobre como o mercado estabe-

---

[18] Idem. *Ibidem.*, 288.
[19] Citado em: BERNSTEIN, Peter L. *Capital Ideas: The Improbable Origins of Modern Wall Street.* New York: The Free Press, 1992, p. 113.

lece preços. E, em mais uma demonstração da natureza cumulativa do conhecimento humano, aprendemos que a atitude de Samuelson sobre o mercado foi moldada pelos trabalhos de Louis Bachelier (1870-1946), Maurice Kendall (1907-1983) e Alfred Cowles (1891-1984).

Em 1932, Alfred Cowles estabeleceu a Comissão Cowles para Pesquisa e Economia. Tendo assinado diversos serviços de investimentos — nenhum dos quais previu a quebra da Bolsa de Valores de 1929 — Cowles se empenhou em determinar se analistas de mercado poderiam, de fato, prever a direção futura do mercado. Em um dos estudos mais detalhados jamais elaborados, a comissão analisou seis mil e novecentas e quatro previsões de 1929 a 1944. De acordo com Cowles, "os resultados falharam em revelar evidências da habilidade de prever com sucesso o curso futuro do mercado de ações"[20].

Maurice Kendall, professor de estatística da Escola de Economia de Londres, olhou além dos analistas de mercado estudados pela Comissão Cowles. Ele analisou preços de ações individuais. Em um artigo de 1953 intitulado "The Analysis of Economic Time Series"[21], Kendall estudou o comportamento de preços de ações, remontando a um período de mais de cinquenta anos, e foi incapaz de encontrar quaisquer modelos de estrutura nos preços que levariam alguém a fazer uma previsão precisa. Segundo Peter Bernstein (1919-2009), cujo *Capital Ideas* explora as origens da teoria financeira moderna, o interesse de Samuelson na Bolsa de Valores foi despertado, em grande parte, pelas notícias do artigo de Kendall ter sido recebido com entusiasmo pela Sociedade Estatística Real.

Ao pensar no trabalho de Kendall, Samuelson conectou a ideia de movimentos de preços de ações com a teoria econômica

---

[20] Idem. *Ibidem.*, p. 37.
[21] KENDALL, M. G., & BRADFORD HILL, A. "The Analysis of Economic Time-Series-Part I: Prices." *Journal of the Royal Statistical Society. Series A (General)*, Vol. 116, Nº 1, 1953, p. 11-34.

clássica de preço e valor. Durante quase duzentos anos, desde a publicação em 1776 de *A Riqueza as Nações*[22] de Adam Smith (1723-1790), os economistas haviam concordado sobre a existência de um valor fundamental, o "valor real", que fundamenta o mercado, e os preços tendem a se mover para cima e para baixo desse valor. Naturalmente, tanto economistas quanto investidores têm sido assombrados, desde então, pelo debate a respeito de qual seria esse valor real. Alfred Marshall nos diz ser, em última instância, a concorrência que determina o preço de equilíbrio. Se o preço estiver oscilando, será por existir um desequilíbrio temporário entre oferta e demanda, mas isso é, finalmente, corrigido pelo mercado.

De sua parte, Samuelson acreditava na oscilação de preços de ações, devido à insegurança percebida a respeito do valor futuro de uma ação. Se a IBM vale centenas de dólares por ação, ou cinquenta dólares por ação, é um debate de mercado sobre o futuro crescimento de seus ganhos, o cenário competitivo e atitudes sobre inflação e taxas de juros. Em seu artigo histórico de 1965, "Proof That Properly Anticipated Prices Fluctuate Randomly", Samuelson introduziu o conceito de "preço sombra" — um valor intrínseco, mas talvez não óbvio, de uma ação. Obviamente, o problema é como trazer preços sombra para a frente do mercado. O feito de Samuelson criou, em seguida, um abalo sísmico em como as pessoas começaram a enquadrar o comportamento da Bolsa de Valores.

Apoiando-se em uma dissertação doutoral pouco conhecida, escrita em 1900 pelo matemático francês Louis Bachelier, Samuelson começou a construir uma teoria de preços de mercado. Bachelier havia defendido a impossibilidade de se prever mudanças de preço no mercado. Sua argumentação era simples: "opiniões

---

[22] Disponível em português na seguinte edição: SMITH, Adam. *A Riqueza das Nações*. São Paulo: WMF Martins Fontes, 3ª ed., 2016. 2v. (N. E.)

diferentes a respeito de mudanças de mercado divergem tanto" escreveu, "que, ao mesmo tempo, compradores acreditam em um aumento de preço e vendedores acreditam em uma queda". Acreditando que, na média, nem compradores, nem vendedores possuam qualquer visão relevante, Bachelier chegou a uma conclusão surpreendente: "parece que o mercado, o conjunto de especuladores, pode acreditar, em um dado instante, que a bolsa não irá cair, nem subir, pois, para cada preço estipulado, existem tantos compradores quanto vendedores". Desta forma, de acordo com Bachelier, "a expectativa matemática do especulador é zero"[23].

A lógica de Bachelier deu a Samuelson um caminho para mover seus preços à sombra dos bastidores do mercado para o primeiro plano. Em um enorme salto, Samuelson sugeriu que a melhor medida de preços sombra eram os preços de mercado de Bachelier. Pode não ser perfeitamente preciso, disse, mas não existiria melhor maneira de avaliar o valor intrínseco do que a coleção agregada de compradores e vendedores de Bachelier.

Para fortalecer a teoria do preço sombra, em seguida, Samuelson introduziu a "hipótese das expectativas racionais." Ele escreve: "Esperaríamos que as pessoas no mercado, em busca de interesse próprio ávido e inteligente, levassem em consideração os elementos de eventos futuros que, em um sentido de probabilidade, podem ser percebidos como lançando suas sombras diante deles"[24]. Samuelson, em outras palavras, acreditava em pessoas fazendo escolhas racionais, consistentes com suas preferências individuais. Consequentemente, preços de ações, em qualquer momento, são um reflexo dessas decisões racionais. Assim, preços sombra, e preços de mercado são a mesma coisa.

---

[23] Citado em: BERNSTEIN, *Capital Ideas, Op. cit.*, p. 21.
[24] SAMUELSON, Paul. "Proof That Properly Anticipated Prices Fluctuate Randomly". *Industrial Management Review*, 6 (Spring 1965).

Outra maneira de pensar a respeito disso: Samuelson pegou o conceito de equilíbrio na economia e o moveu para o mercado de ações. Conectou a ideia de movimento de preço de ação com a ideia clássica de preço e valor existindo em equilíbrio. Sua noção de que investidores agem com base em expectativas racionais sustenta o conceito de equilíbrio no mercado de ações.

***

O indivíduo creditado por levar a visão teórica de Paul Samuelson sobre o mercado ao próximo nível foi Eugene Fama. Sua tese de doutorado da Universidade de Chicago, intitulada "The Behavior of Stock-Market Prices"[25], imediatamente recebeu a atenção da comunidade de investimentos. A dissertação foi publicada em sua totalidade na *Journal of Business* e, posteriormente, teve trechos publicados no *The Financial Analysts Journal* e *Institutional Investor*. É a fundação do que passou a ser chamado "teoria moderna do portfólio".

A mensagem de Fama era clara: preços de ações são imprevisíveis, porque o mercado é eficiente demais. Em um mercado eficiente, um grande número de pessoas inteligentes (Fama os chamava "maximizadores racionais de lucro") têm acesso simultâneo a todas informações relevantes e aplicam agressivamente a informação de uma maneira que faz os preços se ajustarem instantaneamente — restaurando, assim, o equilíbrio —, antes que qualquer um possa lucrar. Previsões sobre o futuro, dessa forma, não têm lugar em um mercado eficiente, porque preços de ações refletem completamente toda a informação disponível.

É importante lembrar que a teoria de Fama sobre o mercado eficiente é aplicável somente a uma visão muito mais ampla de

---

[25] FAMA, Eugene F. "The Behavior of Stock-Market Prices". *The Journal of Business*, Vol. 38, 1965, p. 34-105.

equilíbrio de mercado promovida por Alfred Marshall, Oaul Samuelson e outro indivíduo: o professor de finanças e pensador econômico William Forsyth Sharpe.

Sharpe recebeu, em 1990, o Prêmio Nobel de Economia por desenvolver "uma teoria de equilíbrio de mercado de preços de ativos em condições de risco". Sua teoria foi originalmente descrita em um artigo de 1964, intitulado "Capital Asset Prices: A Theory of Market Equilibrium under Conditions of Risk"[26]. Sharpe explicou, "Em equilíbrio, existe uma relação simples e linear entre retorno esperado e desvio padrão de retorno (definido como risco)". De acordo com Sharpe, a única forma de obter um retorno maior é incorrendo em risco adicional. Para aumentar retornos esperados, investidores precisam somente caminhar mais adiante pela linha do mercado de capitais. Inversamente, investidores desejosos por assumir um menor risco, devem sair da linha de mercado de capitais, consequentemente, recebendo menor retorno. De qualquer forma, o equilíbrio é mantido.

***

O conceito de equilíbrio está tão profundamente incorporado em nossa teoria econômica e no mercado de ações, que é difícil imaginar qualquer outra ideia de como esses sistemas possam funcionar. Como vimos, equilíbrio é, não somente a espinha dorsal da economia clássica, como também serve de fundamento para a teoria moderna de portfólio. Questionar a validade do modelo de equilíbrio é entrar em conflito com uma legião de estudiosos que construíram uma carreira defendendo esse ideal. Embora a analogia possa parecer exagerada, debater dogmas existentes não é diferente do desafio enfrentado por Copérnico, quando

---

[26] SHARPE, Wiiliam F. "Capital Asset Prices: A Theory of Market Equilibrium under Conditions of Risk." *The Journal of Finance*, Vol. 19, Nº. 3, 1964, p. 425-42.

questionou a visão religiosa de um Universo geocêntrico. Ainda assim, apesar do risco, um grande número de cientistas tem começado a questionar a teoria do equilíbrio que domina nossa visão de economia e do mercado de ações.

Um lugar onde a questão está sendo levantada é o Instituto Santa Fé, onde cientistas de diversas disciplinas estão estudando sistemas adaptativos complexos — aqueles com muitas partes interconectadas, mudando continuamente seu comportamento em resposta a mudanças no ambiente. Um sistema simples, em contrapartida, possui pouquíssimas partes em interação. Exemplos de sistemas complexos adaptativos incluem: o sistema nervoso central, ecologias, colônias de formigas, sistemas políticos, estruturas sociais e economias. A esta lista de sistemas adaptativos complexos devemos adicionar mais um: bolsas de valores.

Cada sistema complexo adaptativo é, na verdade, uma rede de muitos agentes individuais, todos agindo em paralelo e interagindo uns com os outros. A variável crítica que torna um sistema, ao mesmo tempo, complexo e adaptativo, é a ideia dos agentes (neurônios, formigas ou investidores) no sistema acumularem experiência através da interação com outros agentes para, então, mudarem a si mesmos para se adaptarem a um ambiente em transformação. Nenhuma pessoa séria, ao olhar para a atual Bolsa de Valores, deixará de concluir que ela mostra todas as características de um sistema adaptativo complexo. Isso nos leva ao centro da questão: se um sistema adaptativo complexo é, por definição, *continuamente adaptável*, portanto, é impossível para qualquer sistema desse tipo, incluindo a Bolsa de Valores, atingir um estado de equilíbrio perfeito.

O que isso significa para o mercado? Isso leva as teorias de equilíbrio econômico a um questionamento sério[27]. A teoria pa-

---

[27] ARTHUR, Brian *et al*. "Asset Pricing under Endogenous Expectations in an Artificial Stock Market", documento de trabalho 96-12-093, Programa de Pesquisa Econômica do Instituto Santa Fé, 1996.

drão de equilíbrio é racional, mecanicista e eficiente. Ela supõe investidores individuais idênticos, compartilhando expectativas racionais a respeito de preços de ações e, em seguida, eficientemente, colocando aquela informação no mercado. Mais ainda, supõe não existirem estratégias lucrativas disponíveis que já não estejam colocadas no mercado.

A visão dissidente de Santa Fé sugere o oposto: um mercado irracional, orgânico ao invés de mecanicista e imperfeitamente eficiente. Ela supõe que os agentes individuais sejam, de fato, irracionais. E, consequentemente, atribuirão preços errados para os títulos, criando a possibilidade de estratégias lucrativas. Em capítulos posteriores, examinaremos a psicologia subjacente que faz as pessoas se comportarem de maneira irracional quando dinheiro está envolvido.

O catalisador para essa visão alternativa de mercados foi a quebra da Bolsa de Valores de 1987. De acordo com a teoria clássica de equilíbrio de mercado, mudanças repentinas de preço ocorrem porque investidores racionais se ajustam a novas informações de mercado. Contudo, diversos estudos posteriores a 1987 falharam em identificar quaisquer informações que pudessem ter causado um declínio correlato em preço. Em uma interpretação estrita do equilíbrio de mercado, não existiriam *booms* nem *crashes*, nenhuma alta na quantidade de transações, nem alta na taxa de rotatividade de portfólio. Porém, como todos sabemos muito bem, o volume de transações e as taxas de rotatividade continuaram subindo. O aumento na volatilidade se tornou a norma mais do que a exceção. É possível que a aceitação automática do equilíbrio de mercado e a hipótese do mercado eficiente, que é seu corolário, não possam mais ser defendidos?

Com toda a justiça, devo apontar que, tanto os economistas clássicos, quanto os proponentes da teoria moderna de portfólio, reconhecem que seus sistemas não são capazes de um equilíbrio perfeito. Ao final de sua vida, mesmo Alfred Marshall trouxe a público suas apreensões. Paul Samuelson reconheceu que as pessoas não começam com uma racionalidade perfeita, porém acreditava que, com o tempo, o investidor racional e cuidadoso vencerá o irracional e visceral. Da mesma forma, Fama acredita que um mercado eficiente não requer racionalidade total, nem informação perfeita; entretanto, por *ser* eficiente, diz ele, é quase impossível para qualquer indivíduo vencer o mercado.

De minha parte, suspeito que a maior parte dos economistas, se pressionados, confessariam que a ideia de um mercado composto somente de investidores racionais processando informação perfeita é um sistema idealizado, demonstrando todas as limitações inerentes a qualquer sistema desse tipo. O número equivalente de compradores e vendedores de Louis Bachelier, que exibem a racionalidade de Samuelson e processam a informação perfeita de Fama, estão, obviamente, em conflito com os acontecimentos do mundo real dos investimentos. Profissionais de investimento que continuam a promover uma idealização sistêmica sobre os acontecimentos no sistema verdadeiro, podem estar nos levando pelo caminho errado.

Ainda assim, apegamo-nos à nossa crença na lei do equilíbrio como sendo absoluta. Agarramo-nos a ela porque todo o sistema newtoniano, do qual equilíbrio é uma parte, tem sido nosso modelo de como pensar sobre o mundo durante trezentos anos. Abandonar essas ideias tão profundamente enraizadas não é fácil. Contudo, no espírito de Newton, Galileu e Copérnico, devemos estar dispostos a ver o mundo como ele é; isso significa abrir espaço para novas ideias.

Deixe-me dizer muito claramente: não estou pedindo para você abandonar sua confiança no equilíbrio, ou concluir que a lei da oferta e da demanda esteja sendo revogada. O mundo não é tão simples que me permita fazer tais afirmações tão absolutas — e essa, de fato, é a questão. Em um ambiente complexo, leis simples são insuficientes para explicar todo o sistema.

Equilíbrio pode mesmo ser o estado natural do mundo. Restaurá-lo quando ele é perturbado pode ser o objetivo da natureza, mas não é a condição constante sugerida pela Física newtoniana. A qualquer dado momento, *ambos* equilíbrio e desequilíbrio podem ser encontrados no mercado. É um pouco como aquelas fotos de truque que mostram duas cenas diferentes. Um exemplo muito conhecido é aquele em que, a princípio, parece retratar uma taça de vinho, até você mudar a sua perspectiva, percebendo que também retrata uma silhueta de uma mulher, em um vestido à moda antiga. Ambas as imagens estão corretas; ambas existem simultaneamente. Em qual delas nos concentramos é uma questão de perspectiva pessoal. De maneira muito similar, o equilíbrio entre oferta e demanda, entre preço e valor, estará sempre em evidência na operação diária do mercado, mas ele não nos dá mais a resposta completa.

Assim como nosso ponto de vista do mundo mudou quando foi demonstrado que a Terra não era mais o centro do Universo, seu ponto de vista sobre mercado mudará, acredito, quando aceitarmos que ele não é estritamente governado pelas leis mecânicas de Newton. A pergunta óbvia então é: se a perspectiva newtoniana é inadequada por si só, que outros modelos mentais devemos adicionar? A reposta, descrita no capítulo seguinte, pode lhe surpreender.

Capítulo III

Capítulo III
Biologia

A quebra da bolsa de 1987 pegou muitos acadêmicos, economistas e profissionais de investimentos de surpresa. Em nenhum lugar da visão clássica — baseada no equilíbrio do mercado e, por tanto tempo, considerada inviolável — havia qualquer coisa que pudesse ter previsto, ou mesmo descrito os eventos de 1987. Então, aproximadamente trinta anos depois, aprendemos toda essa dura lição novamente. Os eventos espantosos entre 2007 e 2009, bem como seus dominós devastadores, somente serviram para reforçar esse sentimento inquietante de ser surpreendido por algo completamente imprevisível. Esse duplo fracasso da teoria existente deixou em aberto o potencial para teorias concorrentes. A principal delas: a crença de que o mercado e a economia são melhor compreendidos através de uma perspectiva *biológica*.

Recorrer à Biologia para uma visão de finanças e investimentos pode a princípio parecer um movimento surpreendente, contudo, da mesma forma que fizemos em nossos estudos de Física, focamos aqui em apenas uma ideia central do campo da Biologia: evolução. Enquanto na natureza o processo de evolução é a seleção natural, perceber o mercado dentro da estrutura evolutiva nos permite observar a lei da seleção econômica.

O conceito de evolução não é a única franquia intelectual da mente de ninguém. Desde o século VI a.C., a possibilidade das espécies se desenvolverem de maneiras diferentes havia sido indicada por filósofos gregos e chineses. Mesmo assim, ainda hoje, o princípio da evolução é firmemente associado a um indivíduo. Um homem cujas ideias desencadearam uma revolução científica tão profunda quanto a emanada do trabalho de *sir* Isaac Newton, um século e meio antes.

* * *

Charles Robert Darwin (1809-1882) nasceu em Shrewsbury, Inglaterra, em 1809, em uma família de cientistas. Seu avô paterno era o médico e cientista Erasmus Darwin (1731-1802). Do lado de sua mãe, seu avô era o famoso oleiro Josiah Wedgewood (1730-1795)[28].

Seu pai, Robert (1766-1848), também um médico respeitado, e uma personalidade muito forte, insistiu que Charles estudasse Medicina e o inscreveu na Universidade de Edimburgo. Darwin estava desinteressado. Achou os estudos de sala de aula monótonos e passou terrivelmente mal ao ver uma cirurgia feita sem anestesia. O mundo natural era muito mais fascinante para ele e o jovem Darwin passou muitas horas lendo sobre Geologia e colecionando insetos e espécimes.

Percebendo que seu filho nunca se tornaria um médico, Robert Darwin enviou Charles à Universidade Cambridge para estudar o divino. Mais uma vez, um estudante menos do que bri-

---

[28] Erasmus Darwin, médico proeminente e muito bem-sucedido, era também poeta. Em sua poesia, principalmente Zoonomia, optou por expressar suas especulações sobre a evolução, no que estava, decididamente, à frente de seu tempo. Seu contemporâneo, Samuel Taylor Coleridge, passou a chamar as teorias de seu amigo de "darwinizantes". Embora em anos posteriores Charles Darwin afirmasse que não tinha sido particularmente influenciado pelas teorias de seu avô, parece impossível que ele as desconhecesse.

lhante. Ainda assim, ele conquistou um bacharelado em Teologia. Mais significativas do que o estudo formal, foram as associações formadas por ele com diversos membros do corpo docente de Cambridge. O reverendo John Stevens Henslow (1795-1861), professor de Botânica, permitiu ao amador entusiasmado assistir às suas palestras e acompanhá-lo em suas caminhadas diárias para estudar a vida das plantas. Darwin passava tantas horas na companhia do professor, que ficou conhecido na universidade como "o homem que caminha com Henslow". Após a graduação, Darwin se juntou a uma viagem geológica ao País de Gales, experiência que o motivou a considerar uma carreira de geólogo. Porém, quando retornou do País de Gales para casa, Darwin encontrou uma carta à sua espera. Ela mudaria a sua vida para sempre.

O professor Henslow escreveu para dizer que o havia recomendado à posição de naturalista em uma expedição naval. O HMS *Beagle*, sob o comando do Capitão Robert FitzRoy (1805-1865), partiria brevemente em uma viagem de exploração científica com dois propósitos: continuar o processo de cartografia da costa da América do Sul e somar à investigação de longitude, levando uma série de leituras cronológicas. Seria preciso navegar completamente ao redor do mundo, uma viagem de, pelo menos, dois anos (no final das contas, a viagem levou cinco anos). O posto de naturalista não recebia salário — na verdade, o naturalista deveria pagar suas próprias despesas —, mas Darwin estava entusiasmado com a perspectiva.

Ele quase não fez a viagem. Confrontado com as fortes objeções de seu pai, Charles inicialmente recusou a oferta. Felizmente, o tio de Charles, Josiah Wedgewood II (1769-1843), a quem o Dr. Darwin respeitava, interveio, convencendo seu cunhado de que seria uma oportunidade esplêndida para o jovem. Assim, quando o *Beagle* zarpou de Plymouth, Inglaterra, em 27 de dezembro de 1831, Charles Darwin estava a bordo, incumbido da responsabilidade de coletar, registrar e analisar toda a flora, fauna e qualquer outro aspecto de História Natural que encontrasse. Tinha vinte e dois anos de idade.

Sempre mais confortável em terra firme do que no mar, Darwin frequentemente enjoava. Durante a viagem, costumava ficar sozinho, lendo da biblioteca do navio e de sua coleção pessoal de textos científicos. Entretanto, sempre que o navio ancorava, mergulhava com entusiasmo na exploração do ambiente local. Sabemos que suas observações mais significativas aconteceram relativamente cedo no decorrer da viagem, nas ilhas Galápagos, próximo à Linha do Equador, no lado do Pacífico da América do Sul, aproximadamente seiscentas milhas a Oeste do Equador. Este grupo de ilhas iria se mostrar o perfeito laboratório para o estudo da mutabilidade das espécies.

Darwin, o geólogo amador, sabia da classificação das Galápagos como ilhas oceânicas, significando haverem emergido do oceano por ação vulcânica, com nenhuma forma de vida sobre elas. A natureza cria essas ilhas e depois espera para ver o que aparece. Uma ilha oceânica eventualmente se torna habitada, mas somente por formas capazes de chegar até ela através de asas (pássaros) ou vento (esporos e sementes). Nas galápagos, Darwin presumiu que a tartaruga e a iguana marinha — nadadores capazes de se manterem embaixo d'água por longos períodos de tempo — poderiam ter feito a longa jornada da América do Sul, possivelmente ligados a detritos flutuantes levados pelas correntes. Descobriu também que outros animais observados por ele haviam sido trazidos para as ilhas por marinheiros e aventureiros anteriores. Contudo, muito do que viu no conjunto de ilhas o confundiu e intrigou.

Darwin era particularmente fascinado pela presença de treze tipos de pássaros tentilhões. Ele, primeiramente, supôs serem esses tentilhões — hoje chamados tentilhões de Darwin — uma subespécie dos tentilhões sul-americanos, estudados por ele anteriormente, que muito provavelmente teriam sido soprados em direção ao oceano em uma tempestade. Porém, ao estudar os padrões de distribuição, Darwin observou que a maioria das ilhas do arquipélago carregava apenas dois ou três tipos de tentilhões. Apenas as ilhas centrais maiores mostravam maior diversificação. Intrigava-o ainda mais o fato de todos os tentilhões das Galápagos serem diferentes em tamanho e comportamento. Alguns eram comedores de semente fortes, maciços; outros, esbeltos e preferiam insetos. Navegando pelo arquipélago, Darwin descobriu serem os tentilhões da Ilha Espanhola diferentes daqueles da Ilha Genovesa. Ambos eram diferentes daqueles da Ilha de Santa Cruz. Ele começou a se perguntar o que aconteceria se alguns tentilhões na Ilha Espanhola fossem levados por ventos fortes para outra ilha. Darwin então concluiu que se os recém-chegados fossem pré-adaptados ao novo *habitat*, sobreviveriam e se multiplicariam ao lado dos tentilhões residentes. Caso contrário, seu número diminuiria. Essa linha de pensamento finalmente se desenvolveria para se tornar a sua famosa tese.

Quando Darwin retornou em 1836, foi entusiasmadamente recebido pela comunidade científica inglesa. Ele imediatamente se tornou um membro da Sociedade Geológica e, três anos depois, foi eleito para a Sociedade Real. Rapidamente, começou a trabalhar. Publicamente, Darwin estava ocupado preparando a publicação de suas muitas descobertas geológicas e biológicas. Porém, reservadamente, estava também construindo uma nova teoria.

Revisando suas anotações da viagem, Darwin estava profundamente perplexo. Porque as aves e tartarugas em algumas das ilhas Galápagos se assemelhavam a espécies encontradas na América do Sul, enquanto as de outras ilhas, não? Essa observação foi ainda mais perturbadora quando Darwin percebeu que os tentilhões trazidos por ele das Galápagos pertenciam a espécies diferentes. Não eram simplesmente variedades diferentes das mesmas espécies, como ele havia acreditado anteriormente. Darwin também descobriu que os rouxinóis, que ele havia colecionado, eram de três espécies distintas e que as tartarugas representavam duas espécies. Ele começou se referindo a essas questões perturbadoras como "o problema das espécies". Descreveu suas observações em um caderno de anotações posteriormente intitulado "Bloco de Notas sobre a Transmutação das Espécies".

Darwin começou então uma intensa investigação sobre as variações das espécies. Devorou todo o trabalho escrito sobre o assunto. Trocou volumosa correspondência com botânicos, naturalistas e administradores de zoológicos — qualquer um que tivesse informações, ou opiniões, a respeito da mutação das espécies. Seu aprendizado o convenceu de estar no caminho certo com sua hipótese de trabalho: as espécies mudam, de fato, seja entre um lugar e outro, seja entre um período de tempo e outro. A ideia era não apenas radical a seu tempo, era uma blasfêmia. Ele lutou para manter seu trabalho secreto.

À medida que continuava a estudar e pensar, Darwin estava cada vez mais certo de que a evolução estava ocorrendo, mas ainda não entendia como. Somente em 1838, ele conseguiu encaixar todas as peças. No outono daquele ano, Darwin começou a ler *Ensaio Sobre o Princípio da População*[29] do economista britânico Thomas Malthus (1766-1834). Após explorar a relação entre o suprimento de alimentos e a população humana, Malthus concluiu que a população estava crescendo em proporção geométrica enquanto os meios de subsistência (produção de alimentos) progrediam aritmeticamente. Assim, o crescimento populacional sempre ultrapassaria o crescimento dos suprimentos alimentares e a população cresceria até ser reduzida por guerra, fome ou doença.

Darwin percebeu um paralelo imediato entre o trabalho de Malthus e as perguntas não respondidas sobre populações animais e vegetais. A teoria de Malthus decretava que um suprimento limi-

---

[29] MALTHUS, Thomas. *Ensaio Sobre o Princípio da População*. Lisboa: Relógio D'Água, 2014. (N. E.)

tado de alimentos iria forçar uma população crescente a uma luta permanente pela sobrevivência. De seus anos de observação, Darwin reconheceu o processo malthusiano no mundo animal. "Estando eu bem preparado para apreciar a luta pela existência, que acontece em toda parte, através da observação contínua dos hábitos de animais e plantas" escreveu em seu caderno de anotações, "percebi que, sob essas circunstâncias, variações favoráveis tendem a ser preservadas e variações desfavoráveis tendem a ser destruídas. O resultado disso seria a formação de novas espécies. Aqui, portanto, eu teria finalmente uma teoria — um processo através do qual trabalhar"[30].

A originalidade da teoria de Darwin reside na ideia de que a luta pela sobrevivência estava ocorrendo não apenas entre espécies, mas também entre indivíduos de uma mesma espécie. Se ter um bico mais longo, por exemplo, aumentasse as chances de sobrevivência de um pássaro, então, mais pássaros com bicos longos teriam maior probabilidade de passar essa vantagem adiante. Finalmente, o bico mais longo se tornaria dominante dentro da espécie[31]. Através desse processo de seleção natural, Darwin teorizou que variações favoráveis são preservadas e transmitidas a sucessivas gerações. Após diversas gerações, pequenas mudanças graduais nas espécies começariam a contribuir para mudanças maiores — assim aconteceria a evolução.

Em 1842, Darwin havia completado uma breve descrição de sua nova teoria, mas resistiu à publicação. Talvez percebendo a furiosa controvérsia que a teoria geraria, ele insistiu em desenvol-

---

[30] DARWIN, Francis Darwin (Ed.). *The Autobiography of Charles Darwin*. New York: Dover Publications, 1958.

[31] Por tudo o que Charles Darwin foi capaz de realizar, não conseguiu explicar como ocorriam as variações nas espécies. Essa questão foi resolvida pelo monge agostiniano Gregor Johann Mendel (1822-1884), um botânico austríaco e experimentador de plantas. Ele foi o primeiro a apresentar uma base matemática da ciência da genética. Hoje, os biólogos entendem que as variações dentro de uma espécie são causadas pelas variações dos genes de seus membros individuais.

ver mais documentação. Então, em 18 de junho de 1858, Darwin recebeu um artigo do naturalista Alfred Russel Wallace (1823-1913), resumindo perfeitamente a teoria na qual estava trabalhando havia vinte anos. Para aconselhamento, Darwin chamou dois colegas próximos, o geólogo Charles Lyell (1797-1875) e o botânico Joseph Hooker (1817-1911). Eles decidiram apresentar o trabalho de ambos os homens em um artigo combinado. No ano seguinte, Darwin publicou *Da Origem das Espécies por Meio da Seleção Natural*, ou *A Preservação de Raças Favorecidas na Luta Pela Vida*. O livro esgotou no primeiro dia. Em 1872, *A Origem das Espécies* — como era popularmente chamado — estava em sua sexta edição.

Darwin havia escrito o livro do século — talvez, disse o biólogo evolucionista Richard Dawkins, o livro do milênio. "*A Origem* mudou a humanidade e toda a vida para sempre" Dawkins escreveu[32]. Ele também mudou nossa visão de outras áreas do conhecimento, incluindo a Economia — foco deste capítulo.

***

Durante os anos que se seguiram à obra-prima de Darwin, os intelectuais europeus estavam fascinados pela teoria da seleção natural. Ela agitava conversas, palestras e escritos em muitos campos de estudo. Inevitavelmente, o conceito de mudança evolucionária atraiu a atenção também de economistas[33].

---

[32] DAWKINS, Richard. "International Books of the Year and the Millennium", suplemento literário do *Times*, 3 de dezembro de 1999.

[33] Os economistas americanos também estavam prestando atenção. O mais notável entre eles na época foi Thorstein Veblen (1857-1929), da Universidade de Chicago. Hoje, sua reputação repousa em seu trabalho principal, "A teoria da classe ociosa", onde descreve sua noção de consumo conspícuo. A seu tempo, sua reputação acadêmica era um tanto ofuscada por seu comportamento pessoal excêntrico, e por seu estilo de escrita sardônico e sarcástico. Muitos contemporâneos simplesmente perderam a sátira. Ele, frequentemente, clamava por uma abordagem evolucionária pós-darwiniana para o estudo da economia. Infelizmente, não tinha detalhes espe-

CAPÍTULO III | BIOLOGIA

O primeiro erudito foi Alfred Marshall, o maior economista da Grã-Bretanha (e consequentemente, diriam alguns, do mundo) da última década do século XIX, até sua morte em 1924. A obra-prima de Marshall é *Princípios de Economia*, primeiramente publicada em 1890 — revisada e expandida sete vezes após isso. Como uma abrangente revisão do desenvolvimento do pensamento econômico, ela tem poucos pares. Na verdade, a oitava edição ainda é usada como importante texto em muitos currículos de faculdade.

Marshall fará outra aparição em nosso capítulo um pouco mais adiante. No momento, aponto-lhe a página-título da primeira edição de seu livro. Abaixo do título, embaixo do nome do autor e de sua afiliação universitária, e abaixo de uma linha que comoventemente proclama esse como o primeiro volume, está a frase em latim[34]:

Natura non facit saltum.

A plateia de Marshall não precisava de tradução, mas hoje muitos de nós precisamos: "A natureza não dá saltos". O próprio Darwin usou o mesmo lema em seu *A Origem das Espécies*. Então, com essa homenagem, Marshall dá uma pista de que está alinhado com a revolução intelectual desencadeada pelo trabalho de Darwin, e talvez ache virtuoso enxergar a economia através de um prisma darwiniano. Sua verdadeira intenção é um tentador quebra-cabeças para nós atualmente, pois Marshall nunca foi totalmente explícito quanto à sua posição.

---

cíficos. Entretanto, alguns dos estudiosos de hoje o credenciam como um pioneiro nessa abordagem. O economista britânico Geoffrey Hodgson, por exemplo, afirma que "os escritos de Veblen constituem o primeiro caso de uma economia evolucionária ao longo das linhas darwinianas". (HODGSON, G. M. "On the Evolution of Thorstein Veblen's Evolutionary Economics", *Cambridge Journal of Economics*, 22, 1998, p. 415-31).

[34] A pungência é que, apesar de anos de trabalho, ele nunca concluiu o volume 2.

* * *

Menos de duas décadas após a primeira aparição do texto de Marshall, uma nova figura no estudo da economia teve uma estreia impressionante. Em 1908, na tenra idade de vinte e cinco anos, o austríaco Joseph Schumpeter (1883-1950), educado tanto em Economia quanto em Direito, publicou seu primeiro livro, intitulado *A Natureza e a Essência da Teoria Economia Nacional*. Nele, buscava diferenciar a visão convencional, estática da economia com sua teoria mais dinâmica.

Nesse primeiro livro, Schumpeter apresentou o argumento de que a economia é, essencialmente, um processo evolutivo. Expandiu o tema em seu livro seguinte, *Teoria do Desenvolvimento Econômico*[35], e continuou desenvolvendo-o ao longo de sua vida[36]. Na verdade, Christopher Freeman (1921-2010), economista britânico do Século XX que estudou Schumpeter extensivamente, comenta: "O ponto central do trabalho de toda a sua vida é: o capitalismo somente pode ser compreendido como um processo evolutivo de inovação contínua e destruição criativa"[37].

O processo econômico dinâmico de Schumpeter se compunha de três elementos principais: inovação, empreendedorismo e crédito. No coração de sua teoria está a ideia de que a busca por equilíbrio é um processo de adaptação. Nesse processo, os inova-

---

[35] Disponível em português na seguinte edição: SCHUMPETER, Joseph. *Teoria do Desenvolvimento Econômico*. Lisboa: Fundaçao Calouste Gulbenkian, 2012. (N. E.)

[36] *A Teoria do Desenvolvimento Econômico* foi, é claro, escrita no alemão nativo de Schumpeter. A tradução comum do título é um tanto enganosa. A palavra alemã "entwicklung", geralmente traduzida como "desenvolvimento", também significa "evolução". Na verdade, o próprio Schumpeter escreveu a um colega, enquanto o livro estava no prelo, que o título era *A Teoria da Evolução Econômica*. (ANDERSEN, Esben, "Schumpeter's General Theory of Social Evolution", artigo apresentado na *Conference on Neo-schumpeterian Economics: Trest, Czech Republic*, Junho de 2006).

[37] FREEMAN, Christopher, em *Techno-economic Paradigms: Essays in Honor of Carlota Perez*. London: Anthem Press, 2009, p. 126.

dores são agentes de mudança. Todas as mudanças no sistema econômico começam com inovação.

A inovação, disse Schumpeter, é a aplicação lucrativa de novas ideias, incluindo produtos, processos de produção, fontes de abastecimento, novos mercados, ou novas formas de organização de uma empresa. Enquanto a teoria econômica padrão acreditava ser o progresso uma série de pequenos passos incrementais, a teoria de Schumpeter enfatizava saltos inovadores que, por sua vez, causavam grandes perturbações e descontinuidade — uma ideia capturada na famosa frase de Schumpeter: "o vendaval perene da destruição criativa".

Porém, todas essas possibilidades de inovação nada significavam sem o empreendedor que se torna líder visionário da inovação. É necessário haver alguém excepcional, disse Schumpeter, para superar os obstáculos naturais e a resistência à inovação. Sem o desejo e vontade do empreendedor de ir adiante, muitas ideias jamais poderiam ter sido lançadas. Por fim, Schumpeter explicou, grandes inovações lideradas por grandes empreendedores somente podem prosperar em certos ambientes. Coisas como direitos de propriedade, moedas estáveis e livre comércio são fatores ambientais importantes, mas crédito é primordial. Sem acesso ao crédito, a habilidade de promover inovação seria prejudicada.

Em 1907, enquanto Schumpeter ainda estava organizando seus pensamentos para *A Natureza e a Essência da Economia Nacional*, ele visitou o consagrado economista Alfred Marshall em Cambridge[38]. Naquele tempo, Marshall tinha sessenta e cinco anos de idade e sua saúde estava se deteriorando. Schumpeter sabia que Marshall estava intrigado com a teoria da evolução de Darwin e estava ansioso para discuti-la.

---

[38] NASAR, Sylvia. *Grand Pursuit: The Story of Economic Genius*. New York: Simon & Schuster, 2011.

Durante algum tempo, Marshall repreendeu em privado seus colegas por não reconhecerem o fato de fenômenos econômicos se assemelharem mais a processos biológicos do que à teoria mecanicista padrão. Porém, ele ainda tinha sentimentos ambíguos sobre avançar publicamente uma teoria nova e radical. Quando Schumpeter expôs a Marshall sua pretensão de promover uma interpretação biológica de economia, Marshall se pôs cauteloso. Quando estava saindo, Schumpeter comentou que sua conversa o havia colocado no papel de "um amante indiscreto entrando em um casamento aventureiro enquanto você [Marshall] seria um tio benevolente tentando me persuadir a desistir". Marshall respondeu com bom humor: "É como deve ser. Pois se houver realmente algo aí, o tio irá pregar em vão"[39].

Treze anos após sua reunião, a oitava e final edição de *Princípios de Economia* (1920) foi publicada. Aqui, talvez pela primeira vez, Marshall apresentou, de forma clara e eloquente, suas ideias sobre Economia Evolucionária. No prefácio escreveu:

> A Meca do economista está na biologia econômica ao invés da dinâmica econômica. Porém, os conceitos biológicos são mais complexos do que os mecânicos; um volume sobre Fundamentos deve, portanto, dar um espaço relativamente amplo para analogias mecânicas; e o uso frequente do termo "equilíbrio", sugerindo uma espécie de analogia estática. Esse fato, combinado à atenção predominante, dada no presente volume, às condições normais de vida na Era Moderna, sugere a noção de que a sua ideia central seja "estática" ao invés de "dinâmica." Contudo, de fato, ela está inteiramente preocupada com as forças causadoras do movimento: e sua tônica é a da dinâmica ao invés da estática[40].

---

[39] Idem. *Ibidem*.
[40] MARSHALL, Alfred. *Principles of Economics*. Philadelphia: Porcupine Press, 1994.

CAPÍTULO III | BIOLOGIA

Sempre me perguntei porque a visão biológica de economia, concebida há mais de cem anos, ainda não atingiu a categoria mais alta de apoio acadêmico. Pode ser porque, como escreveu Marshall, "conceitos biológicos são mais complexos do que mecânicos". Pode ser também que a interpretação biológica de economia esteja apenas agora entrando na fase "revolucionária" do desenvolvimento científico.

* * *

Cinquenta anos atrás, Thomas Kuhn (1922-1996) escreveu um livro de referência chamado *A Estrutura das Revoluções Científicas*. Nele, desafiou a visão convencional do progresso científico se mover lentamente como uma série de fatos e teorias aceitas. Kuhn acreditava haver tempos em que os avanços ocorrem somente através de uma revolução.

Sob a "ciência normal," explica ele, problemas são resolvidos dentro do contexto do paradigma dominante. Enquanto houver um consenso geral a respeito do paradigma, a ciência normal continua. Entretanto, o que acontece quando aparecem anomalias?

De acordo com Kuhn, quando um fenômeno observado não é adequadamente explicado pelo paradigma dominante, nasce um novo paradigma concorrente. Cientistas deixados com um modelo ineficaz começam a trabalhar no desenvolvimento de uma nova hipótese teórica. Embora você possa pensar que a transição do velho paradigma ao novo seja pacificamente liderada pelo coletivo em busca da verdade, Kuhn nos diz, acontece justamente o oposto — por isso o termo "revolução".

Defensores do paradigma dominante, quando confrontados com um paradigma novo e alternativo, são deixados com duas escolhas. Eles podem descartar suas crenças antigas e se separar de um investimento intelectual e profissional vitalício, ou podem ficar e lutar. No segundo caso, temos o que se conhece como "colisão de paradigmas" e as táticas para lidar com ele são simples. Primeiro, você busca desacreditar o novo paradigma de qualquer maneira possível para, então, começar a consertar o paradigma dominante para melhor explicar o ambiente. Por exemplo, quando a visão geocêntrica do Sistema Solar foi desafiada pela evidência de Copérnico de que a Terra não é o centro do Universo, adeptos do *Almagesto* de Ptolomeu (90-168 d.C.) simplesmente adicionaram anéis orbitais às suas esferas elípticas para explicar as anomalias. Quando aquilo não funcionou, colocaram Copérnico na prisão até ele desmentir sua teoria.

No meio de uma colisão de paradigma, a comunidade científica se divide.

O grupo mais antigo, entrincheirado, procura defender o paradigma primário enquanto outros buscam instituir o novo paradigma. Kuhn nos diz que, uma vez ocorrida essa polarização, "os recursos políticos falham". Embora o combate intelectual intenso seja a norma quando dois paradigmas concorrentes se chocam, existe outra maneira, mais sutil, que pode resolver a questão, no final das contas: o tempo.

Kuhn observa serem os revolucionários científicos frequentemente "ou muito jovens ou muito novos no campo cujo paradigma eles mudam". Eles têm pouquíssimo capital intelectual comprometido com o velho paradigma primário, sendo mais "propensos a ver que essas regras não mais definem um jogo possível e trabalham para conceber outro conjunto que possa substituí-las"[41]. Caso o novo paradigma seja realmente robusto, ao longo do tempo ele atrairá mais cientistas. Caso o paradigma antigo não possa competir, desaparecerá lentamente pela falta de novos adeptos. Ele estaria, poderíamos dizer, passando por uma espécie de evolução.

---

[41] KUHN, Thomas S. *The Structure of Scientific Revolutions.* Chicago: University of Chicago Press, [1962] 1970, p. 90.

Capítulo III | Biologia

* * *

Talvez devêssemos perdoar os economistas dos últimos cem anos por não terem abraçado completamente a ideia de Economia Evolucionária. Afinal de contas, a própria evolução não é facilmente reconhecível. A evolução de Darwin foi constante, lenta e contínua. Biólogos chamam isso de gradualismo. Os bicos dos tentilhões de Darwin, ou as listras de um tigre, não foram alteradas em uns poucos anos, mas gradualmente, ao longo de centenas, senão milhares de anos. Da mesma forma, um dono de negócio operando no mesmo ramo ano após ano, talvez não experimente nenhuma mudança. Se a transformação econômica não for facilmente perceptível, como podemos então culpar o economista que a ignora? Visto através dessa perspectiva, Marshall seria um gradualista.

Porém, em outros casos, a mudança pode acontecer de forma rápida e dramática. Biólogos chamam a isso de "equilíbrio pontuado". Durante um longo período de tempo há pouquíssima mudança, depois, subitamente, algumas poucas e enormes mudanças podem acontecer — talvez, o resultado de mutações no DNA, ou uma alteração dramática do meio ambiente. Esta é a evolução de Schumpeter. No mundo dele, a mudança ocorre muito rapidamente, depois se acomoda novamente para um período de alteração constante e lenta, mas contínua.

Contudo, não importando seu ritmo, devemos lembrar: sempre há mudanças. Por isso, devemos deixar o mundo de Newton e abraçar o de Darwin. No mundo de Newton, não existe mudança. Você pode fazer seus experimentos de Física milhares de vezes durante milhares de anos, obtendo sempre o mesmo resultado. Empresas, indústrias e economias podem marcar o passo sem mudanças perceptíveis, mas elas, inevitavelmente, mudam. Seja gradualmente ou repentinamente, o paradigma familiar desmorona.

Brian Arthur, anteriormente da Universidade Stanford e professor visitante no Instituto Santa Fé, foi um dos primeiros economistas modernos dispostos a trazer um novo olhar sobre como funciona realmente a economia. Treinado em Economia clássica, Arthur fez uma imersão nos ensinamentos de Marshall e Samuelson e, em particular, no equilíbrio dos mercados — a estabilidade entre oferta e demanda. Contudo, o mundo descrito pelos economistas clássicos não era o mesmo mundo que Arthur enxergava. Não importando o quanto tentasse abraçar os ensinamentos de estabilidade, ele só conseguia enxergar instabilidade. O mundo estava mudando constantemente, pensava Arthur. Estava cheio de perturbações e surpresas. Estava evoluindo continuamente.

Em novembro de 1979, Arthur começou a registrar suas observações em seu caderno pessoal de anotações. Ele dividiu uma página, chamada por ele "Economia Nova e Velha", em duas colunas, nas quais começou a listar as características de ambos os conceitos. Sob "Velha Economia" Arthur definiu investidores como idênticos, racionais e iguais em habilidade. O sistema era desprovido de qualquer dinâmica verdadeira. Tudo estava em equilíbrio. A economia era baseada na Física clássica, sob a crença do sistema ser estruturalmente simples. Sob "Nova Economia" Arthur escreveu que as pessoas estavam separadas, sendo diferentes em habilidades. Elas eram emocionais. O sistema era complicado e em constante mutação. Na cabeça de Arthur, Economia não era simples, mas inerentemente complexa, mais parecida com a Biologia do que com a Física.

Irlandês de fala mansa, Arthur confessa não ter sido o primeiro a pensar sobre Economia dessa maneira, mas seria seguramente o primeiro a confrontá-la.

Foi o economista ganhador do Prêmio Nobel em 1972, Kenneth Arrow (1921-2017), quem primeiro introduziu Brian Arthur ao coeso grupo de cientistas que trabalhavam no Instituto Santa Fé. Arrow convidou Arthur para participar de uma conferência de físicos, biólogos e economistas no instituto, no outono de 1987, para apresentar sua pesquisa mais recente. A conferência foi organizada na esperança de que ideias que atravessavam a área de Ciências Naturais — nomeadamente "a ciência da complexidade" — ajudariam a estimular novas formas de pensar a respeito de Economia[42]. Comum ao estudo da complexidade é a noção de sistemas adaptativos complexos operando com elementos múltiplos, cada qual se adaptando ou reagindo aos padrões criados pelo próprio sistema. Sistemas adaptativos complexos estão em constante processo de evolução ao longo do tempo. Esses tipos de sistemas são familiares aos biólogos e ecologistas, mas o grupo da Santa Fé pensou que, talvez, o conceito devesse ser expandido. Talvez tivesse chegado o tempo de incluir o estudo de sistemas econômicos e mercados de ações dentro do conceito abrangente da complexidade.

Ao se libertarem dos ensinamentos clássicos, o grupo de Santa Fé conseguiu apontar quatro características distintas que observaram a respeito da economia.

> 1ª) *Interação Dispersa:* O que acontece na economia é determinado pelas interações de um grande número de agentes individuais, todos agindo em paralelo. A ação de qualquer agente individual depende tanto das ações esperadas de um número limitado de agentes quanto do sistema conjuntamente criado por eles.
>
> 2ª) *Nenhum Controlador Global:* Embora existam leis e instituições, não existe uma entidade global controlando a economia. Ao invés disso, o sistema é controlado pela competição e coordenação entre agentes do sistema.
>
> 3ª) *Adaptação Continuada:* O comportamento, as ações e as estratégias dos agentes, bem como seus produtos e serviços, *são*

---

[42] Por obra intrigante do acaso, a conferência, que consumiu muitos meses de planejamento, foi realizada em 1987, mesmo ano da derrocada da Bolsa de Valores, fazendo com que muitas pessoas questionassem o conceito de equilíbrio absoluto no mercado.

revisados continuamente com base na experiência acumulada. Em outras palavras, o sistema se adapta. Ele cria novos produtos, novos mercados, novas instituições e novos comportamentos. É um sistema em curso.

4ª) *Dinâmica Fora-de-equilíbrio:* Diferentemente dos modelos de equilíbrio que dominam o pensamento em Economia clássica, o grupo Santa Fé acreditava que a economia, devido a constante mudança, opera longe do equilíbrio.

Um elemento essencial dos sistemas complexos adaptativos é o circuito de *feedback*. Isto é, agentes dentro do sistema formam expectativas ou modelos, depois agem com base em estimativas geradas por esses modelos. Entretanto, ao longo do tempo, esses modelos mudam, dependendo do grau de precisão com que preveem o ambiente. Caso o modelo seja útil, ele é mantido; caso não seja, os agentes alteram o modelo para aumentar sua previsibilidade. Obviamente, a precisão da previsibilidade é uma preocupação fundamental para os participantes do mercado de ações e nós podemos estar aptos a alcançar um entendimento mais amplo caso possamos aprender a ver o mercado como um tipo de sistema adaptativo complexo.

Todo o conceito de sistema complexo é uma nova forma de ver o mundo e não é facilmente compreendida. Como exatamente os agentes de um sistema adaptativo complexo interagem? De que forma eles criam coletivamente e depois mudam um modelo para predizer o futuro? Para aqueles de nós que não são cientistas, é útil encontrar uma maneira de visualizar o processo. Brian Arthur nos dá uma resposta com o exemplo chamado por ele de "O Problema El Farol"

El Farol, um bar em Santa Fé, Novo México, costumava ter música irlandesa nas noites de quinta-feira. Arthur, o irlandês, adorava ir. Na maioria das ocasiões, os frequentadores do bar eram bem comportados e era agradável sentar-se para escutar a música.

Porém, em algumas noites, o bar lotava com tantas pessoas amontoadas, bebendo e cantando, que logo o ambiente se tornava indisciplinado. Agora, Arthur enfrentava um problema: como ele poderia decidir em que noites ir para o El Farol e em que noites ficar em casa? O trabalho de decidir levou-o a formular uma teoria matemática chamada por ele de Problema El Farol. Ela tem, diz ele, todas as características de um sistema adaptativo complexo.

Suponha, explica Arthur, que existam cem pessoas em Santa Fé interessadas em ir ao El Farol para ouvir música irlandesa, mas nenhuma delas quer ir caso o bar esteja cheio. Imagine também que o bar publicasse sua frequência semanal pelas últimas dez semanas. Com essa informação, os amantes de música construirão modelos para prever quantas pessoas aparecerão na próxima quinta-feira. Alguns podem imaginar que será aproximadamente o mesmo número de pessoas do que na semana passada. Outros farão uma média das últimas semanas. Uns poucos tentarão correlacionar dados de frequência com o clima, ou com outras atividades para o mesmo público. Existirão infinitas maneiras de construir modelos para prever quantas pessoas irão ao bar.

Então, digamos que cada amante de música irlandesa decida que o limite confortável para o pequeno bar seja de sessenta pessoas. Todas as cem pessoas decidirão, usando qualquer indicador que tenha sido mais preciso durante as últimas semanas, quando o limite será atingido. Porque cada pessoa usa um indicador diferente, em qualquer quinta-feira algumas pessoas aparecerão no El Farol, outras ficarão em casa, porque seu modelo previu a presença de mais de sessenta pessoas. No dia seguinte, o El Farol publica seus modelos e se prepara para a previsão da semana seguinte.

O processo do El Farol pode ser chamado de ecologia dos indicadores, diz Arthur. A qualquer momento, existe um grupo de modelos considerados "vivos" — ou seja, indicadores úteis de quantas pessoas frequentarão o bar. Por outro lado, indicadores que venham a ser imprecisos morrerão lentamente. A cada semana, novos indicadores, novos modelos, novas crenças competirão pelo uso por parte de outros amantes da música.

Podemos ver rapidamente como o processo do El Farol ecoa a ideia darwiniana de sobrevivência através da seleção natural e como ela se estende, logicamente, às economias e aos mercados. Nos mercados, o modelo preditivo de cada agente compete por sobrevivência contra os modelos de todos os outros agentes. O *feedback* gerado causa mudanças em alguns modelos e o desaparecimento de outros. É um mundo, alega Arthur, complexo, adaptativo e evolutivo.

* * *

Brian Arthur não é o único cientista de Santa Fé explorando o link entre Biologia e Economia. J. Doyne Farmer, originalmente treinado como físico, sabia que a Economia clássica estava baseada nas mesmas leis de equilíbrio estudadas por ele na faculdade, mas também sabia que o observado nos mercados nem sempre correspondia a essas leis.

Farmer já estava convencido a respeito da ineficiência do mercado. Isso estava claro para ele. Lawrence Summers, que se tornaria Secretário do Tesouro dos Estados Unidos, era um dos participantes originais da conferência de Economia e sistemas complexos de 1987. Summers pesquisou os cem maiores movimentos diários do mercado e conseguiu conectar eventos de interesse jornalístico a apenas 40% deles. Em outras palavras, mais da metade das maiores movimentações de mercado estava ocorrendo sem uma entrada informacional correspondente. Isso, Farmer sabia, era altamente inconsistente com a teoria do mercado eficiente. Ficava claro que alguma dinâmica interna estava causando a excessiva volatilidade no mercado. Entretanto, qual seria essa dinâmica? Farmer (possuidor de um senso natural de curiosidade que constantemente o leva a novas arenas) pensava que a resposta pudesse ser encontrada não nas leis explicativas da mecânica celestial, mas, ao invés disso, nas leis descritivas do comportamento de sistemas ecológicos.

TABELA:

Ecologia Biológica	Ecologia Financeira
Espécie	Estratégia de negociação
Organismo individual	*Trader*
Genótipo (constituição genética)	Representação funcional da estratégia
Fenótipo (aparência observável)	Ações da estratégia (compra, venda)
População	Capital
Ambiente externo	Preço e outras informações de entrada
Seleção	Alocação de Capital
Mutação e recombinação	Criação de novas estratégias

Em um artigo do Instituto Santa Fé, intitulado "Força de Mercado, Ecologia e Evolução", Farmer tomou o importante primeiro passo em esboçar o comportamento do mercado de ações em termos biológicos. Sua analogia entre a ecologia biológica de espécies interativas e uma ecologia financeira de estratégias interativas é resumida na tabela mostrada aqui[43].

Farmer é o primeiro a admitir que a analogia não é perfeita, mas apresenta uma maneira estimulante para pensar sobre o mercado. Além disso, ela liga o processo com a claramente definida ciência de como organismos vivos se comportam e evoluem.

---

[43] FARMER, J. Doyne. "Market Force, Ecology, and Evolution", artigo de trabalho, versão 4.1, Instituto Santa Fé, 14 de fevereiro de 2000.

Se voltarmos pela história do mercado de ações e buscarmos identificar as estratégias de negociação que dominaram a paisagem, acredito terem existido cinco estratégias principais — que, na analogia de Farmer, seriam espécies.

1ª) Nos anos 1930 e 1940, a estratégia de desconto sobre valor contábil, inicialmente proposta por Benjamin Graham (1894-1976) e David Dodd (1895-1988) em seu clássico livro didático de 1934, *Security Analysis*, era dominante.
2ª) Depois da Segunda Guerra Mundial, a segunda maior estratégia dominante nas finanças era o modelo de dividendos. À medida em que as memórias da quebra de 1929 se dissipavam e a prosperidade retornava, investidores eram crescentemente atraídos para ações, pagando altos dividendos enquanto títulos que pagavam menos perdiam importância. A estratégia de dividendos foi tão popular que, nos anos 1950, o rendimento dos dividendos de ações ficou abaixo do rendimento de títulos — uma novidade histórica.
3ª) Nos anos 1960, uma terceira estratégia surgiu. Investidores trocaram ações que pagavam grandes dividendos por empresas com expectativa de fazer crescer seus ganhos a uma taxa elevada.
4ª) Durante os anos 1980, uma quarta estratégia predominou. Warren Buffett salientou a necessidade de focar em empresas com altos fluxos de caixa líquidos (*owner-earnings*) ou fluxos de caixa.
5ª) Hoje podemos verificar que o retorno do dinheiro sobre o capital investido está emergindo como a quinta nova estratégia.

A maioria de nós reconhece essas estratégias bem conhecidas e podemos aceitar prontamente a ideia de que cada uma delas ganhou importância ao ultrapassar uma estratégia previamente dominante, sendo finalmente ultrapassada por uma nova estratégia. Resumidamente, a evolução aconteceu no mercado acionário através da seleção econômica.

Como acontece a seleção econômica? Lembre-se que na analogia de Farmer, uma população biológica é o capital e a seleção natural ocorre através da alocação desse capital. Isso significa que o capital varia em relação à popularidade da estratégia. Se a estratégia for bem-sucedida, ela atrai mais capital e se torna a estratégia dominante. Quando uma nova estratégia que funciona é descoberta, o capital é realocado — ou, em termos biológicos, existe uma mudança na população. Como aponta Farmer,

> A evolução a longo prazo do mercado pode ser estudada em termos de fluxos de dinheiro. A evolução financeira é influenciada pelo dinheiro da mesma forma que a evolução biológica é influenciada pela comida[44].

Por que estratégias financeiras são tão distintas? A resposta, acredita Farmer, começa com a ideia de estratégias básicas induzirem a padrões de comportamento. Os agentes se apressam a explorar esses padrões óbvios, causando, em última instância, um efeito colateral. À medida em que mais agentes começam a utilizar a mesma estratégia, sua rentabilidade diminui. A ineficiência se torna aparente e a estratégia original é exaurida. Então, novos agentes entram em cena com novas ideias. Eles formulam novas estratégias que podem ser lucrativas para qualquer quantidade. O capital migra e a nova estratégia se expande, iniciando o processo evolutivo novamente. É o clássico Problema El Farol descrito por Brian Arthur.

O mercado algum dia se tornará eficiente? Se você aceitar a ideia de que a evolução tem um papel nos mercados financeiros, a resposta terá de ser não. Cada estratégia que elimina uma inefi-

---

[44] Farmer, J. Doyne. "Market Force, Ecology, and Evolution", *op. cit.*, 1, 34.

ciência será logo substituída por uma nova. O mercado sempre manterá algum nível de diversidade, e sabemos ser essa a causa principal da evolução.

Estamos aprendendo que estudar economia e sistemas financeiros é muito semelhante a estudar sistemas biológicos. O conceito central de ambos é a ideia de mudança, pelos biólogos chamada de evolução. Os modelos usados por nós para explicar a evolução de estratégias financeiras são matematicamente similares às equações utilizadas por biólogos para estudar populações de sistemas de predador-presa, sistemas concorrentes, ou sistemas simbióticos.

* * *

O conceito de evolução não deve ser estranho aos analistas financeiros. Fora dos mercados, podemos facilmente observar a multiplicidade de sistemas que passam por alterações, desde a moda, a linguagem e até a cultura popular em todas as suas manifestações. Se o entendimento de mercados financeiros em termos evolucionários parece intimidador para alguns, imagino que isso pode ser por causa das palavras utilizadas por biólogos para descrever o processo: variação, adaptação, mutação, recombinação genética — estes termos não são encontrados no léxico de um programa de MBA.

Talvez seja mais fácil se mudarmos para o vocabulário do mundo corporativo, onde os conceitos de administração de mudanças, encorajamento da inovação e adaptação às demandas do mercado estão bem estabelecidos e são bem compreendidos. Colocando de maneira simples, todo o conceito de adaptação se baseia na ideia da existência de um problema e que as espécies — ou o setor, ou a empresa —, eventualmente, resolvem-no ao se adaptarem ao ambiente.

CAPÍTULO III | BIOLOGIA

A ideia de economia biológica deve ser mais fácil de abraçar agora que a teoria saiu do Instituto Santa Fé para ganhar as universidades e empresas de consultoria tradicionais, que estudam estratégias de negócios e administração. Richard Foster e Sarah Kaplan, da McKinsey & Company, escreveu um livro muito importante intitulado *Destruição Criativa: Porque Empresas Feitas para Durar não são Bem Sucedidas — Como Transformá-las*. [45]. Clay Christensen, professor de Administração de Empresas na Universidade Harvard, teve um impacto significativo no currículo com seus *best-sellers: O Dilema da Inovação: Quando as Novas Tecnologias Levam as Empresas ao Fracasso*[46] e *O Crescimento Pela Inovação: Como Crescer de Forma Sustentada e Reinventar o Sucesso*[47] — em coautoria com Michael Raynor.

Andrew Lo, professor de Finanças no Instituto Massachusetts de Tecnologia e diretor do Laboratório de Engenharia Financeira do MIT, buscou um equilíbrio entre dois paradigmas concorrentes ao sugerir que o sistema econômico tem, na verdade, simultaneamente, os efeitos tanto de uma hipótese newtoniana de mercado eficiente quanto uma interpretação biológica darwiniana.

Lembre-se que no capítulo sobre a Física postulamos que, embora "o equilíbrio possa ser realmente o estado natural do mundo — e restaurá-lo quando ele é perturbado possa ser o objetivo da natureza —, não é a condição constante sugerida pela Física newtoniana. Em qualquer dado momento, tanto o equilíbrio quanto o desequilíbrio podem ser encontrados no mercado". "The

---

[45] No Brasil encontramos a seguinte edição: FOSTER, Richard & KAPLAN, Sarah. *Destruição Criativa: Porque Empresas Feitas para Durar não são Bem Sucedidas — Como Transformá-las*. Rio de Janeiro: Editora Campus, 2002. (N. E.).

[46] Disponível em português na seguinte edição: CHRISTENSEN, Clayton M. *O Dilema da Inovação: Quando as Novas Tecnologias Levam as Empresas ao Fracasso*. São Paulo: M. Books, 2019. (N. E.)

[47] Lançado em português como: CHRISTENSEN, Clayton M & REYNOR, Michel E. *O Crescimento Pela Inovação: Como Crescer de Forma Sustentada e Reinventar o Sucesso*. Rio de Janeiro: Campus / Elsevier, 2003. (N. E.).

Adaptive Markets Hypothesis: Market Efficiency from an Evolutionary"[48] de Andrew Lo vai na mesma direção. Lo admite ter tido dificuldades com o conflito entre duas escolas de pensamento durante muitos anos, até perceber não haver conflito algum.

Lo nos lembra da conhecida fábula em que seis padres cegos encontram um elefante. O primeiro padre sente a perna do elefante e diz que ele é uma árvore. O próximo padre tateia a lateral do elefante e afirma ser uma enorme parede. Cada padre toca uma parte diferente do elefante e obtém uma explicação diferente. Andrew Lo percebe as duas interpretações diferentes do mercado da mesma maneira. "Eu compreendi que tanto o pessoal das finanças comportamentais quanto o pessoal do mercado eficiente estavam certos" ele diz. "Ambos estavam observando o mesmo fenômeno de ângulos diferentes".

Na opinião de Lo, o mercado não é nem exclusivamente eficiente, nem permanentemente comportamental — é ambos. "Comportamento realmente é o resultado de interações entre nossas faculdades lógicas e nossas respostas emocionais" explica ele. "Quando a lógica e as emoções estão em perfeito equilíbrio, os mercados funcionam de maneira relativamente eficiente"[49]. (Observaremos mais de perto o cabo de guerra entre lógica e emoção, e seu impacto nos investidores, em um capítulo posterior.) A hipótese de Lo busca construir uma ponte entre a eficiência dos mercados e a ineficiência comportamental, aplicando os princípios de evolução, competição, adaptação e seleção natural às interações financeiras.

* * *

---

[48] LO, Andrew W., "The Adaptive Markets Hypothesis: Market Efficiency from an Evolutionary Perspective". Em *Journal of Portfolio Management*, 5, Nº 30, 2004, p. 15-29.

[49] FARMER, J. Doyne & LO, Andrew W. "Frontiers of Finance: Evolution and Efficient Markets", artigo de trabalho 99-06-039, Instituto Santa Fé, 11 de abril de 1999.

Muitos progressistas — incluindo muitos que conhecemos nesse capítulo — acreditam que a teoria da evolução possa se tornar a força mais poderosa nas finanças. "Existem muitas oportunidades para princípios biológicos serem aplicados às interações financeiras" explica J. Doyne Farmer, "afinal, instituições financeiras são invenções exclusivamente humanas que oferecem uma vantagem adaptativa à nossa espécie. Isso é verdadeiramente uma nova fronteira, cuja exploração está apenas começando"[50].

É tentador, portanto, nos apressarmos em ir de encontro a uma interpretação biológica da economia e da Bolsa de Valores. Podemos identificar mais analogias com sistemas biológicos do que com sistemas físicos. Contudo, devemos segurar nosso entusiasmo. Essa abordagem ainda está se desenvolvendo e existem muitas peças faltando. Uma delas, segundo Farmer, leva em consideração a questão da velocidade. A inovação em mercados financeiros é rápida se comparada ao processo lento, de tipo aleatório, dos sistemas biológicos. Por esse motivo, Farmer acredita que o tempo da eficiência dos mercados ainda esteja a décadas de distância.

Alguns estão desanimados pelo fato de a Biologia evolucionária não poder fazer previsões sólidas. Porém, Darwin nunca reivindicou essa habilidade. A revolução darwiniana é muito sobre como a mudança substitui o imobilismo e, ao fazê-lo, dá a nós um quadro mais preciso do comportamento de todos os seres vivos. Em seu livro *A Natureza das Economias*[51], Jane Jacobs capta perfeitamente a essência: "Um organismo vivo vai se construindo ao longo de sua caminhada"[52]. Por essa razão somente, acredito que sistemas biológicos — incluindo mercados de ações —, diferentemente de sistemas físicos, nunca terão uma média estável.

---

[50] Idem. *Ibidem.*
[51] Lançado em português na seguinte edição: JACOBS, Jane. *A Natureza das Economias*. São Paulo: Beca, 2001. (N. E.).
[52] JACOBS, Jane. *The Nature of Economies*. New York: Modern Library, 2000, p. 137.

***

O filósofo alemão Immanuel Kant (1724-1804), certa vez, disse: "nunca haverá um Newton das folhas de grama". Ele estava errado. A revolução intelectual causada pela teoria da seleção natural de Darwin é tão poderosa quanto a lei da gravitação universal de Newton.

Certamente, a transição da visão mecanicista do mundo para a visão biológica tem sido chamada de "segunda revolução científica". Após trezentos anos, o mundo newtoniano — o mundo mecanicista operando em perfeito equilíbrio — agora é ciência velha. Esta ciência diz respeito a um universo de partes individuais, leis rígidas e forças simples. Os sistemas são lineares e a mudança é proporcional às entradas. Pequenas mudanças terminam em pequenos resultados e grandes mudanças levam a grandes resultados. Na velha ciência, os sistemas são previsíveis.

A nova ciência é conectada e emaranhada. Na nova ciência, o sistema é não-linear e imprevisível, com mudanças súbitas e abruptas. Pequenas mudanças podem ter grande efeito, enquanto grandes eventos podem resultar em pequenas mudanças. Em sistemas não-lineares, as partes individuais interagem, exibindo efeitos de *feedback* que podem alterar o comportamento. Sistemas adaptativos complexos precisam ser estudados como um todo — não em partes individuais — porque o comportamento do sistema é maior do que a soma das partes.

A velha ciência estava preocupada com o entendimento das leis do ser. A nova ciência está preocupada com as leis do tornar--se. A ironia é que os biólogos, uma vez considerados os enteados da ciência, agora estejam nos levando para longe da velha ciência e para perto da nova.

Parece justo dar a última palavra a Charles Darwin. Ele era um escritor talentoso, cujas observações científicas se tornaram obras-primas literárias. Uma de suas passagens mais conhecidas é o último parágrafo de *A Origem das Espécies*, e que serve perfeitamente como final para este capítulo.

> É interessante contemplar uma margem enredada, vestida com muitas plantas de diversos tipos, com aves cantando nos arbustos, com diversos insetos a esvoaçar e com vermes rastejando pela terra úmida, e refletir que essas formas de construção elaboradas, tão distintas umas das outras, e dependentes entre si de maneira tão complexa, têm sido todas produzidas por leis que agem a nosso redor. Essas leis, entendidas em seu sentido mais amplo, são: crescimento com reprodução; hereditariedade, quase uma consequência da reprodução; variabilidade através da ação indireta e direta das condições externas de vida e pelo uso e desuso; uma taxa de crescimento populacional tão alta que leva a uma luta pela vida, tendo como consequência a seleção natural, implicando em diferenças de características e extinção das formas que evoluam menos. Assim, da batalha da natureza, da fome e da morte, o mais elevado objetivo que somos capazes de conceber — nomeadamente, a produção de animais melhores — é consequência direta. Existe grandiosidade nessa visão da vida, com suas diversas forças, tendo sido originalmente soprada em poucas, ou uma forma somente; e, enquanto esse planeta passou por ciclos de acordo com a lei fixa da gravidade, desse princípio tão simples, surgiram inúmeras formas, belíssimas e maravilhosas; e continuam surgindo, através da evolução[53].

---

[53] DARWIN, Charles. *The Origin of Species*. Reprint, New York: Gramercy Books, 1979.

Capítulo IV

Capítulo IV
Sociologia

"Posso calcular o movimento dos corpos celestes" disse *sir* Isaac Newton, "mas não a insanidade dos homens" — uma confissão humilde para um homem considerado universalmente como a maior mente de sua geração[54]. O que poderia tê-lo levado a fazer tal observação? Acontece que gigantes intelectuais são humanos, também.

Em fevereiro de 1720, Newton investiu uma modesta quantia de sua substancial fortuna em ações da Companhia dos Mares do Sul. Essa sociedade por ações britânica, fundada em 1711, recebeu um monopólio para comerciar nas colônias espanholas sul-americanas, como parte de um tratado da Guerra de Sucessão Espanhola.

Em três meses, as ações de Newton haviam triplicado em valor e ele decidiu vendê-las. Se a história tivesse terminado aí, tudo estaria bem. Contudo, Newton não podia ficar longe da Companhia dos Mares do Sul. Ele observava ansiosamente os amigos acionistas continuarem enriquecendo. Em julho, Newton não conseguia mais resistir à tentação. Ele reinvestiu na companhia, pagando £700 libras esterlinas para cada ação — que ele havia

---

[54] *Church of England Quarterly Review* (1850), p. 142.

vendido anteriormente por £300 libras esterlinas. Porém, desta vez, ele não investiu uma quantia modesta — foi uma parte substancial de seu patrimônio líquido.

Em novembro, tudo estava terminado. A "Bolha dos Mares do Sul" havia estourado. Como uma febre violenta, a especulação pelas ações da companhia acabou tão rapidamente quanto começou. Newton teve dificuldades para vender seu investimento, finalmente, saindo por pouco mais de £100 libras esterlinas por ação. Se ele não tivesse mantido o posto de Mestre da Casa da Moeda Real, com seu salário garantido, o restante da vida de Newton teria sido uma batalha financeira.

Lamentavelmente, *Ilusões Populares e a Loucura das Massas*[55], de Charles Mackay (1814-1889) não estava disponível para Newton. Esta obra-prima da psicologia das massas ainda levaria cento e vinte anos para ser escrita. Ainda assim, Newton poderia ter estudado Joseph de la Vega (1650-1692), um bem-sucedido comerciante e filantropo judeu, que havia escrito o primeiro livro sobre o mercado de ações, intitulado *Confusion of Confusions*. Nele, Vega apresenta a arte da especulação como um diálogo entre diferentes participantes do mercado. Uma ferramenta narrativa brilhante, que ajudou o leitor a entender melhor especulação e negociação.

Confusion of Confusions de Vega pode ser facilmente resumido. No Segundo Diálogo, Vega lista quatro princípios básicos de negociação — tão relevantes hoje quanto há trezentos e vinte e cinco anos:

> O primeiro princípio: Nunca recomende a ninguém comprar ou vender ações. Onde a perspicácia é fraca, o conselho mais benevolente pode dar errado.

---

[55] Lançado em português na seguinte edição: MACKAY, Charles. *A História das Ilusões e Loucura das Massas: As Armadilhas dos Cisnes Negros*. São Paulo: Faro Editorial, 2020. (N. E.)

O segundo princípio: receba cada ganho sem remorso por lucros perdidos. É sensato desfrutar do possível, sem esperar pela continuidade de uma conjuntura favorável e pela persistência da boa sorte.
O terceiro princípio: lucros na bolsa são tesouros de duendes. Em dado momento, podem ser pedras de carbúnculos, depois carvões, depois diamantes, depois pedras de sílex, depois orvalho matinal, depois lágrimas.
O quarto princípio: quem desejar vencer nesse jogo deve ter paciência e dinheiro, uma vez que os valores são tão inconstantes e os rumores tão pouco fundamentados na verdade. Aquele que sabe suportar os golpes, sem ficar aterrorizado pela má sorte, se assemelha ao leão, que responde ao trovão com um rugido, e é diferente da corça que, atordoada pelo trovão, tenta fugir.

Juntos, Joseph de la Vega, Isaac Newton e Charles McKay estão nos dizendo algo muito importante: a relação entre o investidor individual e a Bolsa de Valores — que nada mais é do que uma coleção de indivíduos — é um quebra-cabeças profundo. Durante mais de quatrocentos anos, ela tem deixado perplexos tanto o rico quanto o pobre, tanto o gênio quanto o estúpido —, e é a história de nosso capítulo atual sobre sistemas sociais.

* * *

Sociologia é o estudo de como as pessoas funcionam em sociedade, com o objetivo final de entender comportamento de grupo. Quando paramos para considerar que todos os participantes em um mercado constituem um grupo, torna-se óbvio que, até compreendermos o comportamento de grupo, nunca poderemos entender completamente porque mercados e economias se comportam como o fazem.
Através da história, poetas, novelistas, filósofos, líderes políticos e teólogos têm submetido ideias sobre como as socieda-

des funcionam, contudo, a diferença para os cientistas sociais está no reconhecimento de um processo científico. Esse processo, essencialmente, está relacionado ao desenvolvimento de uma teoria (uma hipótese) para depois testá-la através de experimentos controláveis e repetíveis. Essa é a mesma abordagem usada por químicos, físicos, biólogos e todos os demais cientistas em sua busca por respostas.

Cientistas sociais — enquanto trabalham para descobrir e explicar como seres humanos formam coletivos, organizam-se e interagem — adotaram o processo científico, desenvolvendo teorias que levam à construção de modelos, os quais podem ser comparados a dados coletados e, portanto, testando e verificando essas teorias. Contudo, uma vez que sua investigação envolve, por definição, o subjetivo e imprevisível comportamento de seres humanos, nas Ciências Sociais o processo é menos preciso do que nas Ciências Naturais. Em muitos círculos, as Ciências Sociais ainda não alcançaram o mesmo nível de aceitação científica.

De fato, alguns sugeriram que a falta de maturidade nas Ciências Sociais esteja diretamente atribuída à ausência dos resultados duros, quantitativos, comumente associados às Ciências Naturais. Atualmente, isso está mudando, quando um imenso poder computacional torna possível a coleta de vasta quantidade de dados. Todavia, existem aqueles que questionam a validade de se ligar o termo "ciência" ao estudo dos sistemas sociais. Poderíamos dizer que as ciências sociais ainda estão esperando por seu Isaac Newton.

* * *

O desenvolvimento das Ciências Sociais seguiu por dois caminhos distintos: a busca de uma teoria unificada e um movimento em direção a especializações mais estreitas. A primeira abordagem era incentivada pelo filósofo francês Auguste Comte que, em meados do século XIX, clamou por uma nova ciência que tomasse seu lugar ao lado da Astronomia, da Física, da Química e da Biologia. Essa nova ciência, denominada por ele "sociologia", explicaria a organização social e ajudaria a organizar o planejamento social. Comte enxergava o estudo da sociedade como uma busca unificada. A sociedade é algo indivisível, ele argumentou, e assim também deve ser o estudo dela. Entretanto, apesar dos esforços de síntese de Comte, o século XIX não terminou com uma única teoria unificada da Ciência Social. Ao invés disso, houve a promoção de diversas especialidades distintas, incluindo Economia, Ciência Política e Antropologia.

Economia foi a primeira disciplina a obter o status de um estudo separado dentro das Ciências Sociais. Alguns dizem que a história da Economia moderna remonta a 1776, ano em que o economista escocês Adam Smith publicou seu trabalho mais famoso, *A Riqueza das Nações*. Considerado o fundador da Economia, Smith foi também um dos primeiros a descrever seu efeito na sociedade. Ele é mais conhecido pelos economistas modernos por sua defesa do sistema capitalista *laissez-faire* — ou seja, um sistema livre de interferência governamental, incluindo regulamentações setoriais e tarifas protecionistas. Smith argumentava que um sistema econômico funcionaria melhor quando baseado somente em seu próprio mecanismo natural, chamado por ele de "mão invisível".

Smith acreditava na divisão do trabalho como causa do aumento da produtividade — e, em última análise, da riqueza para os donos do capital. Ele não era, entretanto, alheio às consequências sociais produzidas pela divisão de trabalho: o declínio das habilidades gerais e do artesanato, a provável incorporação de mulheres e crianças à força de trabalho e a tendência a dividir a sociedade em classes econômicas com interesses opostos. Ele reconhecia que, ao longo do tempo, os donos do capital buscariam limitar os salários dos trabalhadores. Assim, foi colocada em movimento uma visão oposta da Economia proposta por Karl Marx

(1818-1883) e outros socialistas: o capitalismo seria nada mais do que um estágio passageiro de desenvolvimento a ser logo substituído por um sistema econômico mais humanista, baseado na cooperação, planejamento e propriedade comum dos meios de produção.

Dado o debate sobre a relação entre economia e sociedade, não surpreende ter havido, ao mesmo tempo, uma investigação crescente do comportamento dos governos. Por volta do século XIX, o papel do Estado exerceu o mesmo fascínio em um grupo de cientistas sociais — logo chamados de cientistas políticos — que o capital havia exercido para os economistas. Esses novos cientistas políticos logo estavam investigando as consequências políticas do *laissez-faire* econômico de Adam Smith. Como deveria o governo responder aos novos direitos democráticos dos trabalhadores, ao mesmo tempo em que protegia os direitos de propriedade privada dos donos do capital? Decidir quem fica com o que, quando, onde e como se tornou a essência desse novo campo denominado Ciência Política.

Logo, outra ciência tomou seu lugar ao lado da Economia e da Política como uma disciplina separada dentro das Ciências Sociais: a Antropologia. Desde o princípio, a Antropologia foi dividida em duas classes: física e cultural. Antropologia física estava primordialmente preocupada com a evolução do homem como espécie e com sistemas genéticos tais como as diferentes raças do mundo. Antropologia cultural, por outro lado, investigava os aspectos sociais das muitas instituições humanas, encontrados tanto em sociedades primitivas quanto em contemporâneas. Aqui, a ciência da sociologia ganhou vida própria. Em princípio, era difícil separar as identidades de antropólogos culturais das identidades dos novos sociólogos, mas a distinção se tornou mais clara quando sociólogos começaram a limitar suas investigações às sociedades contemporâneas, deixando a investigação de sociedades primitivas aos antropólogos.

CAPÍTULO IV | SOCIOLOGIA

No século XX, a Sociologia havia sido separada ainda mais, em Psicologia Social e Biologia Social. Psicólogos sociais estudavam as maneiras através das quais a mente humana individual, bem como a mente coletiva, se relacionam com a ordem social. Eles buscavam explicar como a cultura afeta a psicologia e, inversamente, como a psicologia coletiva influencia a cultura — deveremos ver mais sobre isso no próximo capítulo.

Biólogos sociais, por sua vez, devem muito a Charles Darwin. A aceitação acadêmica crescente e a maturidade científica da teoria da evolução de Darwin, levou diversos cientistas a fazerem consideráveis avanços, promovendo uma visão biológica da sociedade. Não existiu maior defensor dessa abordagem do que o sociólogo de Yale, William Graham Sumner (1840-1910), fundador de um movimento intelectual chamado Darwinismo Social. Nele, buscava estabelecer uma conexão entre o princípio de economia *laissez-faire* de Adam Smith com o conceito de Charles Darwin de seleção natural.

Na cabeça de Sumner, existia uma forte correlação entre a luta pela sobrevivência na natureza e a batalha pela existência dentro da sociedade. Acreditava que o mercado, assim como a natureza, estava em uma busca constante por recursos escassos. O processo de seleção natural nos humanos levaria inevitavelmente ao progresso social, político e moral.

Depois da Segunda Guerra Mundial, o Darwinismo Social praticamente desapareceu do debate acadêmico. Só recentemente o conceito biológico ressurgiu. Diversos cientistas — mais notavelmente Edward O. Wilson — reintroduziram as conexões entre a Ciência Social e a Biologia, em um campo de investigação agora chamado de Sociobiologia. Contudo, a maioria buscou se distanciar da implicação de que a seleção natural pode ser uma justificativa para a desigualdade social, o que eles consideram uma grosseira distorção da mensagem de Darwin. Ao invés disso, os novos sociobiólogos estão focando suas energias em princípios mais científicos, associados com a evolução e sua ligação com o desenvolvimento social.

* * *

Todas essas áreas da Ciência Social — Sociologia, Ciência Política, Economia e as diversas subdisciplinas dentro de cada uma delas — são, de certo modo, somente diferentes plataformas sobre as quais se apoiar para pensar sobre uma grande questão: como seres humanos se organizam em grupos, ou sociedades, e como esses grupos se comportam. O estudo da Ciência Política nos dá uma percepção de como as pessoas criam governos; o estudo da Economia nos ajuda a entender como eles produzem e trocam bens; e assim por diante. Claro que cada indivíduo participa simultaneamente de diversos grupos e, portanto, a maior preocupação para aqueles desejosos de entender o comportamento, é compreender como as peças se juntam e influenciam umas às outras.

Embora a ideia de uma teoria unificada da Ciência Social tenha enfraquecido ao final do século XIX, agora no começo do século XXI tem havido um crescente interesse no que poderíamos chamar de abordagem nova e harmonizada. Cientistas começaram a estudar o comportamento de sistemas inteiros — não somente o comportamento de indivíduos e grupos, mas as interações entre eles e as maneiras em que essa interação pode, por sua vez, influenciar comportamento subsequente. Devido a essa influência recíproca, nosso sistema social está constantemente envolvido em um processo de socialização, cuja consequência não só altera nosso comportamento individual como, frequentemente, leva a um comportamento de grupo inesperado.

Certamente, essa é uma perspectiva complicada a partir da qual pode-se investigar a humanidade. Porém, o homem é um ser complexo e aqueles que queiram entender o comportamento humano devem encontrar uma maneira de trabalhar dentro dessa complexidade. Felizmente, a diretriz existe na área de investigação científica conhecida como *teoria da complexidade*.

* * *

Em capítulos anteriores, identificamos economias e bolsas de valores como sistemas complexos. O termo *complexidade* é derivado etimologicamente da palavra latina *plexus*, que significa entrelaçado. Quando pensamos em complexidade, entendemos intuitivamente a dificuldade em separar o individual do todo. Além do mais, separar indivíduos de maneira a estudá-los singularmente nega a observação, pois sabemos ser o comportamento individual altamente influenciado por suas interações com outros indivíduos no coletivo. Passamos a entender que economias e bolsas de valores são sistemas *adaptativos*. Como tais, seu comportamento muda constantemente à medida que indivíduos no sistema interagem com outros indivíduos e dentro do próprio sistema.

Muitos cientistas sociais agora começam com os mesmos pressupostos. Eles reconhecem que sistemas humanos, sejam econômicos, políticos ou sociais, são sistemas complexos. Além do mais, sociólogos agora reconhecem que uma característica universal de todos os sistemas econômicos é sua adaptabilidade.

A partir desses cientistas pioneiros que agora estudam sistemas adaptativos complexos, podemos obter reflexões sobre esse grande sistema social chamado humanidade — e, por extensão, sobre o funcionamento de sistemas específicos, como a Bolsa de Valores.

Um aspecto desses sistemas é o processo de formação. Como as pessoas se unem para formar sistemas complexos (unidades sociais) e posteriormente se organizam de alguma maneira ordenada? Essa pergunta nos levou a uma nova hipótese, a qual pode oferecer um quadro comum para descrever o comportamento de todos os sistemas sociais. Ela se chama teoria da auto-organização.

O termo "auto-organização" se refere a um processo através do qual a estrutura aparece em um sistema que não tenha nem autoridade central, nem algum outro elemento que imponha a sua vontade através do planejamento prévio. Podemos observar a auto-organização na Química, Biologia, Matemática e Ciência da Computação. Ela também ocorre em redes humanas ou sociedades.

O termo foi usado primeiramente por Immanuel Kant em seu *Crítica da Faculdade do Juízo*[56]. Kant se referia a uma entidade cujas partes (ou "órgãos") têm a capacidade de se comportarem como se tivessem uma mente própria e fossem capazes de governar a si mesmas. Ele escreve: "Cada parte é percebida como devendo a sua presença à ação de todas as partes remanescentes e também por existirem para o benefício de outros... somente dentro dessas condições, e sob esses termos, pode o produto ser uma criatura *organizada* ou *auto-organizada* [original em itálico]".

Auto-organização é uma teoria que, embora associada à teoria geral dos sistemas, nos anos 1960, não se tornou parte da literatura acadêmica dominante até o final dos anos 1970 e princípio dos anos 1980, quando físicos começaram a explorar sistemas complexos. Ilya Prigogine (1917-2003), o químico russo, é creditado com a popularização da teoria da auto-organização. Ele recebeu o Prêmio Nobel em 1977 por seu conceito termodinâmico de auto-organização.

O economista Paul Krugman, autor de vinte livros, mais de duzentos artigos acadêmicos e vencedor do Prêmio Nobel de Economia em 2008, começou uma investigação sistemática pela teoria

---

[56] Disponível em português na seguinte edição: KANT, Immanuel. *Crítica da Faculdade do Juízo*. São Paulo: Forense Universitária, 3ª ed., 2012. (N. E.)

da auto-organização, particularmente no que dizia respeito à economia (*The Self-Organizing Economy*). Para ilustrar como isso funciona, Krugman nos pede para imaginarmos a cidade de Los Angeles. Hoje, sabemos que Los Angeles não é uma paisagem homogênea, mas uma coleção de bairros diferentes do ponto de vista socioeconômico, racial e étnico, incluindo Koreatown, Watts e Beverly Hills. Ao redor da cidade, existe uma coleção ainda maior de diversos bairros de negócios. Cada um desses espaços distintos se formou, não porque planejadores urbanos traçaram linhas em um mapa, mas devido a um processo espontâneo de auto-organização. Coreanos se mudaram para Koreatown para estarem próximos a outros coreanos. À medida em que a população crescia, ainda mais coreanos eram atraídos pela vizinhança e, consequentemente, uma comunidade auto-organizada também se tornou autofortalecida. Nenhum controlador central tomou essa decisão pelos demais, explica Krugman, a cidade evoluiu espontaneamente e se organizou dessa maneira.

A evolução de uma cidade grande é um exemplo relativamente simples de sistemas auto-organizados e autofortalecidos. Podemos observar comportamento semelhante em sistemas econômicos. Deixando de lado por um momento as recessões ocasionais e as recuperações causadas por eventos exógenos, tais como choques no petróleo e conflitos militares, Krugman acredita que ciclos econômicos são, em grande parte, causados por efeitos de autofortalecimento. Durante um período próspero, uma época de autofortalecimento leva a um aumento na construção e na manufatura, até que o retorno sobre o investimento comece a diminuir ao ponto em que a crise econômica se inicie. A própria recessão se torna um efeito de autofortalecimento, levando à menor produção. Menos produção, por sua vez, irá finalmente levar a um aumento no retorno pelo investimento, que iniciará todo o processo novamente. Alguns poderão argumentar que o Banco Central dos Estados Unidos (FED), ao alterar as taxas de juros e fazer compras e vendas no mercado aberto, age como o controlador central da economia. Porém, todos sabemos que o FED não é onipotente. Se pararmos para pensar, perceberemos que os mercados de ações e de dívida não têm um controlador central e ambos são excelentes exemplos de sistemas auto-organizados e autofortalecidos.

Importante mantermos em mente que a teoria da auto-organização é somente isso — uma teoria. Embora ela pareça uma explicação plausível de como funcionam os sistemas sociais, ainda não existem modelos construídos que possam testar a teoria, menos ainda prever o seu comportamento futuro. Na busca por teorias unificadas de como sistemas sociais se comportam, contudo, a teoria da auto-organização parece ser uma candidata legítima.

A segunda característica de sistemas adaptativos complexos — sua adaptabilidade — está enraizada no que é conhecido como teoria da emergência. Isso se refere à forma que unidades individuais — sejam elas células, neurônios ou consumidores — se combinem para criar algo maior do que a soma de suas partes. Paul Krugman sugere que a "mão invisível" de Adam Smith seja um pequeno exemplo de comportamento emergente. Muitos indivíduos, todos eles tentando satisfazer suas próprias necessidades materiais, empenham-se em comprar e vender de outros indivíduos, criando assim uma estrutura emergente chamada mercado. A mútua acomodação de suas unidades individuais, unida ao comportamento auto-organizado do sistema, cria um todo comportamental: uma propriedade emergente que transcende suas unidades individuais.

Assim como o conceito de auto-organização, a emergência é também uma teoria. Contudo, parece ser uma explicação ponderada do que realmente acontece quando unidades individuais se unem e se organizam. Embora cientistas não tenham dificuldade em modelar o fenômeno da auto-organização, eles têm feito excelente progresso modelando comportamento emergente.

Capítulo IV | Sociologia

* * *

O Laboratório Nacional de Los Alamos (LANL) é o maior laboratório do Departamento de Energia dos Estados Unidos da América e uma das maiores instituições de pesquisa multidisciplinares do mundo. Ela cobre cento e onze quilômetros quadrados, empregando quase dez mil pessoas, incluindo físicos, engenheiros, químicos, biólogos e geocientistas.

A maioria das pessoas conhece Los Alamos como a instalação desenvolvedora da primeira bomba atômica. Entretanto, hoje a visão do laboratório se ampliou e agora inclui diversos programas científicos direcionados à preservação e melhoria da qualidade de vida na Terra. Os projetos de pesquisa em curso em Los Alamos são numerosos demais para serem listados aqui. Para lhe dar uma ideia da envergadura do trabalho, LANL inclui o Centro de Nanotecnologia Integrada; o Centro de Segurança Energética, que está explorando soluções energéticas confiáveis, seguras, sustentáveis e neutras em carbono; o Instituto de Geofísica e Física Planetária; o Centro de Dispersão de Nêutrons; e um Laboratório de Alto Campo Magnético.

No topo da lista está o Centro para a Ciência da Biossegurança (CBSS). Fundado em 2008, o CBSS trabalha para conseguir avanços na ciência e tecnologia, buscando entender e mitigar ameaças à segurança nacional, saúde pública e agricultura, por agentes infecciosos naturais, emergentes e desenvolvidos em laboratório. Dentro do CBSS reside o Programa de Redução de Ameaças Biológicas liderado pelo Dr. Norman L. Johnson, o diretor-assistente.

Johnson estudou Engenharia Química na Universidade de Wisconsin, onde logo conquistou uma reputação por resolver problemas considerados, pela maioria das pessoas, como "difíceis demais para resolver". O sucesso de Johnson, dizia ele, vinha da criação de equipes heterogêneas capazes de quebrar as barreiras intelectuais, incentivando soluções sinérgicas desenvolvidas a partir de contribuições diversas.

Após se juntar ao Laboratório Internacional de Los Alamos, Johnson fundou o Projeto Inteligência Simbiótica (SIP). Sua proposta era estudar as habilidades singulares tanto de sistemas de informação — como a Internet — quanto de times humanos para solucionarem problemas criando uma capacidade maior do que a soma de suas partes. Esse conhecimento recém-desenvolvido é uma propriedade emergente do coletivo. Embora o termo "emergente" possa ser novo aos leigos, Johnson afirma que a experiência é comum. Durante milhares de anos, as estruturas sociais têm sido capazes de resolver coletivamente problemas que têm ameaçado sua própria existência.

Sistemas auto-organizados, explica Johnson, têm três características distintas. Primeiro, o comportamento complexo global ocorre através de processadores locais simples e conectados. Em um sistema social, os processadores locais são indivíduos. Segundo, uma solução surge da diversidade das entradas individuais. Terceiro, a funcionalidade do sistema, sua robustez, é bem maior do que a de qualquer um dos processadores individuais. Johnson acredita que a combinação simbiótica entre humanos e redes (Internet) irá gerar, em um coletivo, resultados muito melhores do que qualquer indivíduo agindo sozinho. Ele imagina uma "capacidade sem precedentes na resolução de problemas sociais e organizacionais resultarão da atividade humana, ampliada por sistemas de informação inteligentes distribuídos"[57].

Uma das grandes vantagens da Internet é como ela nos ajuda a administrar informação. Nisso, explica Johnson, a Internet tem três vantagens significativas sobre sistemas anteriores. Pri-

---

[57] JOHNSON, Norman, RAMSUSSED, S. & KANTOR, M. "The Symbiotic Intelligence Project: Self-Organizing Knowledge on Distributed Networks Driven by Human Interaction", Laboratório Nacional Los Alamos, LA-UR-98-1150, 1998.

meiro, tem a capacidade de integrar uma ampla gama de conhecimento em relação a outros sistemas, cuja informação era, frequentemente, separada fisicamente. Segundo, a Internet é capaz de capturar e exibir profundidade de informação. Com a digitalização, sistemas são capazes de produzir grandes volumes de dados a respeito de um único assunto, sem custo adicional significativo. Terceiro, a Internet é capaz de processar informações corretamente. Como aprenderemos no próximo capítulo sobre Psicologia, erros de comunicação entre indivíduos por vezes resultam na perda de informações vitais. Informações trocadas via Internet são entregues com precisão, de forma muito semelhante à transmissão de informações através de livros e documentos. É a crença de Johnson que essas três vantagens, juntamente com a interconectividade de milhões de indivíduos, podem aumentar enormemente a capacidade coletiva de resolução de problemas em sistemas auto-organizados.

Para ilustrar o fenômeno da emergência, vamos examinar um sistema social conhecido: uma colônia de formigas. Uma vez que formigas são insetos sociais (vivem em colônias e seu comportamento é dirigido à sobrevivência da colônia, ao invés da sobrevivência de qualquer formiga individual), cientistas sociais há tempos são fascinados por seu processo de tomada de decisão.

Um dos comportamentos mais interessantes da formiga é seu processo de coleta de alimentos e a determinação do caminho mais curto entre a fonte de alimentos e o ninho[58]. Enquanto caminham entre os dois, as formigas vão deixando uma trilha de feromônios, permitindo-as rastrear o caminho, simultaneamente indicando a outras formigas a localização da nova fonte de alimento.

No começo, a busca por comida é um processo aleatório, com as formigas começando de direções diferentes. Uma vez que

---

[58] DORIGO, Marco, DI CARO, Gianni, & GAMBARDELLA, Luca M. "An Algorithm for Discrete Optimization". *Artificial Life*, 5, Nº 3, 1999, p. 137-72.

localizam a comida, retornam ao ninho, deixando a trilha de feromônio à medida em que se movimentam. Agora começa o aspecto muito sofisticado da solução coletiva de problemas: a colônia, agindo como um todo, é capaz de selecionar o caminho mais curto. Caso uma formiga encontre aleatoriamente um caminho mais curto entre a fonte de alimento e o ninho, seu retorno mais rápido ao ninho intensifica a concentração de feromônios ao longo da trilha. Outras formigas tendem a escolher o caminho com a maior concentração de feromônios. Consequentemente, partem em direção a esse caminho curto recém descoberto. Esse número crescente de formigas ao longo da trilha deposita ainda mais feromônio, atraindo mais formigas até essa trilha se tornar o caminho predileto. Cientistas têm sido capazes de demonstrar experimentalmente que o comportamento da trilha de feromônios da colônia de formigas escolhe o caminho mais curto. Em outras palavras, essa ótima solução é uma propriedade emergente do comportamento coletivo da colônia de formigas.

Norman Johnson, fascinado como muitos pelo comportamento das formigas, decidiu testar a habilidade humana para resolver problemas coletivos. Construiu no computador uma versão de um labirinto, com incontáveis caminhos, sendo somente alguns deles curtos. Essa simulação de computador consiste em duas fases: uma fase de aprendizado e outra de aplicação. Na fase de aprendizado, a pessoa explora o labirinto sem conhecimento específico de como o solucionar, até que o objetivo seja descoberto. Isto é idêntico ao processo percorrido por uma formiga quando começa a procurar comida. Na fase de aplicação, as pessoas simplesmente executam o aprendizado. Johnson descobriu que as pessoas precisavam de uma média de 34,3 passos para resolver o labirinto durante a primeira fase, e 12,8 passos na segunda fase. Posteriormente, para descobrir a solução coletiva, Johnson combinou todas as soluções individuais, iniciando a fase de aplicação. Descobriu que, quando se considerava grupos de,

CAPÍTULO IV | SOCIOLOGIA

pelo menos, cinco pessoas, sua solução coletiva era melhor do que a solução média individual. Foi necessário um coletivo de apenas vinte para encontrar o caminho mais curto através do labirinto, embora eles não tivessem a percepção global do problema. Essa solução coletiva, argumenta Johnson, é uma propriedade emergente do sistema.

Embora o labirinto de Johnson seja uma simulação de computador simples para resolução de problemas, ele demonstra comportamento emergente. Ele também nos leva a entender melhor a característica essencial que um sistema auto-organizado deve conter, a fim de produzir comportamento emergente. Essa característica é a diversidade. A solução coletiva, explica Johnson, é robusta, caso as contribuições individuais à solução representem uma ampla diversidade de experiências sobre o problema em questão. Curiosamente, Johnson descobriu que a solução coletiva é prejudicada, caso o sistema esteja limitado somente a pessoas de alto desempenho. Parece que um coletivo diversificado é melhor em se adaptar a mudanças inesperadas à estrutura[59].

Para colocar isso em perspectiva, a pesquisa de Johnson sugere que a Bolsa de Valores, teoricamente, é mais robusta quando composta por um grupo diversificado de agentes — alguns de

---

[59] Observamos evidências anedóticas de comportamento emergente, talvez sem perceber o que estávamos vendo. O *best-seller Blind Man's Bluff: The Untold Story of American Submarine Espionage*, de Sherry Sontag e Christopher Drew, apresenta um exemplo muito convincente de emergência. No início do livro, os autores relatam a história da queda de um avião bombardeiro Boeing B-52 Stratofortress, carregando quatro bombas atômicas em 1966. Três das quatro bombas foram logo recuperadas, mas uma quarta permaneceu desaparecida. Enquanto isso, os soviéticos se aproximando rapidamente. Um engenheiro naval chamado John Craven recebeu a tarefa de localizar a bomba desaparecida. Ele construiu vários cenários diferentes do que possivelmente poderia ter acontecido com a quarta bomba, e pediu para os membros de sua equipe de resgate fazerem uma aposta de onde achavam que a bomba poderia estar. Então, ele rodou cada localização possível por meio de uma fórmula de computador e – sem nunca ter ido para o mar – foi capaz de apontar a localização exata da bomba, com base em uma solução coletiva.

inteligência mediana, outros com inteligência abaixo da média e alguns muito inteligentes — do que um mercado composto unicamente de agentes inteligentes. A princípio, essa descoberta parece contraintuitiva. Atualmente, nos apressamos em culpar o comportamento amador de investidores e *day traders* individuais desinformados pela natureza volátil do mercado. Porém, caso Johnson esteja correto, a participação diversificada de todos os investidores, *traders* e especuladores — tanto inteligentes quanto limitados — deve tornar os mercados mais fortes, não mais fracos.

Outra percepção importante de Norman Johnson foi sua descoberta de que o sistema, caso seja adequadamente diversificado, é relativamente insensível a quantidades moderadas de ruído (na visão dele, qualquer atividade discordante e disruptiva). Para provar a questão, Johnson intencionalmente piorou uma contribuição individual. Ele aprendeu que sua ação não teve efeito na descoberta pelos participantes do caminho mais curto através do labirinto. Mesmo nos níveis mais elevados de perturbação, o comportamento coletivo, após breve atraso, conseguia descobrir o caminho mais curto. Somente quando o sistema atingiu seu nível mais elevado de ruído, o processo de tomada de decisão coletivo parou de funcionar.

O trabalho de Norman Johnson parece contradizer a visão clássica de comportamento de multidões. De Henry David Thoreau (1817-1862) a Thomas Carlyle (1795-1881), passando por Friedrich Nietzsche (1844-1900), os maiores intelectuais do século XIX tinham grandes suspeitas a respeito do juízo coletivo. Foi Thoreau que disse "como membro de uma multidão, ele imediatamente se torna um imbecil". Nietzsche nos diz que "a massa nunca atinge o nível de seu melhor membro" e Carlyle escreveu: "Eu não acredito na sabedoria coletiva da ignorância individual"[60]. Entretanto, ne-

---

[60] SUROWIECKI, James. *The Wisdom of Crowds: Why the Many Are Smarter Than the Few and How Collective Wisdom Shapes Businesses, Economics, Societies, and Nations*. New York: Doubleday, 2004. p. xvi.

nhum foi um crítico mais vocal do intelecto das massas do que Gustave Le Bon (1841-1931).

O sociólogo e psicólogo francês Le Bon passou sua carreira estudando comportamento de grupos e psicologia das massas. O ápice de seu trabalho foi publicado em 1895, sob o título *Psicologia das Multidões*[61] — a versão em inglês foi intitulada *The Crowd: A Study of the Popular Mind*. Em uma primeira leitura, parece que Le Bon estava prevendo Norman Johnson. Ele escreve que a multidão é um organismo independente maior do que a soma de suas partes. Ela tem a habilidade de operar independentemente e, como tal, forma sua própria identidade e vontade. Entretanto, enquanto Johnson nos diz que a propriedade emergente da multidão é uma capacidade de raciocínio superior, Le Bon chegou à conclusão oposta. Assim como Thoreau, Carlyle, Nietzsche e Mackay, Le Bon acreditava que as multidões "jamais poderão executar ações que demandem alto grau de inteligência" e "elas sempre serão intelectualmente inferiores ao indivíduo isolado"[62].

Quem tem razão?

A resposta está em um livro excepcional intitulado, *A Sabedoria das Multidões: Por que Muitos São Mais Inteligentes Que Alguns E Como A Inteligência Coletiva Pode Transformar Os Negócios, A Economia, A Sociedade E As Nações*[63]. Escrito por James Surowiecki, colunista de negócios para *The New Yorker*, ele propositadamente mira a ideia de Mackay a respeito da "loucura das multidões" com uma tese simples e poderosa: "*sob as circunstâncias corretas* [itáli-

---

[61] Disponível em português na seguinte edição: LE BON, Gustave. *Psicologia das Multidões*. São Paulo: WMF Martins Fontes, 3ª ed., 2019. (N. E.)

[62] SUROWIECKI, James. *The Wisdom of Crowds: Why the Many Are Smarter Than the Few and How Collective Wisdom Shapes Businesses, Economics, Societies, and Nations, Op. cit.*, p. xvi.

[63] Disponível em português na seguinte edição: SUROWIECKI, James. *A Sabedoria das Multidões: Por que muitos são mais inteligentes que alguns e como a inteligência coletiva pode transformar os negócios, a economia, a sociedade e as nações*. Rio de Janeiro: Record, 2006. (N. E.)

co do autor], grupos são notavelmente inteligentes e frequentemente mais inteligentes do que as pessoas mais inteligentes pertencentes a ele"[64].

Surowiecki começa contando a história de Francis Galton (1822-1911), o polímata inglês da Era Vitoriana. Em um artigo de 1907 da revista *Nature*, Galton descreve um concurso promovido por ele na Exibição de Gado e Avícolas do Oeste da Inglaterra. Neste concurso, setecentas e oitenta e sete pessoas pagaram seis *pence* pela oportunidade de adivinhar o peso de um boi bastante grande durante a exibição. Algumas das pessoas eram fazendeiros e açougueiros, que poderiam ser classificados como especialistas, mas um número muito maior não possuía conhecimento especializado de animais de criação. Baseado nessa informação, Galton presumiu que a mistura de participantes continha algumas pessoas muito inteligentes, alguns completamente ignorantes e o restante — a maioria —, na melhor das hipóteses, era medíocre. Baseado nessa fórmula, ele previu que os setecentos e oitenta e sete participantes tinham mais probabilidade de terminar com uma resposta tola. Ele estava enganado.

O boi, na verdade, pesava 1.198 libras (em torno de 544 quilos). Galton recebeu todos os palpites e traçou uma curva de distribuição. Ele descobriu que o palpite mediano estava a 0,8% do peso correto e que o palpite médio estava a 0,1%. Colocando de maneira diferente: a aposta média era de 1.197 libras. Galton havia descoberto que os erros nas caudas esquerda e direita se cancelavam, sobrando a informação destilada.

De acordo com Surowiecki, as duas variáveis críticas necessárias para um coletivo tomar decisões melhores eram: *diversidade* e *independência*. Se um coletivo for capaz de tabular

---

[64] SUROWIECKI, James. *The Wisdom of Crowds: Why the Many Are Smarter Than the Few and How Collective Wisdom Shapes Businesses, Economics, Societies, and Nations*, Op. cit., p. xv.

decisões de um grupo diverso de indivíduos (com ideias e opiniões diferentes de como resolver um problema), os resultados serão superiores a uma decisão tomada por um grupo de pensadores de mesma opinião.

Independência, a segunda variável crítica, não significa que cada membro do grupo deva ser mantido em isolamento, mas que, preferivelmente, seja basicamente livre da influência de outros membros. Independência é importante para o processo coletivo de tomada de decisão por duas razões, explica Surowiecki. "Primeiro, impede que os erros das pessoas se tornem correlatos. Erros de julgamento individuais não destruirão o julgamento coletivo do grupo, desde que esses erros não estejam, sistematicamente, apontando na mesma direção. Segundo, indivíduos independentes são mais propensos a obter novas informações ao invés das mesmas informações antigas, com as quais todos já estejam familiarizados"[65].

* * *

Baseando-se no trabalho de Surowiecki, e na ciência de Norman Johnson, Scott Page, da Universidade de Michigan, está trabalhando para continuamente impulsionar a teoria dos coletivos inteligentes[66]. Page é o Professor de Sistemas Complexos, Ciência Política e Economia do Colegiado Leonid Hurwicz e também o atual diretor para o Estudo de Sistemas Complexos na universidade.

Assim como Johnson, Page configurou uma série de agentes de resolução de problemas simulados por computador para demonstrar o resultado emergente de um grupo diversificado ten-

---

[65] Idem. *Ibidem.*, p. 41.
[66] PAGE, Scott E. *The Difference: How the Power of Diversity Creates Better Groups, Firms, Schools, and Societies.* Princeton: Princeton University Press, 2007.

tando resolver um problema. Por exemplo, Page juntou grupos de dez a vinte agentes, cada qual com um conjunto diferente de habilidades. Depois, deixou cada grupo resolver problemas relativamente difíceis. Em cada um deles havia alguns agentes excelentes na resolução de um problema específico e outros menos eficazes. Page descobriu que um grupo composto de agentes muito inteligentes, e outros menos espertos, sempre se saía melhor em resolver o problema do que um grupo separado, composto apenas por agentes inteligentes. Além disso, você poderia se sair tão bem na resolução do problema, selecionando aleatoriamente qualquer combinação de agentes, do que poderia se passasse tempo isolando quais agentes seriam inteligentes e colocando-os para trabalhar no problema.

Em seu livro, *The Difference: How the Power of Diversity Creates Better Groups, Firms, Schools, and Societies,* Page alega firmemente, "Perspectivas e ferramentas diversificadas permitem que grupos de pessoas encontrem mais e melhores soluções". Ele vai além: "Modelos preditivos diversificados permitem a grupos de pessoas predizerem valores com precisão"[67].

O que ele quer dizer com "modelos preditivos"? Exemplos incluiriam A Bolsa de Valores de Hollywood (previsões futuras para vendas de ingressos de filmes), Mercado Eletrônico de Iowa (previsões futuras de disputas políticas) e a Intrade (que afirma ser a líder mundial no mercado de previsões e lhe permite apostar em praticamente tudo o que possa imaginar). Cada um desses mercados preditivos é composto de um grupo *diversificado* de agentes, trabalhando *independentemente* para tomar decisões. Existem incentivos para tomar a decisão correta e cada um desses mercados agrega as decisões coletivas.

O quanto esses mercados preditivos são eficientes? Em outras palavras, o quanto eles são bem-sucedidos em prever re-

---

[67] Idem. *Ibidem.*, p. 13.

sultados corretamente? Formidavelmente bem-sucedidos, mostram as evidências.

Existe outro mercado preditivo que podemos observar. É chamado de Bolsa de Valores.

* * *

Então, agora chegamos a uma encruzilhada. Seria a Bolsa de Valores a turba desordenada de investidores irracionais de Charles Mackay, que constantemente desencadeia altas e baixas repentinas, ou seria ela o grupo de frequentadores de feira de Francis Galton, que pode milagrosamente fazer a previsão correta? A resposta está condicionada ao contexto. Em outras palavras, depende.

Sabemos ser a Bolsa de Valores um sistema baseado em incentivos, que pode agregar decisões de investidores. Precisamos entender o nível de diversidade do mercado e a independência dos participantes. Se a Bolsa de Valores for adequadamente diversificada e, mais importante, se as decisões de seus participantes tiverem sido tomadas independentemente, então, é provável que o mercado seja eficiente. Surowiecki nos lembra que, só porque podemos observar alguns investidores irracionais, isso não significa, necessariamente, que o mercado seja ineficiente. De fato, defensores da hipótese da eficiência dos mercados se agarraram firmemente à "sabedoria das massas" como explicação plausível para essa eficiência[68].

Entretanto, e se a independência for perdida? E se as decisões dos participantes do mercado não forem independentes, mas estiverem agora unidas em uma só opinião? Quando isso ocorre, o sistema efetivamente perdeu sua diversidade e, juntamente com isso, qualquer chance de gerar uma ótima solução. Se a diversidade é a chave para coletivos poderem atingir melhores soluções,

---
[68] Idem. *Ibidem.*, p. 13.

portanto, interrupções na diversidade são a causa de resultados insuficientes — ou, no caso da Bolsa de Valores, colapsos na diversidade fazem o mercado se tornar ineficiente.

Cientistas estão agora voltando sua atenção ao entendimento do que causa colapsos na diversidade. Michael Maubossin, autor de dois livros muito importantes, *More Than You Know: Finding Financial Wisdom in Unconventional*[69] e *Pense Duas Vezes: Como Evitar As Armadilhas da Intuição*[70], nos diz:

> cascatas de informação (que podem levar a colapsos na diversidade) ocorrem quando pessoas tomam decisões baseadas nas ações de outros em vez de em suas próprias informações privadas. Essas cascatas ajudam a explicar surtos de crescimento, modismos, moda e colapsos[71].

Teóricos de redes sociais, que enxergam as relações sociais em termos de nós e laços — onde os nós são os atores individuais e os laços são as relações entre os atores —, consideram isso como o quadro adequado para entender como cascatas de informações podem atravessar grandes populações.

Maubossin também nos lembra que colapsos de diversidade não são somente um fenômeno de grupos grandes, mas também podem ocorrer em grupos menores. Seja em um comitê, júri ou pequena equipe de trabalho, cascatas de informação, que levam a colapsos em diversidade, são frequentemente o resultado de um líder dominante, operando com fatos limitados, às vezes mesmo sem nenhum fato.

---

[69] MAUBOUSSIN, Michel J. *More More Than You Know: Finding Financial Wisdom in Unconventional*. New York: Columbia University Press, 2013.

[70] Disponível em português na seguinte edição: MAUBOUSSIN, Michel J. *Pense duas vezes: Como evitar as armadilhas da intuição*. Rio de Janeiro: Best Seller, 2011.

[71] MAUBOUSSIN, Michael J. *Think Twice: Harnessing the Power of Counterintuition*. Boston: Harvard Business Press, 2009, p. 50.

CAPÍTULO IV | SOCIOLOGIA

Para ilustrar essa questão, Maubossin cita o trabalho de Cass Sunstein, professor da Escola de Direito de Harvard. Sunstein primeiro separou liberais e conservadores em grupos de mesma opinião e pediu que debatessem assuntos controversos, desde casamento entre pessoas do mesmo sexo até ação afirmativa. Então, Sunstein rearranjou os grupos com o intuito de tornar cada um deles uma mistura equivalente de liberais e conservadores e pediu a eles para repetirem os mesmos debates. Alguém poderia pensar que o novo grupo heterogêneo chegaria a uma conclusão mais moderada. Na verdade, devido ao fato de um líder forte ter emergido em todos esses grupos diversificados, os grupos finalmente se reuniram em torno de uma visão — a do líder —, mais extremista do que as opiniões sustentadas antes do debate começar. O líder forte, fosse ele progressista ou conservador, influenciava o restante do grupo para se mover completamente em direção ao seu posicionamento.

Muito tem sido escrito a respeito da conformidade social dos grupos ao longo dos anos. Talvez os experimentos sociais mais famosos tenham sido os estudos de Solomon Asch (1907-1996). Nos anos 1940, ele estudou a conformidade individual sob pressão de grupo — também descritos por Maubossin.

Asch primeiro reuniu diversos grupos de oito indivíduos. A cada grupo pediu que completasse uma tarefa muito fácil. Diversos cartazes foram divididos pela metade. Do lado esquerdo, havia uma única linha. Do lado direito, havia três linhas desiguais, das quais uma era idêntica em comprimento à linha do lado esquerdo. Os grupos tinham que combinar o comprimento da linha única ao de uma das três linhas desiguais. Os primeiros experimentos aconteceram suavemente. Depois, a um sinal, sete dos oito membros, que haviam sido informados previamente a respeito do experimento, propositadamente combinaram uma linha notavelmente mais curta do lado direito à linha de teste do lado esquerdo. Asch queria avaliar a resposta do único indivíduo verdadeiro.

O que aconteceu? Embora diversos indivíduos tivessem mantido sua decisão inicial — eles se mantiveram independentes —, aproximadamente um terço dos sujeitos alteraram suas decisões para se conformarem à decisão do grupo. Asch descobriu que as decisões de grupo, mesmo as evidentemente pobres, haviam tido profunda influência sobre decisões individuais[72].

* * *

Quando catástrofes ocorrem, naturalmente buscamos identificar a causa principal com a intenção de evitar outro desastre ou, pelo menos, obtermos algum conforto em saber o que aconteceu. Preferimos (quando podemos) apontar para uma causa específica e facilmente identificável, mas nem sempre isso é possível. Muitos cientistas acreditam que eventos de grande escala em Biologia, Geologia e Economia não são necessariamente o resultado de um único grande evento, mas do desenvolvimento de diversos eventos menores, criando um efeito avalanche. Per Bak (1948-2002), um físico teórico dinamarquês, desenvolveu uma teoria holística sobre como sistemas se comportam, chamada de "criticalidade auto-organizada".

De acordo com Bak, grandes sistemas complexos compostos de milhões de partes interativas podem quebrar, não somente por causa de um único evento catastrófico, mas também devido a uma reação em cadeia de eventos similares. Para ilustrar o conceito de autocriticalidade, Bak usou diversas vezes a metáfora de uma pilha de areia. Imagine um aparato que deixe cair um único grão de areia em uma mesa grande e plana. Inicialmente, a areia se espalha sobre a mesa, depois começa a formar uma discreta pilha. À medida em que um grão é depositado em cima de outro, a pilha de areia cresce até formar uma suave encosta de cada lado. Final-

---

[72] Idem. *Ibidem.*, p. 55.

mente, a pilha de areia não pode mais crescer para o alto. Nesse ponto, a areia começa a escoar pela encosta, na mesma velocidade em que grãos são adicionados ao topo. Na analogia de Bak, a pilha de areia é auto-organizada, no sentido de ter se formado sem ninguém colocar os grãos individuais. Cada grão de areia está interligado em inúmeras combinações. Quando a pilha tiver atingido seu nível mais alto, podemos dizer que a areia está em um estado de criticalidade. Está à beira de se tornar instável.

Quando um grão a mais de areia for adicionado à pilha naquele momento, aquele único grão de pode começar uma avalanche, com areia rolando pela lateral da pilha. Cada grão de areia que rola irá parar, se por acaso cair em uma posição estável. Do contrário, continuará caindo, possivelmente atingindo outros grãos de areia, que também podem ser instáveis, derrubando ainda mais grãos pela lateral. A avalanche cessa quando todos os grãos instáveis tiverem caído o mais longe possível. Caso o formato da pilha de areia tenha sido achatado pela avalanche, podemos dizer que a pilha está em uma fase subcrítica e continuará dessa maneira até mais areia ser adicionada, novamente levantando os lados da encosta.

A metáfora da pilha de areia de Per Bak é uma ferramenta poderosa. Permite-nos entender o comportamento de muitos sistemas diferentes. Tanto em sistemas naturais quanto sociais, podemos enxergar a dinâmica: os sistemas se tornam uma espécie de subsistemas interligados, que se organizam no limite da criticalidade. Em alguns casos, rompem-se violentamente, somente para se reorganizarem em um momento posterior. A Bolsa de Valores é um sistema assim? Absolutamente, disse Per Bak.

Em um artigo conjunto escrito com dois colegas, intitulado "Price Variations in a Stock Market with Many Agents" Bak defendeu sua tese[73]. Os três cientistas construíram um modelo muito simples, que buscava registrar o comportamento de dois tipos de

---

[73] BAK, Per, PACZUSKI, M. & SHUBIK, M. "Price Variations in a Stock Market with Many Agents", *working paper* 96-09-078, Programa de Pesquisa Econômica do Instituto Santa Fé, 1996.

agentes operando na Bolsa de Valores. Eles chamaram os dois tipos de *noise traders* ("investidores de ruído") e *agentes racionais*. Com as desculpas aos autores, usarei os termos mais familiares *fundamentalistas* e *seguidores de tendências*. Seguidores de tendências buscam lucrar com mudanças no mercado, comprando quando os preços sobem, vendendo quando os preços abaixam. Fundamentalistas compram e vendem baseados não somente na direção das alterações de preços, mas também na diferença entre o preço de uma ação e seu valor inerente. Se o valor da ação for maior do que o preço atual, fundamentalistas compram ações; se o valor for mais baixo do que o preço atual, vendem.

Na maior parte do tempo, a interação entre seguidores de tendências e fundamentalistas é, de certo modo, equilibrada. A compra e a venda continuam sem nenhuma mudança perceptível no comportamento geral do mercado. Podemos dizer que a pilha de areia está crescendo, sem nenhum efeito avalanche correspondente. Colocado de outra maneira, a diversificação está presente no mercado.

Entretanto, quando os preços de ações sobem, a razão entre seguidores de tendência e fundamentalistas começa a crescer. Isso faz sentido. À medida em que os preços aumentam, um grande número de fundamentalistas decide vender e deixar o mercado. Eles são substituídos por um número crescente de seguidores de tendências, atraídos pelos preços em ascensão. Quando o número de fundamentalistas é relativamente pequeno, ocorrem as bolhas da Bolsa de Valores, explicou Bak, porque os preços se moveram muito acima do preço justo que um fundamentalista pagaria. Estendendo a metáfora da pilha de areia ainda mais, à medida em que o número de fundamentalistas no mercado cai e o número relativo de seguidores de tendência cresce, a inclinação da pilha de areia se torna cada vez mais íngreme, aumentando a possibilidade de uma avalanche. Mais uma vez, podemos colocar isso de maneira diferente ao dizer que, quando a mistura de fundamentalistas e seguidores de tendência se tornar desbalanceada, estaremos indo em direção a um colapso de diversidade.

Importante lembrarmos nesse momento que, enquanto a criticalidade auto-organizada de Per Bak explica o comportamento geral das avalanches, ela nada faz para explicar cada avalanche em particular. Quando nós formos finalmente capazes de prever o comportamento de avalanches individuais, não será devido à criticalidade auto-organizada, mas devido a alguma outra ciência ainda a ser descoberta.

Isso de forma alguma diminui a importância das ideias de Bak. Certamente, diversos economistas notáveis reconheceram a criticalidade auto-organizada do trabalho de Per Bak como sendo uma explicação crível para o comportamento de sistemas adaptativos complexos. Isso inclui o ganhador do Prêmio Nobel de Física Phil Anderson e Brian Arthur do Instituto Santa Fé. Ambos reconhecem que sistemas auto-organizados tendem a ser dominados por flutuações instáveis e que a instabilidade se tornou uma propriedade inevitável dos sistemas econômicos.

Instabilidade na Bolsa de Valores é, obviamente, dolorosamente familiar a todos os envolvidos. Ela é o limite traiçoeiro no qual frequentemente tropeçamos. Seguramente, nossa frustração seria aliviada se a entendêssemos melhor. Para melhor compreender a dinâmica da instabilidade, precisaremos nos aventurar novamente pelas Ciências Sociais.

* * *

Diana Richards, cientista política, está investigando o que faz um sistema complexo de agentes interligados a se tornar instável. Ou, nas expressões usadas por Per Bak, ela está tentando determinar como um sistema complexo de indivíduos atinge a criticalidade auto-organizada.

De acordo com Richards, um sistema complexo envolve necessariamente a agregação de grande número de escolhas feitas por indivíduos no sistema[74]. Ela chama isso de "escolha coletiva." Obviamente, combinar todas as escolhas dos indivíduos nem sempre resulta em uma escolha coletiva simples. Tampouco devemos supor que a escolha agregada (a soma das escolhas individuais) sempre leve a resultados estáveis. Escolha coletiva, diz Richards, ocorre quando todos os agentes do sistema agregam informações a fim de permitir que o sistema atinja uma decisão coletiva única. Para atingir essa decisão coletiva, não é necessário que todos os agentes tenham informações idênticas. Contudo, precisam compartilhar uma interpretação comum das diferentes escolhas. Richards acredita que essa interpretação comum, chamada por ela de conhecimento mútuo, tenha um papel crítico no estabelecimento de todos os sistemas complexos. Quanto menor o nível desse conhecimento mútuo, maior a probabilidade de instabilidade.

Uma pergunta óbvia nesse ponto é como as pessoas escolhem entre uma coleção de possibilidades. De acordo com Richards, caso não haja um claro favorito, a tendência do sistema é a de rever continuamente as possibilidades. Você pode pensar que esse resultado cíclico levaria à instabilidade, porém, de acordo com Richards, isso não precisa acontecer, se os agentes compartilharem conceitos mentais similares (ou seja, conhecimento mútuo) a respeito das diversas escolhas. Quando os agentes no sistema não têm conceitos similares sobre as escolhas possíveis, o sistema corre o risco de se tornar instável. Isso é, claramente, o caso do mercado de ações.

Se dermos um passo atrás e pensarmos sobre o mercado, podemos prontamente identificar um número de grupos exibindo

---

[74] RICHARDS, Diana ; McKAY, B. & RICHARDS, W. "Collective Choice and Mutual Knowledge Structures". *Advances in Complex Systems* 1, 1998, p. 221-36.

metamodelos diferentes. Já sabemos que fundamentalistas e seguidores de tendências possuem metamodelos distintos. O que dizer de macro investidores não interessados em empresas individuais, mas somente em mudanças direcionais do mercado como um todo? O que dizer de fundos *hedge long-short*? E árbitros estatísticos *versus* empreendedores? O que dizer de estrategistas quantitativos buscando estratégias de retorno de baixa volatilidade absoluta? Cada um desses grupos trabalha em uma realidade distinta, um sentido diferente de como o mercado opera e de como eles deveriam operar dentro dele. Na realidade, existem vários metamodelos diferentes trabalhando na Bolsa de Valores e, se a teoria de Richards estiver correta, tudo isso garante, nada menos, do que instabilidade periódica.

O valor dessa maneira de enxergar sistemas complexos é que, se sabemos porque se tornam instáveis, então, temos um caminho claro para a solução, para encontrar maneiras de reduzir a instabilidade geral. Uma implicação, segundo Richards, é que deveríamos levar em consideração as estruturas de crença subjacentes a vários conceitos mentais e não a especificidade das escolhas. E reconhecer que, se o conhecimento mútuo falhar, o problema pode estar centrado em como o conhecimento é transferido no sistema. No próximo capítulo sobre Psicologia, voltaremos nossa atenção a essas duas questões: como indivíduos formam estruturas de crenças e como a informação é trocada na Bolsa de Valores.

* * *

Até agora temos uma bússola fixa em como analisar sistemas sociais. Sejam eles econômicos, políticos ou sociais, podemos dizer que esses sistemas são complexos (têm um grande número de unidades individuais) e adaptativos (as unidades individuais adaptam seu comportamento com base tanto nas interações com outras unidades quanto com o sistema como um todo). Também, reconhecemos nesses sistemas propriedades de auto-organização que, uma vez organizadas, geram comportamentos emergentes. Finalmente, percebemos que sistemas adaptativos complexos são constantemente instáveis, atingindo periodicamente um estado de criticalidade auto-organizada.

Chegamos a essas conclusões ao estudar um grande número de sistemas adaptativos complexos através de uma grande variedade de campos, tanto nas Ciências Naturais quanto nas Ciências Sociais. Em todo o nosso estudo, estamos atualmente limitados a entender como os sistemas têm se comportado até agora. Não demos o salto científico que nos permitirá prever o comportamento futuro, particularmente em sistemas sociais complexos, envolvendo unidades altamente imprevisíveis conhecidas como seres humanos. Porém, talvez estejamos a caminho de algo ainda mais valioso.

O que separa o estudo de sistemas complexos naturais de sistemas sociais complexos é a possibilidade de alterarmos o comportamento das unidades individuais nos sistemas sociais. Apesar de não podermos alterar a trajetória de furacões, quando grupos de pessoas estão envolvidos, podemos estar aptos a afetar o resultado, influenciando como os indivíduos reagem às diversas situações. Em outras palavras: embora a criticalidade auto-organizada seja uma propriedade inerente a todos os sistemas adaptativos complexos — incluindo sistemas econômicos — e embora algum grau de instabilidade seja inevitável, podemos estar aptos a alterar potenciais deslizamentos de terra ao entender melhor o que torna a criticalidade inevitável.

Capítulo V

Capítulo V
Psicologia

No ano de 2002, o Prêmio Nobel de Economia foi compartilhado entre duas pessoas: Vernon Smith, por ter "estabelecido experimentos de laboratório como uma ferramenta de análise empírica, especialmente no estudo de mecanismos de mercado alternativos" e Daniel Kahneman, por ter "integrado reflexões de pesquisa psicológica à ciência econômica, especialmente no que diz respeito ao discernimento humano e ao processo de tomada de decisão durante incertezas". Foi uma conquista impressionante para ambos os homens, claro, mas especialmente para Kahneman. Porque, perceba, Kahneman não é um economista; ele é um psicólogo.

A Psicologia estuda como a mente humana funciona. À primeira vista, pode parecer muito distante do mundo dos investimentos, ambiente de balanços e resultados de exercício impessoais. Especialmente quando a mera menção à Psicologia, tão frequentemente, traz a imagem de uma alma torturada esticada no divã do terapeuta. Entretanto, a disfunção mental é uma parte muito pequena do que implica a Psicologia. A própria palavra significa "estudo da mente", assim sendo, psicólogos se preocupam em entender todo o funcionamento do cérebro. Tanto a parte que controla a cognição (processo de pensamento e conhecimento) quanto a parte controladora da emoção. Isso os leva a investigar como aprendemos, como pensamos, como nos comunicamos, como experimentamos emoções, como processamos informação e tomamos decisões e como formamos as crenças centrais determinantes de nosso comportamento.

A ideia de que indivíduos não são pensadores perfeitos não é nada nova. A história da Psicologia remete às antigas civilizações do Egito, Grécia, China e Índia, precedendo o trabalho de Sigmund Freud (1856-1939) e Carl Gustav Jung (1875-1961) por mais de mil anos. Temos evidências do século XVIII, em Fez, Marrocos, de médicos islâmicos tratando indivíduos com doença mental. O que é novo — do final do século XX — é a noção do papel da Psicologia na tomada de decisão econômica. Foi uma ideia radical que logo desequilibrou o jogo de como se pensava ser o funcionamento dos modelos clássicos. Uma vez que a teoria moderna do portfólio se apoiava na presunção da racionalidade, sugerir que indivíduos tomavam decisões irracionalmente era revolucionário. Foi preciso uma nova geração de pensadores para nos ajudar a reorientar nossa perspectiva. Um novo grupo de pensadores não advindos do departamento econômico, mas das salas de aula da Psicologia.

Daniel Kahneman cresceu em Paris, como um judeu francês durante a ocupação alemã da Segunda Guerra Mundial. Felizmente, Kahneman e sua família conseguiram se mudar para a Palestina inglesa que, posteriormente, se tornou o Estado de Israel. Lá, Kahneman estudou Psicologia e Matemática na Universidade Hebraica de Jerusalém. Após a graduação, serviu no departamento de Psicologia das Forças de Defesa de Israel. Suas responsabilidades incluíam o desenvolvimento de testes psicológicos para avaliar candidatos à escola de treinamento de oficiais. Após conquistar seu doutorado em Psicologia pela Universidade da Califórnia — Berkeley, Kahneman retornou a Israel, começando sua carreira acadêmica como palestrante na Universidade de Jerusalém.

CAPÍTULO V | PSICOLOGIA

Em 1968, Kahneman convidou Amos Tversky (1937-1996) para dar uma palestra como convidado em um de seus seminários. Tversky foi um psicólogo matemático considerado, na época, um pioneiro na Ciência Cognitiva. Era o princípio de uma profunda relação de trabalho entre os dois, que durou quase trinta anos e, finalmente, levou ao Prêmio Nobel. O que tornava a sua abordagem de pesquisa única era que ambos tomaram a decisão conjunta de não estudar nenhum erro específico de avaliação humana, a menos que primeiro tenham detectado a idiotice neles mesmos. "As pessoas pensavam que estivéssemos estudando a estupidez", explicou Kahneman. "Não estávamos. Estávamos estudando a nós mesmos". Kahneman tem uma frase memorável para descrever o que eles fizeram: "Pesquisa irônica"[75].

Infelizmente, Tversky faleceu em 1996, apenas seis anos antes do anúncio do Prêmio Nobel. Uma vez que o Nobel não é concedido postumamente, o nome de Tversky não foi adicionado. Durante a aceitação do prêmio, Kahneman salientou que o trabalho havia sido "feito juntamente com o falecido Amos Tversky, durante uma colaboração longa e excepcionalmente próxima".

A Economia Comportamental, que busca explicar ineficiências de mercado usando teorias psicológicas, nasceu do trabalho acadêmico de Kahneman e Tversky. Se eu tivesse tentado listar e discutir todos os seus artigos científicos, isso sobrecarregaria este capítulo — e também o livro. Felizmente, muito de sua pesquisa está inclusa em uma magnífica coleção de artigos intitulada *Judgment under Uncertainty: Heuristics and Biases*[76]. Aqui você irá encontrar todos os termos costumeiros das finanças comportamentais que viemos a conhecer e entender: vieses de ancoragem, de enquadramento, de contabilidade mental, de excesso de confiança e de reações exageradas. Porém, talvez a percepção mais

---

[75] LEWIS, Michael. "The King of Human Error". *Vanity fair*, dezembro de 2011, p. 154.
[76] KAHNEMAN, Daniel ; TVERSKY, Amos & SLOVIC, Paul (Ed.). *Judgment Under Uncertainty: Heuristics and Biases*. Cambridge: Cambridge University Press, 1982.

significativa do comportamento individual tenha sido o conceito de *aversão a perdas*.

Em 1979, Kahneman e Tversky escreveram um artigo intitulado "Prospect Theory: An Analysis of Decision Under Risk"[77], que se tornaria o texto mais citado a aparecer na *Econometrica*, a prestigiada revista acadêmica de Economia. Até esse ponto, a teoria da utilidade popularizada por John von Neumann (1903-1957) e Oskar Morgenstern (1902-1977) —em *The Theory of Games and Economic Behavior*[78], de 1944 — foi o dogma aceito de como indivíduos tomam decisões econômicas. A teoria da utilidade postula que não deveria importar a um indivíduo como as alternativas são apresentadas. Importa mais concluir o que é melhor por si só — a total satisfação de um indivíduo baseada no julgamento dos riscos envolvidos. Kahneman e Tversky não estavam tão certos disso. Talvez, em um mundo idealizado, a teoria da utilidade seja um conceito válido. Contudo, eles também sabiam que indivíduos nem sempre agem de maneira idealizada.

A pesquisa de Kahneman e Tversky demonstrou que a forma de apresentação de alternativas faz diferença significativa em como indivíduos chegam a conclusões. Em um de seus mais famosos estudos de pesquisa, eles pediram a grupos de pessoas que escolhessem entre dois programas que abordavam a saúde pública de seiscentas pessoas. No primeiro caso, era pedido que as pessoas escolhessem entre: (a) salvarem duzentas vidas com certeza; ou (b) ter um terço de chance de salvar seiscentas vidas, com dois terços de chance de não salvarem ninguém. Os entrevistados escolheram majoritariamente a opção **a**. Em seguida, pediram ao grupo que decidisse entre: (a) quatrocentas pessoas morrerem com certeza; ou (b) uma chance de dois terços de seiscentas pes-

---

[77] KAHNEMAN, Daniel & TVERSKY, Amos. "Prospect Theory: An Analysis of Decision under Risk". *Econometrica*, Vol. 47, Nº 2, 1979, p. 263-91.
[78] NEUMANN, John von & MORGENSTERN, Oskar. *The Theory of Games and Economic Behavior*. Princeton: Princeton University Press, 2007.

soas morrerem, com uma chance de um terço de ninguém morrer. Aqui, os entrevistados escolheram a opção **b**. A matemática rapidamente nos mostra: as duas opções são idênticas. O número de pessoas salvas em uma opção é o mesmo número de pessoas que não morreram na outra opção.

Essencialmente, Kahneman e Tversky descobriram o seguinte: as pessoas em geral são avessas a riscos quando tomam uma decisão que oferece esperança de ganho, mas buscam riscos ao tomar uma decisão que levará seguramente a uma perda. Sob a teoria da utilidade, valor é atribuído ao ativo final. Sob a teoria da perspectiva (ou teoria do prospecto), repousando sobre sua noção central de aversão a perdas, o valor é atribuído aos ganhos e perdas. Kahneman e Tversky conseguiram provar que as pessoas não olham somente para o nível final de riqueza. Ao invés disso, olham para os ganhos incrementais e perdas que contribuem para essa riqueza.

A descoberta mais importante da teoria da perspectiva era a compreensão de que indivíduos são, na verdade, avessos a perdas. Kahneman e Tversky conseguiram provar matematicamente que indivíduos se arrependem de perdas mais do que apreciam ganhos exatamente do mesmo tamanho — duas a duas vezes e meia mais. Foi uma revelação chocante. O hoje popular conceito de aversão a perdas, incorporado à teoria da perspectiva, finalmente forçou economistas a repensarem suas premissas básicas a respeito de como as pessoas tomam decisões.

* * *

Embora as finanças comportamentais sejam um campo relativamente novo de estudo, sua popularidade se espalhou para quase toda escola de negócios do mundo. Ironicamente, algumas das melhores reflexões vêm do departamento de Economia da Universidade de Chicago — uma instituição conhecida por seus ganhadores do Prêmio Nobel que postularam a teoria do mercado eficiente de investidores racionais. Richard Thaler, ex-economista da Cornell, é agora professor de Ciência Comportamental e Economia na Escola de Negócios Chicago Booth. Sua pesquisa foca em questionar o comportamento racional dos investidores.

Com o passar dos anos, Thaler teve a boa sorte de estudar e colaborar com Kahneman e Tversky, assim como com muitos outros colegas no campo das finanças comportamentais. Diversos artigos de pesquisa de Thaler podem ser encontrados em seu popular livro *The Winner's Curse: Paradoxes and Anomalies of Economic Life*[79]. Contudo, Thaler é talvez mais conhecido entre investidores por seu artigo de 1995, intitulado "Myopic Loss Aversion and the Equity Risk Premium Puzzle", escrito em coautoria com Shlomo Benartzi. Benartzi é professor e copresidente da equipe de tomada de decisão de grupo da Escola de Administração Anderson da Universidade da Califórnia em Los Angeles. No artigo, Thaler e Benartzi tomaram a aversão a riscos descrita na teoria da perspectiva, conectando-a diretamente com a Bolsa de Valores.

O título desse artigo revolucionário nos leva a duas ideias relacionadas, que pedem alguma discussão: primeiro, que o prêmio de risco de capital é enigmático. Segundo, que a aversão à perda, inequivocamente identificada por Kahneman e Tversky, é ilógica e impede investidores de enxergarem o longo prazo; em outras palavras, torna-os míopes.

Prêmio de risco de capital é um termo que muitos investidores têm escutado, mas poucos o entendem de verdade. Ele se refere ao potencial de retornos maiores, representado pelo risco inerente da Bolsa de Valores comparado à taxa de retorno livre de risco — definida pela taxa de um título do Tesouro norte-americano de dez anos em efeito, a qualquer momento considerado (Ele é chamado de taxa livre de risco porque até agora o governo nunca descumpriu

---

[79] THALER, Richard H. *The Winner's Curse: Paradoxes and Anomalies of Economic Life*. New York: Free Press, 2021.

seus empréstimos). Qualquer que seja o retorno de uma ação individual, ou da Bolsa de Valores em geral, além daquela taxa, será a compensação do investidor por ter assumido o maior risco da Bolsa de Valores — o risco de capital. Por exemplo: caso o retorno sobre uma ação seja de 10% e a taxa livre de risco seja de 5% sobre o mesmo período, a taxa de prêmio de risco seria de 5%. O tamanho do prêmio de risco irá variar baseado no risco percebido de uma ação em particular, ou da Bolsa de Valores como um todo. De acordo com Aswath Damodaran, professor de finanças na Escola de Negócios Stern da Universidade de Nova York, o prêmio de risco implícito tem variado entre menos de 3%, em 1961, e 6.5% no início dos anos 1980.

Thaler e Benartzi ficaram intrigados com duas questões. Uma, por que o prêmio de risco é tão alto? Segundo, por que alguém estaria disposto a manter títulos, quando sabemos que, ao longo dos anos, as ações os têm superado consistentemente? A resposta, eles acreditavam, repousava sobre dois conceitos centrais de Kahneman e Tversky. O primeiro, a aversão a perdas. O segundo, um conceito comportamental chamado *contabilidade mental*.

Contabilidade mental, explica Thaler, refere-se aos métodos que as pessoas usam para codificar resultados financeiros. Para ajudar a fazer a conexão, Thaler revisitou um problema antigo, inicialmente proposto por Paul Samuelson (1915–2009). Em 1963, Samuelson perguntou a um colega se ele estaria disposto a aceitar a seguinte aposta: uma chance de 50% de ganhar US$200 dólares, ou uma chance de 50% de perder US$100 dólares. O colega, educadamente, recusou a aposta. Depois, declarou que ficaria feliz em jogar o jogo cem vezes, desde que não precisasse assistir a cada resultado individual. Essa contraproposta suscitou uma ideia em Thaler e Benartzi.

O colega de Samuelson estava disposto a aceitar a aposta com duas modificações: estender o horizonte de tempo para o jogo e reduzir a frequência em que ele estava obrigado a assistir aos resultados. Trazendo aquelas observações aos investimentos,

Thaler e Benartzi chegaram à conclusão de que, quanto mais um investidor mantém um ativo, mais atraente o ativo se torna, mas somente se o investimento *não* for avaliado frequentemente. Se você não checar seu portfólio todos os dias, será poupado da angústia de assistir a variações diárias de preço. Quanto mais você se abstém, menos será confrontado com a volatilidade e, consequentemente, mais atraentes suas escolhas parecerão. Colocando de outra maneira, dois fatores que contribuem para a relutância de um investidor em aceitar o risco de manter ações são: aversão a perdas e um período de avaliação frequente. Usando a expressão médica "miopia" Thaler e Benartzi cunharam o termo *aversão míope a perda* para refletir uma combinação de aversão a perda com a frequência de mensuração de um investimento.

Em seguida, Thaler e Benartzi ponderaram se a aversão míope à perda poderia explicar o prêmio de risco de capital. Eles se perguntaram: qual combinação entre aversão a perda e frequência de avaliação explicariam o padrão histórico de retorno das ações? Com que frequência, perguntaram eles, um investidor precisaria avaliar um portfólio de ações para ser indiferente à distribuição histórica de retorno sobre ações e títulos? A resposta: um ano.

Não importa se avaliar um portfólio de ações uma vez por ano é plausível ou não, a ciência para determinar o ponto de cruzamento de um ano é simples. Thaler e Benartzi examinaram o retorno, desvio-padrão e a probabilidade de retorno positivo para ações, com horizontes de tempo de: uma hora, um dia, uma semana, um mês, um ano, dez anos e cem anos. Depois, empregaram uma função de utilidade baseada em um fator de aversão a perdas de dois (utilidade igual a probabilidade de aumento de preço menos probabilidade de declínio vezes dois). Baseado nos retornos históricos, a função de utilidade não passou a ser um número positivo até um período de posse de um ano.

Thaler e Benartzi argumentam que qualquer discussão sobre aversão a perda deve ser acompanhada de uma especificação da frequência pela qual retornos são calculados. Claramente, investidores são menos atraídos por investimentos de alto risco, como ações, quando eles avaliam seu portfólio durante horizontes de tempo mais curtos. "Aversão à perda é um fato da vida" explicam Thaler e Benartzi. "Em contrapartida, a frequência das avaliações é uma escolha política, que presumidamente poderia ser alterada, ao menos em princípio"[80].

Em minha opinião, o maior obstáculo psicológico, que impede investidores de obterem um bom resultado no mercado de ações, é a aversão míope a perdas. Estou há vinte e oito anos no negócio de investimentos. Tenho observado, em primeira mão, a dificuldade que investidores, administradores de portfólios, consultores e membros de comitê de grandes fundos institucionais têm em internalizar perdas (aversão a perdas), tornadas ainda mais dolorosas quando tabuladas de maneira frequente (aversão míope a perdas). Superar esse peso emocional penaliza a todos, exceto um grupo muito pequeno de indivíduos.

Talvez não surpreenda que o único indivíduo a ter dominado a aversão míope a perdas, seja também o maior investidor do mundo: Warren Buffet. Sempre pensei que muito do sucesso de Buffet era resultado de seu veículo de investimento híbrido, a Berkshire Hathaway. Uma vez que a Berkshire é dona tanto de ações comuns quanto de negócios inteiros, Buffet se beneficiou enormemente dessa perspectiva única. Parafraseando seu professor e mentor Benjamin Graham (1894–1976), Buffett afirmou ser "um melhor investidor porque era um profissional de negócios e um melhor profissional de negócios porque era um investidor"[81].

---

[80] THALER, Richard & BENARTZI, Schlomo. "Myopic Loss Aversion and the Equity Risk Premium Puzzle". *Quarterly Journal of Economics* 110, Nº 1, fevereiro de 1995, p. 80.

[81] Buffett parafraseia a famosa citação de Benjamin Graham: "Investimento é mais inteligente quando segue princípios de negócio". GRAHAM, Benjamin, *The Intelligent Investor*. New York: Harper & Row, [1949] 1973, p. 286.

Através do exemplo, o Buffet profissional de negócios entende que desde que os fundamentos econômicos de suas empresas continuem a avançar de maneira consistente, o valor de seu investimento continuará sua marcha ascendente. Ele não precisa da validação do mercado para convencê-lo disso. Como costuma afirmar: "Não preciso de um valor de ação para me dizer o que já sei a respeito de valor".

Em 1998, Buffet investiu US$1 bilhão de dólares na The Coca-Cola Company (KO). Naquela época, era o maior investimento único que a Berkshire havia feito em uma ação. Ao longo dos dez anos seguintes, o valor da ação da KO cresceu dez vezes, enquanto o índice S&P 500 cresceu três vezes. Entretanto, não foi um padrão consistente. Durante aquele período de dez anos, KO superou o mercado durante seis anos e teve um desempenho abaixo do esperado durante quatro[82]. Pela matemática da aversão a perdas, investir na KO durante o período de dez anos foi uma utilidade emocional negativa (seis unidades positivas emocionais menos quatro unidades emocionais negativas vezes dois).

Talvez Buffett tenha lido o quarto princípio de Joseph de la Vega em *Confusion of Confusions*[83]: "Aquele que souber suportar golpes, sem se assustar com a má sorte, se assemelha ao leão, que responde ao trovão com um rugido, diferindo da corça que, atordoada pelo trovão, tenta fugir".

---

[82] A frequência com que ações e carteiras superam o mercado em uma base de frequência raramente é de 100%. Passei muito tempo examinando os períodos de detenção de ações e carteiras individuais. Descobri que aquelas com desempenho superior em longos períodos de tempo parecem ter desempenho superior em cerca de 40-60% dos períodos. (Veja HAGSTROM, Robert G. The Warren Buffett Portolio: *Mastering the Power of the Focus Investment Strategy*. New York: John Wiley & Sons, 1999). Ainda assim, há muito trabalho a ser feito nesta área de pesquisa.

[83] Encontramos a seguinte edição: DE LA VEGA, Jose. *Confusion of Confusions: an adaptation of 'Confusion de Confusiones', the classic masterpiece on the 17th century Amsterdam Stock Exchange*, Netherlands: Sonsbeek Publishers, 2006. (N. E.).

Capítulo V | Psicologia

* * *

Benjamin Graham, através de dois textos clássicos — *Security Analysis*[84] e *O Investidor Inteligente*[85] — ensinou a três gerações de investidores como navegar a Bolsa de Valores. Sua abordagem de investimentos baseada em valor ajudou, sem exagero, centenas de milhares pessoas a escolherem ações. Porém, frequentemente, suas ideias sobre psicologia de investimentos são ignoradas.

Graham devotou muito de seus ensinamentos e escritos a fazer as pessoas conseguirem entender a diferença crítica entre investimento e especulação. Entretanto, sua mensagem foi muito mais profunda do que simples definições. Todos devemos aceitar, ele insistiu, a ideia de que ações comuns têm tanto uma característica de investimento quanto uma característica especulativa. Isto é, sabemos que a direção dos preços de ações é, em última instância, determinada pelos aspectos econômicos subjacentes, porém devemos também reconhecer que, "na maior parte do tempo, ações comuns estão sujeitas a flutuações de preço excessivas, em ambas as direções, como consequência da tendência enraizada que a maior parte das pessoas têm para especular ou apostar — ou seja, para dar vazão à esperança, medo e ganância"[86].

Investidores devem estar preparados, ele advertiu, para os altos e baixos no mercado. Ele quis dizer para estarem preparados tanto psicologicamente quanto financeiramente. Não simplesmente entendendo intelectualmente que uma retração irá ocorrer, mas tendo a capacidade emocional de reagir apropriadamente quando isso acontecer. E qual é a reação apropriada? Na sua visão,

---

[84] GRAHAM, Benjamin. *Security Analysis*. 6ª Ed., New York: McGraw-Hill, 2008.
[85] No Brasil encontramos a seguinte edição: GRAHAM, Benjamin. O Investidor Inteligente. São Paulo: HarperCollins, 2016. (N. E.).
[86] ELLIS, Charles. "A Conversation with Benjamin Graham", *Financial analysts journal*, setembro/outubro de 1976, p. 20.

um investidor deveria fazer somente o que um dono de empresa faria quando lhe oferecem um preço pouco atraente — ignorar. Disse Graham:

> O investidor que se permite debandar, ou se preocupa excessivamente com declínios de mercado injustificados em suas posses, está transformando, perversamente, sua vantagem básica em uma desvantagem básica

"Aquele homem estaria melhor se suas ações não tivessem cotação nenhuma de mercado, pois assim ele seria poupado da angústia mental causada nele pelo erro de julgamento de outra pessoa"[87].

Com seu comentário eloquente a respeito de "angústia mental," Graham fala diretamente aos efeitos debilitantes da aversão míope à perda. Levaria outros quarenta e cinco anos até que Thaler e Benartzi escrevessem o seu artigo.

* * *

Até agora, examinamos Psicologia e investimentos de um ponto de vista teórico (Graham), de uma investigação acadêmica (Kahneman, Tversky, Thaler e Benartzi) e de uma aplicação prática (Buffett). Claramente, Buffett é um caso especial — um indivíduo bem sucedido em se elevar sobre erros psicológicos para desfrutar de uma festejada carreira. Contudo, como sabemos, ele é a exceção, não a regra.

Em 1997, Terrence Odean, um economista comportamental da Universidade da Califórnia, publicou um artigo intitulado "Do Investors Trade Too Much[88]"? Para responder à sua pergunta, ele analisou o desempenho de dez mil investidores anônimos.

---

[87] GRAHAM, Benjamin. *Intelligent Investor. Op. cit.*, p. 107.
[88] ODEAN, Terrance. "Do Investors Trade Too Much?" *In*: *Advances in Behavioral Economics*. Princeton: Princeton University Press, 2004, p. 606-32.

Capítulo V | Psicologia

Durante um período de sete anos, entre 1987 e 1993, Odean rastreou noventa e sete mil quatrocentos e oitenta e três transações, entre dez mil contas de uma grande corretora de baixo custo. A primeira coisa que aprendeu foi: investidores venderam e recompraram quase 80% de seu portfólio todos os anos (taxa de *turnover* de 78%). Depois, comparou os portfólios à média do mercado sobre três períodos de tempo diferentes (quatro meses, um ano, e dois anos). Em cada caso, percebeu duas tendências incríveis: (1) as ações que os investidores compraram consistentemente ficaram abaixo da média do mercado e (2) as ações que eles venderam, na verdade, *superaram* a média do mercado.

Odean queria examinar mais profundamente. Então, examinou a seguir o comportamento de negociação e os resultados de performance de sessenta e seis mil quatrocentos e sessenta e cinco residências. Em um artigo intitulado "Trading Is Hazardous to Your Wealth", Odean, juntamente com Brad Barber, professor de finanças da Universidade da Califórnia, Davis, comparou os registros de pessoas que negociavam na bolsa frequentemente com os de pessoas que negociavam com menor frequência. Descobriram que, em média, os negociadores mais ativos tinham os piores resultados enquanto menos ativos tinham os maiores retornos[89]. A conclusão aqui é que as pessoas que possam ter sofrido mais da aversão míope a perda (e agiram sobre ela vendendo ações) tiveram resultados piores (muito piores) em comparação aos que resistiram ao impulso natural e, ao invés disso, mantiveram suas posições.

Infelizmente, o problema enfrentado pelos investidores tende a piorar. Em artigo intitulado "The Internet and the Investor" (2001), Odean e Barber postularam que a Internet pode estar fazendo mais mal a investidores do que bem. À primeira vista,

---

[89] ODEAN, Terrance & BARBER, Brad. "Trading Is Hazardous to Your Wealth: The Common Stock Investment Performance of Individual Investors". *Journal of Finance* 55, Nº 2, abril de 2000.

parece contraintuitivo quando pensamos em todos os benefícios de informação. Porém, sugerem Odean e Barber, a grande quantidade de informação *on-line* permite a investidores localizarem facilmente evidências confirmando seus palpites. Isso, por sua vez, os leva a se tornarem confiantes demais em suas habilidades para escolher ações.

"A Internet trouxe mudanças aos investimentos, que podem reforçar o excesso de confiança dos investidores *on-line*, oferecendo uma ilusão de conhecimento e uma ilusão de controle" explicam eles.

> Quando as pessoas recebem mais informações para basearem uma previsão, ou uma avaliação, sua confiança na precisão de suas previsões tende a aumentar mais rapidamente (e isso é uma parte importante) do que a precisão de suas previsões[90].

Excesso de informação, afirmam eles, pode levar a uma *ilusão de conhecimento.*

Outra preocupação; por causa da Internet, investidores estão agora em posição de checar suas posições acionárias em tempo real. No passado, investidores podiam checar preços de ações diariamente ou semanalmente. Agora, com a negociação *on-line*, investidores podem monitorar seus portfólios clicando em seus computadores, ou simplesmente caminhando pela rua e olhando seus smartphones.

Lembre-se do estudo de 1995 conduzido por Thaler e Benartzi, que nos deu o termo "aversão míope a perdas". Eles perceberam que medir performance de ações de hora em hora gerava a pior utilidade negativa para investidores. Posso imaginar a penalidade em aversão míope à perda para investidores que avaliam seu portfólio a cada sessenta segundos.

---

[90] ODEAN, Terrance & BARBER, Brad. "The Internet and the Investor", *Journal of Economic Perspectives* 15, Nº 1, inverno de 2001.

Capítulo V | Psicologia

* * *

Profissionais de investimento colocam forte ênfase em ajudar investidores a avaliar corretamente sua tolerância ao risco. Observar seus clientes arrojadamente adicionarem ações a seu portfólio, quando o mercado sobe, somente para observar impotentemente enquanto eles vendem ações e compram títulos, quando o mercado perde fôlego, tem frustrado consultores, cuja responsabilidade primordial é determinar uma alocação de ativos adequada. Esse vai e vem entre agressivo e conservador tem levado muitos a repensarem como deveriam abordar o estudo da tolerância ao risco.

Tradicionalmente, calcular tolerância ao risco era simples e direto. Através de uma série de entrevistas e questionários, consultores perguntavam a seu cliente como se sentiriam a respeito de seu portfólio sob diferentes cenários. Por exemplo: se a Bolsa de Valores caísse 20% e metade do portfólio estivesse investido em ações, como você se sentiria caso tivesse uma perda temporária de 10% de seu capital? Então, eles ofereceriam outro cenário hipotético, depois outro... A tese é que, estudando diferentes cenários de mercado, e ajustando a alocação de recursos, podemos construir perfeitamente um portfólio que combine com o perfil de risco do cliente. O problema com essa abordagem é que, não importando quantos cenários diferentes sejam examinados, a estimativa de tolerância ao risco de um cliente estará errada mais vezes do que correta.

Como isso pode acontecer? De acordo com o renomado psicólogo social Dean G. Pruitt, investidores estão agindo da maneira chamada de "efeito Walter Mitty"[91].

Walter Mitty é um personagem fictício do maravilhoso conto do escritor norte-americano James Thurber (1894-1961), "The Secret Life of Walter Mitty". Ele foi publicado primeiro na

---
[91] HAGSTROM, Robert G. *Warren Buffett Portfolio. Op. cit.*, p. 155.

revista *The New Yorker*, em 1939, e posteriormente transformada em filme (1947) estrelado pelo ator e comediante norte-americano Danny Kaye (1911-1987). Walter Mitty é um sujeito dócil, totalmente intimidado por sua esposa dominadora. Ele lidava com isso sonhando acordado que era magicamente transformado em um herói corajoso. Em um momento, estava com medo de enfrentar a língua afiada de sua esposa; em outro, era um piloto de bombardeiro destemido, empenhado sozinho em uma missão perigosa.

Pruitt acredita que investidores reagem à Bolsa de Valores do jeito que Walter Mitty reagia à vida. Quando o mercado vai bem, eles se tornam corajosos a seus próprios olhos e, avidamente, aceitam mais risco. Porém, quando o mercado entra em queda, correm para a porta. Então, quando você pede diretamente a um investidor para explicar sua tolerância ao risco, a resposta vem de um piloto de bombardeiro destemido (em um mercado em alta), ou de um marido dominado (em um mercado em baixa).

Como superamos o efeito Walter Mitty? Encontrando formas de medir indiretamente a tolerância aos riscos. Você precisa olhar sob a superfície das perguntas padrão, investigando as questões psicológicas subjacentes.

Trabalhando com o Dr. Justin Green, na Universidade Villanova, fui capaz de desenvolver uma ferramenta de análise de risco focada na personalidade individual, ao invés de perguntar a respeito de risco diretamente. Identificamos importantes fatores demográficos e orientações de personalidade que, consideradas em conjunto, poderiam ajudar as pessoas a medirem sua tolerância a riscos mais precisamente.

Conforto com o risco, descobrimos, está conectado a dois fatores demográficos: idade e gênero. Pessoas mais velhas são mais cautelosas do que gente jovem e mulheres são mais cautelosas do que homens. Riqueza pessoal não parece ser um fator determinante: ter mais ou menos dinheiro não parece afetar o nível de tolerância a risco de alguém.

Capítulo V | Psicologia

Duas características de personalidade também são importantes: *orientação pessoal de controle* e *motivação para realizações*. A primeira se refere à sensação de que as pessoas estão no controle de seu ambiente e das decisões a respeito de sua vida. Pessoas que acreditam ter esse controle são chamadas de "internas." Contrariamente, "externas" são as pessoas que acreditam ter pouco controle; percebem-se como uma folha levada pelo vento. De acordo com nossa pesquisa, tomadores de risco são esmagadoramente classificados como internos. Motivação para realizações — o segundo traço importante — descreve o grau em que as pessoas são orientadas a resultados. Descobrimos que tomadores de risco também são orientados para resultados, embora um foco muito forte em resultados possa levar a acentuados desapontamentos[92].

Entender seu próprio nível de conforto com risco é mais complicado do que simplesmente mensurar orientação pessoal para controle e motivação para resultados. Para desbloquear a verdadeira relação entre essas características de personalidade e a tomada de risco, você precisa entender também como percebe o ambiente de risco[93]. Você acha que a Bolsa de Valores é (1) um jogo que pode vencer somente contando com a sorte, ou (2) uma empreitada cujo sucesso depende de informações precisas combinadas a escolhas racionais?

Pesquisa psicológica demonstra claramente que "o fato de uma pessoa acreditar que os resultados de [suas] decisões dependem de habilidade, ou de sorte, influencia o grau de risco de suas escolhas"[94]. Na média, as pessoas irão consistentemente fazer escolhas de risco moderado a alto quando percebem que o resultado depende de habilidade. Porém, se acreditarem que o resultado é

---

[92] Idem. *Ibidem.*
[93] Idem. *Ibidem.*, p. 155.
[94] LUPFER, Michael & JONES, Mark. "Risk Taking as a Function of Skill and Chance Orientations". *Psychological Reports* 28 (1971): p. 27-32.

governado largamente pela sorte, irão se limitar a um leque de escolhas muito mais conservadoras.

Resumidamente, vamos examinar como esses elementos de personalidade trabalham juntos. Supondo equivalência das variáveis de idade e gênero, podemos identificar investidores tolerantes ao risco através de três características: estabelecem metas, acreditam poder controlar seu ambiente e afetar o resultado e — o mais importante — veem a Bolsa de Valores como um dilema de contingência, em que informações, combinadas a escolhas racionais, produzirão resultados vencedores.

* * *

Psicólogos nos dizem que nossa habilidade em entender ideias abstratas ou complexas depende de trazer em nossas mentes um modelo funcional do fenômeno. Esses modelos mentais representam uma situação real ou hipotética da mesma maneira que o modelo de um arquiteto representa um edifício planejado e que uma bugiganga colorida feita de peças de Tinkertoy[95] pode representar uma complicada estrutura atômica[96]. Para entender inflação, por exemplo, usamos modelos mentais representando o significado de inflação para nós — experimentar preços mais altos de gasolina e alimentos, talvez, ou pagar salários mais elevados a nossos empregados.

A primeira pessoa a propor essa tese foi o psicólogo escocês Kenneth Craik (1914-1945). Em um trabalho curto, mas extraordinário, intitulado *The Nature of Explanation*, Craik escreveu que

---

[95] Tinkertoy foi criado por Charles H. Pajeau em 1914. Ele consiste em uma série de palitos de brinquedo coloridos de diversos tamanhos e peças de encaixe que permitem que a criança construa o que ela quiser. (N. R.)

[96] A este respeito, a frase "modelos mentais", conforme usada aqui, é mais específica do que o uso de Charlie Munger da mesma frase; seu significado está mais próximo de "princípio-chave, ideia central" do que de um senso de representação dimensional.

pessoas são processadores de informações e constroem modelos mentais da realidade para ajudar a prever eventos. Com um "modelo em pequena escala da realidade exterior e de ações possíveis" em nossa cabeça, ele acreditava, estamos aptos a "testar diversas alternativas, concluir qual é a melhor, reagir a situações futuras antes que surjam, usar o conhecimento de eventos passados ao lidar com o presente e o futuro e, de toda maneira, reagir de forma muito mais plena, segura e competente às emergências que [nós] encontramos"[97]. A grande exploração na psicologia, disse Craik, é descobrir como indivíduos constroem esses modelos mentais.

Tragicamente, a vida de Craik foi encurtada por um acidente de bicicleta, quando tinha somente 31 anos de idade. Desde então, muito da pesquisa de modelos mentais tem sido conduzida por Philip N. Johnson-Laird, professor de Psicologia na Universidade Princeton. Através de uma série de experimentos controlados, examinando como as pessoas constroem seus modelos mentais — detalhados em seu livro *Mental Models*[98] —, Johnson-Laird observou diversas maneiras em que pessoas cometiam erros sistemáticos em seu pensamento.

Primeiro, tendemos a presumir que cada modelo seja igualmente provável. Ou seja, dada uma lista de modelos mentais, temos maior propensão a pesar todos os modelos mentais igualmente em nossos pensamentos do que ajustar a contribuição potencial de cada modelo diferentemente. Pode-se dizer que humanos não estão mentalmente equipados para fazer inferências bayesianas. Johnson-Laird também descobriu que, quando as pessoas possuem um conjunto de modelos mentais a respeito de um fenômeno em particular, frequentemente focam em somente alguns, às vezes em apenas um. Obviamente, depender de um

---

[97] CRAIK, Kenneth. *The Nature of Explanation*. London: Cambridge University Press, 1952.
[98] JOHNSON-LAIRD, Philip N. *Mental Models: Towards a Cognitive Science of Language, Inference, and Consciousness*. Cambridge: Harvard University Press, 1986.

número limitado de modelos mentais pode levar a conclusões errôneas. Também aprendemos com Johnson-Laird que modelos mentais tipicamente representam o verdadeiro, mas não o falso. Achamos muito mais fácil construir um modelo do que é inflação ao invés de um modelo do que ela não é.

Pesquisas em curso têm nos mostrado, de maneira geral, que o nosso uso de modelos mentais é frequentemente falho. Nós construímos representações incompletas dos fenômenos que estamos tentando explicar. Mesmo quando eles são precisos, nós não os usamos adequadamente. Tendemos a esquecer detalhes a respeito dos modelos, particularmente após algum tempo, então, nossos modelos são frequentemente instáveis. Finalmente, temos uma tendência angustiante a criar modelos mentais baseados em superstições e crenças despropositadas.

Visto que modelos mentais nos permitem entender ideias abstratas, bons modelos são particularmente importantes para investidores. Muitos deles consideram os conceitos subjacentes que governam mercados e economias assustadoramente abstratos. E, uma vez que modelos mentais determinam nossas ações, não deveria nos surpreender que modelos mentais pobremente elaborados, construídos com base em informações fracas, levam a um resultado pobre em investimentos.

* * *

O que leva as pessoas a aceitar e agir com base em informações questionáveis? Por que, por exemplo, quando está claro que ninguém tem a habilidade de prever os acontecimentos na Bolsa de Valores no curto prazo, os investidores ficam encantados com as previsões de analistas de mercado? Pessoas normalmente inteligentes param subitamente para escutar o que analistas têm a dizer sobre o mercado e, às vezes, tomam decisões de investimentos baseadas nesses prognósticos. O que torna essas pessoas tão ingênuas? A resposta, de acordo com Michael Shermer, em *How We Believe*[99], reside no poder do sistema de crenças.

Devemos começar com a premissa, geralmente aceita por psicólogos: pessoas são criaturas que buscam padrões. De fato, nossa sobrevivência como espécie tem dependido dessa habilidade. Shermer escreve: "Aqueles melhores em encontrar padrões (ficar contra o vento ao caçar animais é ruim, esterco de vaca é bom para a colheita) deixaram mais herdeiros [e] somos seus descendentes"[100]. Através das forças da evolução, estamos preparados para buscar padrões para explicar nosso mundo. Esses padrões formam a fundação de nossos sistemas de crença, mesmo quando são inerentemente ilusórios.

Shermer sugere que podemos melhor entender o papel do sistema de crenças quando voltamos à Idade Média. Durante esse período, 90% da população era analfabeta. A pouca informação científica disponível era propriedade de poucos — a elite intelectual. Todos os demais se apoiavam na magia negra, bruxaria e monstros para explicar o funcionamento de seu mundo. A peste bubônica foi causada por um desalinhamento das estrelas e planetas. A morte de uma criança era causada por vampiros, ou demônios que viviam em cavernas. Um homem que tivesse visto uma estrela cadente, ou escutado o uivo de um lobo durante a noite, estaria morto pela manhã.

A revolução newtoniana, acompanhada pelo crescimento generalizado da alfabetização, trabalhou para reduzir a superstição extravagante. A Química substituiu a Alquimia. A matemática de Blaise Pascal (1623-1662) explicava a má sorte. Higiene social reduziu a doença e Medicina melhorada prologava a vida. De maneira geral, podemos afirmar: a Era da Ciência trabalhou para reduzir os erros de pensamento e as crenças irracionais. Contudo,

---

[99] SHERMER, Michael. *How We Believe*. New York: W. H. Freeman, 2000.
[100] Idem. *Ibidem.*, p. 36.

Shermer acredita que ela não tenha eliminado completamente o pensamento mágico. Muitos atletas mantêm rituais bizarros para manter vivas suas vitórias consecutivas. Jogadores de loteria acreditam em sinais astrológicos. Muitas pessoas ficam petrificadas pelo número treze. Incontáveis outros se recusam a quebrar correntes, por medo de consequências desastrosas. Pensamento mágico invade a todo tipo de pessoa, independente de educação, inteligência, raça, religião ou nacionalidade.

Não nascemos no período Pré-histórico, argumenta Shermer, mas nossas mentes foram construídas lá. Funcionamos basicamente da mesma maneira durante toda a história humana. Ainda sucumbimos ao pensamento mágico porque, como animais buscadores de padrões, precisamos de explicações até mesmo para o inexplicável. Não confiamos no caos e na desordem, então, exigimos respostas, mesmo que sejam o produto de pensamento mágico em vez de pensamento racional. Aquilo que pode ser explicado cientificamente, o é. Aquilo que não pode, é deixado a cargo do pensamento mágico.

Em seu livro mais recente, *Cérebro e Crença*[101], Shermer afirma que nossas superstições são um produto da identificação espúria de padrões. Como tais, crenças precedem o raciocínio. Nossos cérebros são motores de crença, naturalmente buscadores de padrões, que depois são impregnados com significado. Não surpreendentemente, buscamos informações confirmadoras de nossas crenças, ignorando informações que as contradizem. Shermer chama isso de "realidade dependente de crença". Todos nós escutamos a tão usada frase "ver para crer"; de acordo com Shermer, nossas crenças ditam o que enxergamos.

Assim que tomei conhecimento das ideias de Shermer a respeito do pensamento mágico e motores de crença, a atração

---

[101] Disponível na seguinte edição em português: SHERMER, Michael. *Cérebro e crença*. São Paulo: JSN, 2012. (N. E.)

CAPÍTULO V | PSICOLOGIA

por analistas de mercado passou a fazer sentido. Nós nos tornamos, através de um longo processo de evolução, agudamente desconfortáveis e ansiosos em face da incerteza. Tanto que estamos dispostos a escutar àqueles que prometem nos aliviar daquela ansiedade. Muito embora saibamos, na parte racional de nossas mentes, que analistas de mercado não podem prever os acontecimentos de amanhã, ou da próxima semana, queremos acreditar que eles podem, porque a alternativa (não saber) é desconfortável demais.

*** * ***

Lembre-se da observação no começo deste capítulo, de que o estudo da Psicologia se divide em dois grandes domínios: emoção e cognição. O cruzamento entre psicologia e investimentos envolve ambos os domínios, às vezes, simultaneamente. Até esse ponto, vínhamos considerando aspectos individuais, separados da psicologia humana de ambos os domínios e sua interligação com investimentos. Vimos, por cortesia de Ben Graham, como cometemos um erro cognitivo sério ao confundir investimentos com especulação — ele também nos alerta contra erros de investimentos cometidos devido a emoção. Revisamos as muitas deficiências da natureza humana em administrar dinheiro, que existem sob a rubrica da finança comportamental. Demos uma boa examinada em nosso nível de conforto com o risco. Vimos como modelos mentais nos ajudam a compreender abstrações e como modelos duvidosos podem produzir retornos sobre investimento desapontadores. Finalmente, olhamos em retrospecto para a propensão humana a encontrar padrões que expliquem o mundo, mesmo que esses padrões sejam baseados não em informações de fato, mas em pensamento mágico, alimentando um cérebro crente.

Devemos, por necessidade, discutir esses itens um de cada vez, de maneira linear. Contudo, sabemos que, na realidade, as coisas não são tão ordenadas. Nada é mais complexo do que o cérebro humano; nada é mais bagunçado do que as ações de seres humanos. Pensamos estarmos investindo, mas continuamos a agir de maneira especulativa. Temos um plano claro para o que fazer com nosso dinheiro, porém basta ler apenas uma reportagem de revista e decidimos submergir aquele plano e, no lugar disso, fazer o que todos estão fazendo. Fazemos pesquisas sérias e prolongadas a respeito de ações específicas *e* escutamos conselhos ilusórios dos assim chamados analistas de mercado. Tudo isso acontece ao mesmo tempo. Esse ambiente caótico, com tantos rumores, erros de cálculo e más informações circulando juntamente com as boas, foi chamado de "ruído" por Fischer Black (1938-1995), um homem que considero um profissional de investimentos extraordinário.

Black foi professor de finanças, tanto da Universidade de Chicago, quanto do MIT, antes de se juntar ao Goldman Sachs. Ele é, provavelmente, mais lembrado na profissão por ter desenvolvido, juntamente com Myron Scholes e Robert Merton, a fórmula que utilizamos hoje em dia para precificação de opções. Porém, lembro dele mais por seu discurso presidencial para a Associação Americana de Finanças, em 1986. Nessa palestra, intitulada simplesmente "Ruído", esse acadêmico bem respeitado assumiu, destemidamente, um posicionamento excepcional frente a seus colegas acadêmicos e desafiou a tese amplamente aceita de que preços de ações são racionais. Mais do que informação pura, levando a preços racionais, Black acreditava que a maior parte do que se escuta no mercado é ruído, levando a nada exceto à confusão. A confusão do investidor, a seu turno, aumenta ainda mais o nível de ruído. "Ruído" disse Black, "é o que torna nossas observações imperfeitas"[102]. O efeito líquido do ruído crescente dentro do

---

[102] Citado em: BERNSTEIN, Peter L. *Capital Ideas: The Improbable Origins of Modern Wall Street. Op. cit.*, p. 124.

sistema, explicou, torna os preços menos informativos para produtores e consumidores, que os usam para guiar suas decisões econômicas.

Existe uma solução para o ruído no mercado? Podemos distinguir entre ruídos de preços e preços fundamentais? A resposta óbvia é: conhecer os fundamentos econômicos de seu investimento, para conseguir observar corretamente quando os preços se moveram acima, ou abaixo, do valor intrínseco de sua empresa. É a mesma lição preconizada por Ben Graham e Warren Buffett. Porém, com demasiada frequência, questões psicológicas profundamente enraizadas suplantam esse conselho de bom-senso. É fácil dizer que devemos ignorar o ruído no mercado, mas outra coisa bastante diferente é dominar os efeitos psicológicos do ruído. Investidores precisam de um processo que os permita reduzir o ruído, por sua vez tornando mais fácil tomar decisões racionais. Este processo é, nada mais, nada menos, do que uma comunicação precisa da informação.

**

Em julho de 1948, o matemático Claude E. Shannon (1916-2001) publicou um artigo revolucionário para o *The Bell Systems Technical Journal*, intitulado: "A Mathematical Theory of Communication". "O problema fundamental da comunicação" escreveu ele, "é o de reproduzir a um certo lugar, de maneira exata ou aproximada, a mensagem selecionada em outro lugar"[103]. Em outras palavras, teoria da comunicação é, em grande parte, sobre como levar a informação, de maneira precisa e completa, do ponto A ao ponto B. Ela é um desafio tanto do ponto de vista de engenharia quanto do psicológico.

---

[103] SHANNON, Claude. "A Mathematical Theory of Communication", *The Bell System Technical Journal*, julho de 1948.

Um sistema de comunicação consiste em cinco partes:

1ª) Uma *fonte de informação*, que produz uma mensagem ou sequência de mensagens.
2ª) Um *transmissor*, que opera na mensagem para produzir um sinal que possa ser transmitido sobre um canal.
3ª) Um *canal*, o meio utilizado para transmitir o sinal do transmissor para o receptor.
4ª) O *receptor*, que reconstrói a mensagem (a operação inversa à do transmissor).
5ª) O *destinatário*, a pessoa para quem a mensagem é destinada.

Qual é o sistema de comunicação de investimentos? Nossa fonte de informação é a Bolsa de Valores, ou a economia. Ambos produzem continuamente mensagens, ou sequências de mensagens. Os transmissores de informações incluem escritores, repórteres, administradores das empresas, corretores, administradores de dinheiro, analistas e qualquer outra pessoa motivada a transmitir informação: motoristas de táxi, médicos, vizinhos. O canal poderia ser televisão, rádio, jornais, revistas, periódicos acadêmicos, *websites*, relatórios de analistas e toda sorte de conversa casual. O receptor é a mente de uma pessoa, o lugar onde a informação é processada e reconstruída. O destino final é o investidor, que recebe a informação reconstruída, agindo sobre ela.

Shannon advertiu: existem diversos pontos nos quais a informação da fonte pode ser degradada antes de chegar a seu destino. O maior perigo, advertiu, é o ruído no sistema, seja ele durante a entrega através do canal, ou nos terminais de transmissão ou recepção. Não devemos automaticamente presumir que os transmissores tenham reunido a informação da fonte (o mercado) corretamente, antes que a mesma fosse colocada no canal. Similarmente, o receptor pode processar a informação incorretamente, podendo levar a erros no destino final. Também sabemos que a

Capítulo V | Psicologia

entrega simultânea de múltiplas partes de informação sobre o mesmo canal pode fazer subir o nível de ruído.

Para superar o ruído em um sistema de comunicação, Shannon recomendou colocar o que ele chamou de "mecanismo de correção" entre o receptor e o destinatário. Esse dispositivo de correção pegaria a informação do terminal receptor e separaria o ruído para depois reconstruir as mensagens, a fim de que a informação chegasse corretamente a seu destino final.

O sistema de correção de Shannon é uma metáfora perfeita de como investidores devem processar informação. Devemos colocar mentalmente um mecanismo corretor em nosso canal de informação. A primeira tarefa para esse mecanismo de correção é manter a integridade da informação vinda da fonte. O mecanismo deve filtrar informação incorreta da fonte, reconfigurando o sinal, caso tenha ficado embaralhado. O processo para fazer isso está sob nosso controle. Fazê-lo significa melhorar nossa habilidade de reunir e analisar informação, usando-a para aprimorar o nosso entendimento.

O outro lado do nosso mecanismo corretor, o lado voltado ao terminal receptor, é responsável por verificar que a informação seja devidamente passada e precisamente recebida, sem a interferência de vieses psicológicos. O processo para fazer isso também está sob nosso controle, mas é desafiador. Devemos nos tornar cientes de todas as maneiras em que erros baseados na emoção e erros de pensamento possam interferir com boas decisões de investimentos — como descrito neste capítulo — e devemos nos resguardar constantemente de nossos próprios erros psicológicos.

* * *

Charlie Munger, quem nos deu o conceito de modelos mentais, passou muito tempo pensando a respeito de como acumulamos pedaços de conhecimento de vários campos para conquistar sabedoria acumulada pelo Homem. Em investimentos, ele diz, obviamente precisamos entender contabilidade básica e finanças. E, como veremos em nosso capítulo sobre Matemática, é igualmente importante entendermos estatística e probabilidades. Porém, acredita ele, um dos campos mais importantes é a psicologia, especialmente o que chama de psicologia do juízo errado.

Charlie nos adverte a não tomar atalhos mentais. Ele pensa que chegamos a conclusões rápido demais, somos facilmente enganados e propensos à manipulação. "Pessoalmente, cheguei em um ponto de usar um sistema de análise dualista" diz Charlie. "Primeiro, quais os fatores que realmente governam os interesses envolvidos, considerados racionalmente? Segundo, quais as influências subconscientes em que o cérebro, em nível subconsciente, está fazendo essas coisas automaticamente — o que, de maneira geral, é útil, mas frequentemente falha."[104] À sua própria maneira, Charlie desenvolveu o tipo de "mecanismo corretivo" recomendado por Claude Shannon.

Psicologia — o estudo do que nos faz funcionar — é infinitamente fascinante. Fico especialmente intrigado que ela tenha um papel tão importante em investimentos, uma arena geralmente considerada como feita de números frios. Quando tomamos decisões de investimentos, nosso comportamento é, por vezes, errático, frequentemente contraditório e, ocasionalmente, patético. Às vezes, nossas decisões ilógicas são consistentemente ilógicas; às vezes, nenhum padrão é discernível. Tomamos boas decisões por razões inexplicáveis e más decisões por nenhuma razão em especial.

Todos os investidores precisam internalizar que, frequentemente, não estão cientes de suas más decisões. Para entender completamente os mercados e investimentos, sabemos agora que precisamos entender nossas próprias irracionalidades. O estudo da psicologia dos erros de avaliação é tão valioso quanto a análise cuidadosa de um balanço. Possivelmente, ainda mais.

---

[104] MUNGER, Charles T. *Outstanding Investor Digest* (May 5, 1995), p. 51.

CAPÍTULO VI

Capítulo VI
Filosofia

De todas as diferentes áreas de conhecimento pesquisadas nesse livro, a Filosofia é, tanto a mais fácil quanto a mais difícil. Ela é a mais fácil, porque lida com questões familiares, que afetam a cada um de nós diariamente. E cada um de nós vem ao mundo equipado com o necessário para avaliá-las: um cérebro, um coração e uma alma.

Ao mesmo tempo, ela é a disciplina mais difícil por uma razão simples: exige que pensemos. Ao contrário das ciências, a Filosofia não vem pré-embalada com respostas absolutas. Enquanto muitos de nós acham a Mecânica Quântica extremamente difícil de aprender, por exemplo, se formos capazes de aprender seus fundamentos, poderemos prosseguir com a confiança de que, a menos que alguma ciência futura revele uma nova verdade, já conhecemos a essência do que existe por conhecer. Similarmente, uma vez que entendamos os conceitos de seleção natural e genética, conhecemos a essência da evolução. Contudo, a Filosofia não tem tais verdades absolutas. Qualquer verdade nela contida é inerentemente pessoal e individual, existindo somente para aqueles que tenham trabalhado por ela.

Isso não significa não podermos estudar Filosofia. Aprender as ideias dos maiores filósofos do mundo é a melhor maneira — alguns diriam a única maneira — de obter claridade a respeito do que nós mesmos acreditamos. Entretanto, Filosofia, por sua própria natureza, não pode ser transferida intacta da mente de uma pessoa para a outra. Não importa quem tenha dito primeiro, um princípio da Filosofia não existe para nós até passar através do filtro cognitivo de nossa interpretação, experiência e crenças.

* * *

A palavra *filosofia* é derivada de duas palavras gregas, geralmente traduzidas como "amor" e "sabedoria." O filósofo, então, é a pessoa amante da sabedoria e se dedicada à busca por significado. A busca da sabedoria é um processo de descoberta ativo e sem fim. O verdadeiro filósofo é preenchido pela paixão pelo entendimento, um processo que nunca acaba.

De certa forma, a filosofia começa com as formas mais antigas de vida humana, à medida em que sociedades pré-históricas lutavam para compreender seu mundo. Porém, como área formal de estudo, podemos dizer, com razoável certeza, que o campo da Filosofia começou, ao menos no mundo ocidental, ao redor de 600 a.C. Nessa época, pessoas sérias na Grécia antiga começaram a pensar a respeito do universo, de uma maneira separada dos ditames da crença religiosa. Durante os próximos dois mil e seiscentos anos, o campo da Filosofia foi povoado por muitas centenas de indivíduos, alguns bem conhecidos, outros menos, e com quase tantas crenças e perspectivas diferentes. A *Enciclopédia Oxford de Filosofia*, um trabalho de referência abrangente, engloba mais de mil páginas de listagens de filósofos individuais, conceitos e tópicos relacionados. Para os propósitos presentes, reduziremos rapidamente esse vasto corpo de conhecimento às partes funcionais mais relevantes às nossas necessidades.

Estritamente por simplicidade organizacional, podemos separar o estudo da filosofia em três categorias amplas. Primeiro, o pensamento crítico, da forma que se aplica à natureza geral do mundo, é conhecido como *metafísica*. Aprendemos que a Física é o estudo do mundo físico, objetos tangíveis e forças da natureza. É o estudo de mesas e cadeiras e seus componentes moleculares, de planos inclinados e bolas em queda livre e das leis do movimento controladoras do Sol e da Lua. Metafísica significa "além da física". Quando filósofos discutem questões metafísicas, estão descrevendo ideias que existem independentemente de nosso próprio espaço e tempo. Exemplos incluem o conceito de Deus e da vida após a morte. Esses não são eventos tangíveis, como mesas e cadeiras, mas ideias abstratas, existentes além de nosso mundo natural. Filósofos que debatem questões metafísicas imediatamente admitem a existência de um mundo ao redor de nós, mas discordam a respeito da natureza essencial e do significado daquele mundo.

O segundo corpo de pesquisa filosófica é a investigação de três áreas relacionadas: Estética, Ética, e Política. Estética é a teoria da beleza. Filósofos que tomam parte em discussões estéticas estão tentando determinar o que as pessoas acham belo, seja em objetos observados, seja no estado de espírito atingido. O estudo do belo não pode ser considerado como uma pesquisa superficial, pois nosso conceito de beleza pode afetar nossos julgamentos do que é bom ou mau. Ética é o ramo filosófico que estuda as questões de certo e errado. Ela pergunta o que é moral e imoral, qual comportamento é apropriado, qual não é. A Ética faz questionamentos sobre as atividades que as pessoas realizam, os julgamentos que fazem, os valores que têm e o caráter que desejam conquistar. Intimamente ligado à ideia de Ética é a Filosofia Política. Enquanto a Ética investiga o certo e o errado ao nível da sociedade, a Filosofia Política é o debate sobre como as sociedades devem estar organizadas, que leis devem ser passadas e que conexões as pessoas devem ter a essas organizações sociais.

Epistemologia, o terceiro corpo de pesquisa, é o ramo da Filosofia que busca entender os limites e a natureza do conhecimento. O próprio termo vem das palavras gregas *episteme*, significando "conhecimento", e *logos*, literalmente significa "discurso". E se refere mais amplamente a qualquer tipo de estudo ou investigação intelectual. Epistemologia é, então, o estudo da teoria do conhecimento. Colocando de maneira simples, quando fazemos uma investigação epistemológica, estamos pensando sobre o pensar.

Quando filósofos pensam a respeito de conhecimento, estão tentando descobrir que tipo de coisas se pode conhecer, o que constitui conhecimento (em contraposição às crenças), como ele é adquirido (de maneira inata ou empírica, através da experiência) e como podemos dizer que sabemos alguma coisa. Eles também consideram que tipos de conhecimento podemos ter de coisas diferentes. Por exemplo, aprendemos que nosso conhecimento de Física é diferente de nosso conhecimento de Biologia, que é diferente de nosso conhecimento de Sociologia, que é diferente de nosso conhecimento de Psicologia.

De um jeito ou de outro, todos esses ramos da Filosofia tocam nossas vidas, todos os dias. Todos temos uma visão de mundo e, provavelmente, alguma ideia do mundo além. Para isso, a Metafísica substitui presunções incontestes, com investigação racionalmente organizada, em algum entendimento de todo o mundo. Do mesmo modo, todos temos nossas próprias ideias de beleza e lixo, certo e errado, de justiça e injustiça. Para essas questões, a Filosofia da estética, ética e política oferece uma investigação sistemática das regras e princípios que indivíduos e sociedades devem abraçar. Finalmente, todos nós em algum momento expressamos dúvidas e questionamos nossa própria maneira de pensar. Para essas questões, a Epistemologia busca esclarecer o processo pelo qual formamos nossas crenças e eliminamos confusões, possíveis de ocorrer quando erros tomam conta de nosso pensamento.

Agora, sem dúvidas, cada um desses três grandes corpos de pesquisa filosófica é digno de uma busca intelectual. Porém, neste capítulo, vamos focar somente na Epistemologia. Embora alguns possam argumentar que investimento socialmente responsável se conecta perfeitamente às filosofias da estética, da ética e da política, não desejo debater aqui o certo e errado para empresas individuais. Tampouco desejo considerar a conexão entre investimentos e religião. Embora esses tópicos sejam indubitavelmente valorosos, eles estão mais bem servidos por outros. Estou, contudo, profundamente interessado em questões epistemológicas. Estou interessado em aprender como o processo de formação de pensamento ocorre e como boas habilidades de pensamento podem ser adquiridas.

Pensar é muito mais do que simplesmente adquirir conhecimento e o processo de pensar pode ser feito correta ou incorretamente. Ao aprender a pensar corretamente, podemos evitar melhor a confusão, o ruído e as ambiguidades. Não apenas nos tornaremos mais atentos a possíveis alternativas, como seremos mais capazes de fazer argumentações mais confiáveis. Em última instância, como pensamos sobre investimentos determina como o fazemos. Se podemos conscientemente adotar uma matriz epistemológica, sempre considerando, em algum nível, se nosso processo de pensamento é rigoroso e coeso, podemos avançar muito na melhoria dos resultados de nossos resultados de investimento.

* * *

Um dos temas subjacentes que atravessam esse livro é a ideia de que mercado é um sistema adaptativo complexo, reflexo de todas as características de tal sistema. Até aqui, nosso estudo de sistemas adaptativos complexos teve uma orientação majoritariamente científica. Estudamos comportamento do mercado do ponto de vista de físicos, biólogos, sociólogos e psicólogos. Você pode pensar que a Filosofia tem muito pouco a acrescentar à descoberta da ciência da complexidade. Entretanto, Lee McIntyre, pesquisador do Centro para a Filosofia e História da Ciência da Universidade Boston, discorda. Ele acredita que a Filosofia é uma variável crítica para entender complexidade e que, qualquer investigação da ciência da complexidade, deve também abordar as implicações filosóficas[105].

A primeira pergunta que McIntyre faz é se o estudo de sistemas adaptativos complexos é epistemológica ou ontológica por natureza. Ontologia é melhor entendida como um ramo da Metafísica. Questões ontológicas são questões do ser, como por exemplo: qual a natureza da realidade? Agora, pode ser que a natureza da realidade seja tão complexa de modo a nunca estarmos aptos a entendê-la. Se for esse o caso, nossa inabilidade em entender é uma questão ontológica. Entretanto, também pode ser que essa inabilidade seja causada por nossa própria falta de conhecimento sobre a realidade, o que a torna uma questão epistemológica. Limites ontológicos são causados pela natureza das coisas. Limites epistemológicos são causados por entendimento limitado.

Seriam mistérios científicos um artefato da natureza das coisas ou de nossa compreensão limitada do mundo? No começo de cada nova exploração científica, cientistas são confrontados com as perguntas definitivas: seria o mundo indeterminável, ou seria ele somente um conjunto de variáveis escondidas, ainda não descobertas? O estudo de sistemas adaptativos complexos imediatamente levanta a questão. Sabemos que esses sistemas, pelo fato de serem não-lineares, não podem ser estudados usando métodos lineares tradicionais. Também sabemos que as propriedades emergentes desses sistemas praticamente desapare-

---

[105] McINTYRE, Lee. "Complexity: A Philosopher's Reflections," *Complexity* 3, N° 6, 1998, p. 26.

cem quando eles são simplificados, ou reduzidos em partes individuais. Isso também diminui a importância de métodos reducionistas de estudo. Sistemas adaptativos complexos precisam ser estudados no nível de descrição que preserve o sistema como um todo. "Consequentemente" explica McIntyre, "a ideia central por trás da teoria da complexidade é que existem limites para nosso conhecimento de alguns sistemas, muito embora eles sejam ordenados, porque devemos estudar essa ordem somente no nível da pesquisa em que a complexidade do sistema não seja eliminável"[106].

Entretanto, o que estaria por trás desses limites ao conhecimento? Seriam os sistemas adaptativos complexos realmente inexplicáveis (ontológicos), ou seriam eles somente inexplicáveis por causa da nossa habilidade limitada em entendê-los (epistemológicos)? Essa pergunta é uma questão fundamental na Filosofia e é idêntica à pergunta feita há mais de trezentos e cinquenta anos atrás. Até Newton propor suas leis do movimento planetário (epistemológicas), o funcionamento da natureza e dos céus foram considerados tão desconcertantes a ponto de serem inexplicáveis (uma limitação ontológica).

É crença de McIntyre que sistemas adaptativos complexos não são inerentemente enigmáticos, mas assim nos parecem somente por causa das nossas habilidades descritivas limitadas.

> Uma vez que se aceite serem sistemas complexos somente tão complexos como descritos, sempre existe a possibilidade de alguma descrição alternativa — alguma *redescrição* [itálico do autor] — do sistema produzir regularidades mais simples, que possam ser administradas pela ciência", explica ele. "Se existe ordem por trás de sistemas complexos e se a complexidade é remediável através de descrições alternativas, não é consequên-

---

[106] Idem. *Ibidem.*, p. 27.

cia que alguma redescrição tornará aquela ordem aparente enquanto outras não[107]?

McIntyre, consequentemente, pede para considerarmos a complexidade não como uma característica inata do mundo, mas, na verdade, uma derivação de como pensamos. Parafraseando o poeta Alexander Pope (1688-1744), a desordem nada mais é do que a ordem incompreendida.

McIntyre aponta que a sensação de desordem aparente na superfície torna-se menos confusa por baixo e que a atribuição dos cientistas é, consequentemente, buscar descrições diferentes além da superfície. Isto é, se pararmos para pensar por um minuto, concluímos que o coração da investigação científica é encontrar novas maneiras de descrever fenômenos observados.

Redescrição não é, contudo, a única esfera da ciência. Também é uma ferramenta crítica para não-cientistas em busca de entendimento. Se as coisas permanecem um mistério, nosso trabalho é, então, embaralhar nossas descrições e oferecer redescrições. Pense nisso desta maneira: redescrições são ferramentas muito poderosas, capazes de transpor impasses que, por vezes, ocorrem na busca pelo entendimento. Eu acredito firmemente, por exemplo, que uma razão para termos tanta dificuldade em entender os mercados é estarmos presos à uma descrição de equilíbrio de como eles devem se comportar. Para atingir um nível mais alto de entendimento, devemos nos manter abertos a aceitar novas descrições de sistemas que parecem complexos, sejam eles mercados financeiros, sistemas sociais e políticos, ou o mundo físico.

Contudo, não suponha que eu esteja defendendo algum tipo de vale tudo intelectual. O objetivo de cientistas é explicar a natureza, em termos descritivos, que não violem as presunções

---

[107] Idem. *Ibidem.*, p. 28.

básicas da própria natureza. O objetivo dos investidores é explicar o mercado em termos que acomodem os princípios básicos. Não podemos forçar a junção de qualquer descrição, ou combinação de descrições que, na superfície, pareçam oferecer alguma explicação legítima. Não podemos criar ordem onde ela não existe. A natureza não é tão amável, nem os mercados. Correlações ingênuas serão rapidamente dissipadas.

***

"O fracasso em explicar é causado pelo fracasso em descrever!"

Sua voz era tão alta que explodia em um estrondo pela sala. Era impossível não perceber sua intenção. Alguém estava com raiva e frustrado. Perplexos, mantivemo-nos sentados, petrificados em nossos lugares. A plateia silenciou. Lentamente, alguns se viraram para ver quem havia disparado a bazuca vocal — era Benoit Mandelbrot.

O assunto naquela noite era dos grandes: seria a Bolsa de Valores eficiente — ou não? Era parte de um seminário de três dias no Instituto Santa Fé, intitulado "Além do Equilíbrio e da Eficiência," organizado por J. Doyne Farmer, professor de pesquisa do instituto, e por John Geanakoplos da Fundação Cowles de Yale. Na plateia estava um grupo diverso de: físicos, economistas, matemáticos, professores de finanças e administradores financeiros, incluindo algumas das melhores mentes de investimentos do mundo.

A lista de participantes incluía, entre outros, Robert Shiller (Universidade Yale), Franco Modigliani (1918-2003) (MIT), Richard Thaler (Universidade de Chicago), Richard Roll (UCLA), Steve Ross (MIT), Michael Mauboussin (Credit-Suisse/Legg Mason Capital Management), Sandy Grossman (Princeton/Penn/Estratégias Financeiras Quantitativas), Bill Miller (Legg Mason Capital Management), Brian Arthur (Stanford), Murray Gell-Mann (1929-2019) (ganhador do Prêmio Nobel de Física em 1969) e, claro, Benoit Mandelbrot (1924-2010).

Mandelbrot era um matemático rebelde. Passou trinta e cinco anos no Centro de Pesquisa Thomas J. Watson da IBM, antes de se mudar para Yale onde, na idade de setenta e cinco anos, tornou-se o professor mais velho na história da universidade a receber a cátedra. Ao longo do caminho, recebeu mais de quinze doutorados honorários. Mandelbrot desenvolveu o campo da Geometria fractal (ele cunhou a expressão) e o aplicou à Física, Biologia e Finanças. Um *fractal* é definido como uma forma bruta, ou fragmentada, que possa ser dividida em partes, cada qual sendo, pelo menos, uma representação aproximada do todo original. Essa é uma propriedade chamada de *autossimilaridade*.

Nesse momento, você deve estar pensando: "Eu não saberia reconhecer um fractal nem se um me atingisse na cabeça". Contudo, você pode se surpreender ao saber que fractais são facilmente encontrados na natureza. Eles nos cercam e nós os observamos todos os dias. Exemplos incluem: nuvens, montanhas, árvores, samambaias, redes de rios, couves-flores e brócolis. A natureza recorrente de cada um desses é um tanto óbvia. O galho de uma árvore, ou a fronde de uma samambaia, é uma miniatura do seu todo. Abaixo da superfície, descobrimos que vasos sanguíneos, e pulmonares, são sistemas fractais. E, desde trinta mil pés olhando para baixo, podemos perceber que uma linha costeira, uma vez considerada impossível de ser medida, é um dos fractais da natureza. Para aqueles que agora estão intrigados, *The Fractal Geometry of Nature* (1982) é considerado o livro seminal, que trouxe fractais para a corrente dominante da matemática profissional.

Considero fascinante, a respeito de Mandelbrot, não o rigor matemático dos fractais (que é, obviamente, impressionante), mas a percepção de que ele olhava para os componentes da natureza, como todos fazemos, mas viu algo diferente. "Nuvens não são esferas, montanhas não são cones, costas litorâneas não são círculos e cascas não são lisas, nem raios viajam em linha reta"[108]. Uma vez que sua descrição de nuvens e raios é diferente da nossa, não seria surpreendente que sua explicação fosse diferente. Agora, podemos melhor apreciar seu pronunciamento noturno de que a "falha em explicar é resultada pela falha em descrever".

Descrições são importantes em investimentos? Pode apostar que sim. Porém, nosso estudo de descrições não nos levará ao departamento de Matemática — esta parte virá mais tarde. Ao invés disso, ficaremos no currículo de Filosofia e, em seguida, encontraremos alguém que é, provavelmente, o mais destacado filósofo do século XX. Bertrand Russell (1872-1970) o descreveu como: "o mais perfeito exemplo que jamais conheci de um gênio em sua descrição tradicional — passional, profundo, intenso e dominador"[109].

Ludwig Wittgenstein (1889-1951) foi um filósofo austríaco, que trabalhou primariamente com Lógica, Filosofia da Matemática, Filosofia da Mente, e Filosofia da Linguagem. Amplamente conhecido como pensador profundo e escritor prodigioso, ele, surpreendentemente, publicou somente uma resenha de livro, um artigo, um dicionário para crianças e um livro muito curto — um volume de setenta e cinco páginas intitulado *Tratado Lógico-Filosófico* (1921).

Wittgenstein escreveu as notas para o *Tratado* enquanto servia como oficial na frente de batalha durante a Primeira Guerra Mundial. Completou o livro quando estava de licença, em agosto de 1918. Era um livro ambicioso, que buscava identificar a relação entre linguagem e realidade. Durante a primeira metade de sua vida acadêmica, largamente definida pelo *Tratado*, Wittgenstein estava primordialmente preocupado com a relação lógica entre

---

[108] MANDELBROT, Benoit. "Introduction". *In*: *The Fractal Geometry of Nature*. New York: W. H. Freeman, 1982.
[109] McGUINNESS, Brian. *Wittgenstein: A Life — Young Ludwig 1889–1921*. Berkeley: University of California Press, 1988, p. 118.

proposições (afirmativas formais da verdade) e o mundo que ele observava. Acreditava que, ao oferecer um relato da lógica subjacente a essa relação, seria capaz de resolver todos os problemas filosóficos.

Em uma inversão espantosa, Wittgenstein passou os últimos vinte e dois anos de sua vida contestando as conclusões às quais ele havia chegado em *Tratado*. "Fui forçado a reconhecer os graves erros no que escrevi naquele primeiro livro", ele confessou. Iniciando novamente, Wittgenstein começou escrevendo seus pensamentos como observações — parágrafos curtos. Sua mente pulou de um tópico a outro: os "conceitos de significado, de entendimento, de uma proposição, de lógica, os fundamentos da Matemática, estados de consciência e outras coisas". Ele disse que primeiro tentou "soldar esses pensamentos em um todo", mas logo percebeu que nunca seria bem sucedido. "Meus pensamentos eram logo aleijados se eu tentasse forçá-los em uma só direção, contra as suas inclinações naturais. A própria natureza da investigação nos impele a viajar através de um amplo campo de pensamento cruzado, em todas as direções"[110].

Embora Wittgenstein nunca tenha publicado os novos escritos, suas observações foram reunidas, após sua morte, em um livro intitulado *Investigações Filosóficas* (1953). Diversos acadêmicos criteriosos consideram-no o livro mais importante do século XX, destacando-se como "a obra-prima das referências cruzadas, apelativa para diversas especializações e orientações filosóficas"[111].

Wittgenstein passou a acreditar que o significado das palavras é constituído pela função que desempenham dentro de qualquer jogo de linguagem. Ao invés de acreditar na existência de al-

---

[110] WITTGENSTEIN, Ludwig. *Philosophical Investigations*. Englewood Cliffs: Prentice-Hall, 1958, p. v.
[111] LACKEY, Douglas. "What Are the Modern Classics? The Baruch Poll of Great Philosophy in the Twentieth Century", *Philosophical Forum* 30, Nº 4, dezembro de 1999, p. 329-45.

gum tipo de lógica onipotente e separada para o mundo, independente do que observamos, Wittgenstein deu um passo para trás. Contrariamente, argumentou que o mundo que vemos é definido e tem significado por nossa escolha de palavras. Em resumo, o mundo é o que fazemos dele.

Para nos ajudar a entender melhor como essa nova filosofia do significado funcionava na realidade, Wittgenstein desenhou uma figura de três lados muito simples.

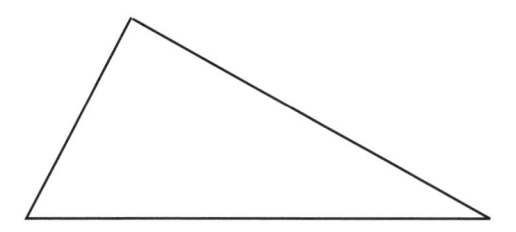

Depois, escreveu: "Pegue como exemplo os aspectos de um triângulo. Ele pode ser visto como um buraco triangular, como um sólido, como um desenho geométrico, como estando apoiado em sua base, como pendurado por seu vértice, como uma montanha, como uma cunha, como uma flecha ou um indicador, como um objeto derrubado que deveria estar apoiado do lado mais curto do ângulo direito, como um meio paralelogramo, e como várias outras coisas... Você agora pode pensar sobre *isso*, agora sobre *isso* enquanto olha para ele, pode agora percebê-lo como sendo *isso*, agora como *isso* e então, você o verá agora *dessa* maneira, agora *dessa*". É uma maneira convincente, mesmo poética, de descrever sua crença na realidade como sendo moldada pelas palavras que selecionamos. Palavras dão significado[112].

Como isso se relaciona a investimentos? Como veremos, ações têm muito em comum com o triângulo de Wittgenstein.

---

[112] WITTGENSTEIN, Ludwig. *Philosophical Investigations*. *Op. cit.*, p. 200.

Investimento | Robert G. Hagstrom

* * *

Em 15 de maio de 1997, a Amazon.com (Amazon) se tornou uma empresa negociada publicamente[113]. O preço alvo estabelecido pelos subscritores era de 18 dólares por ação. Ela terminou seu primeiro dia inteiro de negociação a 23 dólares — um ganho de 28% em um dia. Em dezembro de 1999, em meio à bolha de tecnologia, a ação foi vendida a mais de 100 dólares por ação. Inabaláveis, alguns analistas previram que a Amazon.com logo seria uma ação de 300 dólares.

A companhia foi fundada em 1994 por Jeff Bezos. Um ano depois, a Amazon foi para a Internet como uma livraria *on-line*. Durante a bolha de tecnologia e o colapso que se seguiu, tantas empresas de Internet nasceram, para logo serem enterradas, que era difícil acompanhar. Entretanto, a Amazon atravessou até o outro lado. Quando o índice NASDAQ Composite, lar de muitas recém-nascidas da Internet, finalmente atingiu o fundo em 9 de outubro de 2002, 78% abaixo do pico de 1999, a Amazon ainda estava de pé.

Você pode pensar que os investidores teriam felicitado a empresa por sobreviver à quebra das ações de tecnologia. Contudo, logo os analistas estavam afirmando que a Amazon ainda estava massivamente sobrevalorizada. Embora a empresa tenha evitado a guilhotina, eles disseram que seus dias estavam contados. Ao final de 2002, a Amazon estava sendo negociada a noventa vezes seu fluxo de caixa, e postou uma perda de 2,4 milhões de dólares.

A percepção negativa se apoiava no fato de que, como revendedor de livros, a Amazon parecia ter um sobrepreço enorme com relação às livrarias tradicionais. Mesmo quando a companhia

---

[113] A Amazon.com pertence aos meus portfólios na Legg Mason Capital Management desde 2003. Continua a ser uma das principais participações do fundo, bem como das contas institucionais separadas da nossa empresa.

se diversificou em DVDs, CDs, software para computadores, vídeo games, eletrônicos, vestuário, móveis, brinquedos e alimentos, a comparação com a loja física se manteve. Os pessimistas primeiro compararam a Amazon à cadeia de livrarias Barnes & Noble, depois aos mercados Wal-Mart. Em ambos os casos, as relações preço-resultado e preço-fluxo de caixa da Amazon eram significativamente mais altas do que as dos varejistas tradicionais.

Por outro lado, os otimistas com relação à Amazon olhavam para a empresa e viam algo diferente. Para eles, a Amazon não se parecia com a Barnes & Noble ou com o Wal-Mart, mas sim com a Dell Computer (Dell). Inicialmente, os pessimistas ficaram chocados com a comparação. Dell era um distribuidor direto de computadores pessoais e produtos para computador. Era uma das ações de melhor performance durante os anos 1990. Entre 1995 e 1999, a ação subiu 7.860% comparada ao índice S&P 500, que subiu 250%. Os pessimistas rapidamente repreenderam os otimistas da Amazon por se agarrarem a um vencedor comprovado.

Entretanto, se você der um passo atrás e olhar para a Amazon, a operação do negócio da Amazon se parece mais com a Dell do que com o Walmart. A Dell monta e envia computadores pessoais de vários centros de distribuição localizados ao redor do país. Pedidos de computadores realizados *on-line* negam a necessidade de uma força de vendas grande e custosa. A Amazon, como a Dell, recebe pedidos *on-line*. Também como a Dell, a Amazon envia produtos a seus clientes de um de seus centros de distribuição, evitando lojas físicas caras. O modelo de negócio permite a ambas as companhias operarem com capital de giro negativo (elas recebem dinheiro dos clientes antes de terem que pagar a seus fornecedores/ fabricantes). Assim, ambas as empresas são capazes de obter retornos sobre o capital acima de 100%.

Faz sentido comparar a Amazon com o Wal-Mart? É verdade que elas vendem essencialmente as mesmas mercadorias para os clientes, mas as similaridades terminam aí. A Wal-Mart tem nove mil e quinhentas lojas físicas, com mais de dois milhões e cem mil funcionários, cada um deles ajudando a gerar aproximadamente 200 mil dólares em vendas. A Amazon tem sessenta e nove centros de distribuição com cinquenta e um mil funcionários, cada um deles gerando mais de 950 mil dólares em vendas.

Como um comentário adicional, espera-se que as vendas do Wal-Mart cresçam a uma taxa anual de 9% ao longo dos próximos cinco anos. Durante o mesmo período, espera-se crescimento nas vendas da Amazon à taxa anual de 28%.

Cyber Monday, a segunda-feira depois do Dia de Ação de Graças, quando as lojas *on-line* oferecem desconto para atrair compradores de Natal, é atualmente o maior dia de compras do ano. As vendas *on-line* na Cyber superaram completamente os números de vendas conseguidos pelas lojas físicas três dias antes na Black Friday[114].

A Amazon pode ser descrita como uma Barnes & Noble? Como um Wal-Mart? Ou como uma Dell?

Mandelbrot estava certo. A falha em explicar é causada pela falha em descrever.

Wittgenstein vive.

* * *

As palavras que escolhemos dão sentido (descrição) ao que observamos. De modo a explicar melhor, ou defender nossa descrição, desenvolvemos uma história sobre o que acreditamos ser verdade. Não existe nada errado em contar histórias. Na verdade, é uma forma muito eficaz de transferir ideias. Se você parar para pensar a maneira com que nos comunicamos uns com os outros é, basicamente, através de uma série de histórias. Histórias têm fi-

---

[114] CRAWFORD, Susan. "The New Digital Divide". *New York Times*, *Sunday Review*, 4 de dezembro de 2011, p. 1.

nais abertos e metáforas, ao invés de serem determinadas. Lembre-se de nosso primeiro capítulo onde Lakoff e Johnson (*Metáforas da Vida Cotidiana*) nos lembram de que, fundamentalmente, pensamos e agimos metaforicamente.

Hoje, cientistas e filósofos abandonaram a expressão "contar histórias" e, no lugar, usam a expressão "narrativa." De fato, parece que "narrativa" agora chegou à corrente dominante. Filósofos, médicos e cientistas falam de "conhecimento narrativo" como "o que alguém utiliza para entender o significado e a significância das histórias, através de meios cognitivos, simbólicos e eficazes"[115]. Jornalistas e políticos também utilizam a palavra. Durante as eleições, falam-nos a respeito da "narrativa" de um candidato, ou sobre a necessidade dos candidatos "mudarem suas narrativas". E sim, investidores usam narrativas. Existe uma narrativa sobre a recuperação econômica que segue a uma crise financeira. Existe uma narrativa sobre inflação que se segue à enorme impressão de dinheiro, usada para combater a crise financeira. Existe uma narrativa para a deflação, que conta a história deprimente de como um nível massivo de endividamento acumulado durante a última década demandará anos para ser pago, levando preços e salários à queda.

Contudo, embora narrativas sejam comumente usadas por quase todos, conhecimento narrativo como forma de comunicação não deixa de ter seus críticos. De fato, existe uma tensão de longa data entre contadores de histórias e estatísticos. Em 7 de maio de 1959, C. P. Snow (1905-1980), o conhecido físico e novelista inglês, proferiu uma palestra chamada "As Duas Culturas." (a palestra foi posteriormente publicada como *As Duas Culturas e um Segundo Olhar*.) Snow argumentava que o colapso na comunicação entre as "duas culturas" da sociedade — humanistas e cientistas

---

[115] CHARON, Rita, MD, PhD. "Narrative Medicine", *JAMA* 286, Nº 15, 17 de outubro de 2001.

— era o grande obstáculo para a solução de diversos dos problemas do mundo. Ele acreditava que a qualidade da educação estava em declínio porque cientistas eram ignorantes a respeito de grande literatura, enquanto humanistas eram igualmente desinformados a respeito de ciência.

Snow escreve: "Diversas vezes tenho estado presente em reuniões de pessoas que, pelos padrões da cultura tradicional, são consideradas altamente educadas, que têm expressado com considerável entusiasmo sua incredulidade a respeito do 'analfabetismó dos cientistas. Uma vez ou outra, fui provocado e perguntei quantos deles poderiam descrever a Segunda Lei da Termodinâmica. A resposta foi fria: era negativa. Entretanto, eu estava perguntando algo que é o equivalente científico de 'Você leu um trabalho de Shakespeare'"[116]?

Por que os investidores deveriam se importar com um debate de meio século de vida entre humanistas e cientistas? Porque as narrativas usadas por investidores para explicar o mercado, ou a economia, às vezes não têm o rigor estatístico necessário para uma descrição adequada. Como aprendemos, se a descrição é falha, a explicação provavelmente é errada.

Um indivíduo que pensou muito a respeito desse assunto foi John Allen Paulos, professor de Matemática na Universidade Temple. Paulos é um autor *best-seller*, mais conhecido por *Inumerácia: Analfabetismo Matemático e Suas Consequências* (1988) e *As Notícias e a Matemática ou de Como um Matemático Lê o Jornal* (1995). Ambos são livros divertidos de ler, mas é seu livro de 1998, *Era Uma Vez Um Número: A Lógica Matemática Oculta nas Histórias*, que melhor se conecta ao nosso capítulo de Filosofia.

Paulos nos diz que as pessoas são muito boas em contar histórias. Elas também são boas em estatística, mas, raramente, o

---

[116] SNOW, C. P. *The Two Cultures*. Palestra Rede, Cambridge, Reino Unido, 7 de maio de 1959, em *The Two Cultures and the Scientific Revolution*,1963.

contador de histórias traz uma defesa estatística à sua história. Similarmente, as pessoas são capazes de citar boas estatísticas, porém raramente podem colocar a revelação estatística em um contexto apropriado. "Infelizmente, as pessoas geralmente ignoram as conexões entre as noções formais de estatística e o entendimento informal e as histórias de onde elas crescem", diz Paulos. "Elas consideram que números vêm de um reino diferente das narrativas e não como destilações, complementos ou sumários a respeito deles. As pessoas frequentemente citam estatísticas de forma desnudada, sem a história de apoio e o contexto necessário para lhes dar significado"[117].

Quando escutamos histórias, temos a tendência a suspender a descrença com o intuito de nos entretermos, diz Paulos. Porém, quando avaliamos estatísticas, temos menos propensão a suspender a descrença, a fim de não sermos enganados. Paulos segue descrevendo os dois tipos de erros na estatística formal. O erro Tipo I ocorre quando observamos algo que não está realmente lá. O erro Tipo II ocorre quando falhamos em observar algo que, na verdade, está lá. De acordo com Paulos, aqueles que querem ser entretidos, e desejam evitar cometer um erro Tipo II, são mais propensos a preferir histórias em detrimento de estatísticas. Aqueles que não necessariamente anseiam por entretenimento, mas estão desesperados para evitar erros Tipo I, tendem a preferir estatísticas em relação a histórias[118].

* * *

Para investidores, é importante perceber o caminho escorregadio das narrativas. Contar histórias inadvertidamente aumenta nossa confiança em proposições à medida em que a própria

---
[117] PAULOS, John Allen. *Once Upon a Number: The Hidden Mathematical Logic of Stories*. New York: Basic Books, 1998, p. 12.
[118] PAULOS, John Allen. "Stories vs. Statistics", New York times, 24 de outubro de 2010.

história se torna a sua própria prova. "O foco das histórias é no indivíduo, ao invés de nas médias, nos motivos ao invés dos movimentos, no contexto ao invés dos dados brutos", explica Paulos[119]. Uma vez que investidores primariamente usam histórias para explicar mercados e economias, a ausência de evidência estatística enfraquece a descrição. Citando James Boswell (1740-1795), mais conhecido como biógrafo do escritor inglês Samuel Johnson (1709-1784): "As mil histórias que o ignorante conta e acredita desaparecem de uma vez quando o computista as toma em suas garras [*sic*]"[120].

As lições aprendemos até aqui de Benoit Mandelbrot, Ludwig Wittgenstein, C. P. Snow e John Allen Paulos estão todas conectadas. A descrição verdadeira é de grande importância para proporcionar a explicação certa. Contudo, frequentemente existe mais de uma descrição óbvia. Mesmo assim, percorremos grandes distâncias para defender nossa descrição escolhida, construindo histórias elaboradas e divertidas, a fim de transmitir nosso ponto de vista, apesar do risco de inconsistências estatísticas.

Uma das confissões intelectuais mais difíceis é admitir que você esteja errado. Em termos de comportamento, sabemos estar sujeitos ao viés de confirmação. Entusiasmadamente, envolvemos nossas mentes em torno de tudo que coincida com a nossa afirmação. Constantemente, confundimos teimosia com convicção. Estamos dispostos a arriscar a aparência de estarmos errados muito antes de termos vontade de confessar pessoalmente nossos próprios erros.

Em investimentos, ninguém é perfeito. Alguns de nossos erros serão pequenos e fáceis de serem superados. Outros, serão intransigentes. É difícil navegar por nossas falhas, particularmente se elas forem crenças firmes e profundamente enraizadas. Para

---

[119] Idem. *Ibidem*.
[120] Citado em: PAULOS, John Allen, *A Mathematician Reads the Newspaper*. New York: Basic Books, 1995, p. 6.

sermos investidores bem-sucedidos, temos que estar preparados para redescrições. Felizmente, existe uma orientação na filosofia do pragmatismo.

* * *

Como um ramo formal da filosofia, o pragmatismo tem somente cerca de cem anos. Ele foi primeiro trazido à atenção do público por William James (1842-1910), em uma palestra de 1898, na Universidade da Califórnia, em Berkeley. Em "Concepções Filosóficas e Resultados Práticos" James apresentou o que chamava de "princípio de Peirce, o diretor do pragmatismo". Era uma clara homenagem a seu amigo e colega filósofo Charles Sander Pierce (1839-1914).

Cerca de vinte anos antes, um pequeno grupo de cientistas, filósofos e outros intelectuais em Cambridge, Massachusetts, incluindo William James, Charles Sander Peirce e Oliver Wendell Holmes (1809-1894), haviam formado um Clube Metafísico com o propósito de discutir criticamente questões metafísicas a respeito de crenças e realidade. Estimulado pelas discussões do clube, Peirce se percebeu cada vez mais distanciado das abstrações metafísicas, movendo-se em direção a uma maneira diferente de definir a realidade. Originalmente treinado como matemático, passou a acreditar que a realidade é uma função não de abstrações absolutas, mas de relações práticas entre entidades (referia-se a elas como símbolos, ou sinais, uma reflexão de seu trabalho algébrico).

Através de animadas discussões no Clube Metafísico, Peirce refinou suas teorias, eventualmente chegando a essa premissa: através do pensamento as pessoas resolvem dúvidas, formando suas crenças; suas ações subsequentes seguem essas crenças, tornando-se hábitos. Consequentemente, qualquer pessoa que busque determinar a verdadeira definição de uma crença, deve olhar não para a própria crença, mas para as ações que resultam dela. Ele chamou essa proposição de "pragmatismo", um termo, apontou ele, com a mesma raiz de *prática* [verbo] ou *prática* [adjetivo], portanto, cimentando sua visão de que o significado de uma ideia é o mesmo que seus resultados práticos. "Nossa ideia de qualquer coisa" ele explicava, "é nossa ideia de seus efeitos sensíveis". Em seu clássico artigo de 1878, "Como tornar nossas ideias claras", Peirce continuou: "Toda a função do pensamento é produzir hábitos de ação. Para desenvolver seu significado devemos, portanto, simplesmente determinar que hábitos ele produz, pois o significado de alguma coisa é simplesmente o hábito que ela implica"[121].

Quando publicado originalmente, "Como tornar nossas ideias claras" causou pouca ressonância fora do pequeno círculo de Peirce. Entretanto, outro membro do clube, William James, foi profundamente influenciado pelas ideias de Peirce. Vinte anos depois, trouxe-as à atenção do público em geral, começando com a palestra de Berkeley, em 1898.

Peirce, devemos ressaltar, estava preocupado em desenvolver uma maneira lógica de resolver problemas filosóficos — especificamente, um método para estabelecer o significado das coisas. Ele pretendia que esse conceito fosse aplicado principalmente na investigação científica. James, por sua vez, pegou o método de Peirce e o aplicou ao pensamento em geral. Ele se afastou da questão estreita do significado e da verdade. Uma crença é verdadeira, disse James, não porque pode resistir a um escrutínio lógico, mas porque sustentá-la coloca uma pessoa em um relacionamento mais útil com o mundo.

Assim como Peirce, James concluiu que os filósofos haviam perdido tempo demais debatendo princípios abstratos (questões

---

[121] PEIRCE, Charles S. "How to Make Our Ideas Clear". *Popular Science Monthly*, janeiro de 1878. Também em: PEIRCE, Charles S. *Pragmatism: A Reader*. Ed. Louis Menand. New York: Random House, 1997, p. 26.

metafísicas) e tentando provar, ou refutar, vários princípios filosóficos. Em vez disso, argumentou, eles deveriam perguntar que efeitos práticos advém da manutenção de um ponto de vista filosófico, ou outro. Mais francamente, James pergunta, em sua famosa declaração, "qual é o valor em espécie" de uma crença, em termos da experiência prática de uma pessoa?

James, um palestrante popular e carismático, logo se tornou mais conhecido do que Pierce como proponente principal do pragmatismo. Eventualmente, Peirce distanciou-se do trabalho de James e deu ainda à sua teoria um nome levemente diferente: *pragmaticismo*, um termo que chamou de "feio demais para ser sequestrado". Em seus últimos anos, Pierce se tornou um recluso excêntrico e pobre. William James contribuiu para seu sustento, nunca deixando de reconhecer Pierce como o fundador do movimento filosófico pelo qual ele, James, se tornou famoso.

William James nasceu em 1842, em uma família de intelectuais tempestuosa e pouco convencional. Seu pai, Henry James (1811-1882), era um teólogo e filósofo pouco importante. Educou seus filhos, principalmente, fazendo-os assistir a discussões entre convidados adultos, e movendo-se incessantemente com a família entre uma capital europeia e outra, em busca de estímulo intelectual. O irmão mais novo de William, chamado de Henry assim como o pai, tornou-se um romancista famoso.

Quando garoto, William desejava se tornar um artista profissional. Entretanto, logo admitiu que lhe faltava o nível de talento necessário ao sucesso. Com a idade de dezoito anos, entrou na Escola Científica Lawrence da Universidade Harvard. Depois, conquistou um diploma de Medicina da Escola de Medicina de Harvard, com especialização em Psicologia. Ele se juntou ao corpo docente de Harvard, obtendo uma reputação significativa como psicólogo, ressaltada pela publicação, em 1890, de seu clássico texto, *Princípios de Psicologia*. Ao mesmo tempo, ele estava — como vimos — devotando mais e mais de seus consideráveis dons intelectuais ao estudo da Filosofia.

A perspectiva de James era incomumente ampla. Ele leu muita Filosofia clássica, mantendo contatos pessoais animados com diversos filósofos contemporâneos, especialmente Peirce. Seu treinamento em Psicologia lhe deu um entendimento sobre o funcionamento da mente humana melhor do que o desfrutado por muitos filósofos. Ele também foi cativado pela teoria da evolução, então bastante nova, causadora de muita agitação entre os cientistas dos Estados Unidos da América (*A Origem das Espécies,* de Darwin, foi publicada aproximadamente na mesma época em que James entrou em Harvard como estudante universitário). Combinando todas essas influências com suas reflexões pessoais, James gradualmente desenvolveu seu próprio estilo de pragmatismo. Pelo fato de ter devotado a maior parte de sua energia profissional a escrever e palestrar sobre o assunto, e porque ambos foram bem-recebidos pelo público, James se tornou o mais conhecido defensor dessa filosofia. Suas ideias se tornaram aceitas como o entendimento popular do pragmatismo.

Para definir a questão da forma mais simples possível: o pragmatismo defende que a verdade (nas afirmações) e a retidão (nas ações) são definidas por seus resultados práticos. Uma ideia ou uma ação é verdadeira, real e boa se fizer uma diferença significativa. Portanto, para entender alguma coisa, devemos perguntar que diferença faz e quais são as suas consequências. "Verdade" escreveu James, "é o nome de tudo o que sempre se mostrou bom em termos de crença"[122].

Se verdade e valor são determinados por suas aplicações práticas no mundo, consequentemente, a verdade irá mudar à

---

[122] JAMES, William. "Pragmatism: Conception of Truth". *In*: *Pragmatism*. New York: Dover Publications, [1907] 1995, p. 30.

medida em que as circunstâncias mudarem e novas descobertas sobre o mundo forem feitas. Nosso entendimento da verdade evolui — Darwin sorri.

Nesse sentido, o pragmatismo é o exato oposto da maior parte das escolas de pensamento filosófico, que defendem serem suas visões da verdade (qualquer seja a forma teorizada) absolutas e imutáveis. Porém, James acreditava que nunca poderíamos esperar receber prova absoluta de nada. Perguntar, por exemplo, se a existência de Deus pode ser provada, é uma perda de tempo, porque a resposta é irrelevante. Devemos somente nos perguntar que diferença faz em nossas vidas acreditar ou não em Deus. Essa atitude se tornou central à abordagem pragmática de James.

James promulgou suas ideias em uma série de palestras criadas para o público em geral e frequentadas pelo mesmo. Ministrava suas palestras para uma plateia popular porque acreditava que eles, não os filósofos, eram as autoridades definitivas sobre as questões filosóficas. Naqueles anos anteriores à televisão, tais eventos eram bastante populares, e James era muito bem recebido. Seu estilo de oratória era dinâmico e sua forma de uso de linguagem, articulada e estilosa, mostrava alguns dos mesmos dons que seu irmão, o novelista.

Uma palestra típica, feita em 1907 para uma grande plateia em Nova York, era intitulada "What Pragmatism Means". James começou pedindo aos seus ouvintes que observassem como a ciência havia evoluído ao longo dos anos. Quando as primeiras leis da Matemática e da Física foram descobertas, ele disse, as pessoas acreditavam que haviam "decifrado autenticamente os pensamentos eternos do Todo Poderoso". Tais leis seriam, por conseguinte, absolutas. Entretanto, à medida em que a ciência se desenvolveu, ele continuou, ficou claro que nossas leis básicas são apenas aproximações, não absolutos. Além disso, as próprias leis haviam crescido em número, com muitas formulações rivais diferentes, propostas dentro de cada disciplina. Cientistas, disse ele, perceberam que nenhuma teoria é a "transcrição absoluta da realidade, mas qualquer uma delas pode ser útil sob algum ponto de vista"[123].

A grande utilidade das crenças, apontou James, era ajudar a resumir velhos fatos e levar à descoberta de novos. Afinal, lembrava ele à plateia, todas as nossas crenças são criadas pelo homem. São uma linguagem conceitual, utilizada por nós para escrever nossas observações da natureza e, como tal, torna-se a escolha de nossa experiência. Assim, resumiu, "ideias (que são partes de nossa experiência, nada mais) tornam-se verdadeiras apenas na medida em que nos ajudam a entrar em uma relação satisfatória com outras partes de nossa experiência"[124].

Como nos movemos de velhas crenças para novas? De acordo com James, o processo é o mesmo seguido por qualquer cientista.

> Um indivíduo já tem um estoque de velhas opiniões, mas encontra uma nova experiência que as coloca sob tensão. Alguém as contradiz; ou, em um momento de reflexão, descobre que elas se contradizem; ou escuta fatos com os quais elas são incompatíveis; ou surgem desejos nele que elas não conseguem satisfazer. O resultado é um problema interno, até então desconhecido pela sua mente, e do qual procura escapar através da modificação de sua massa prévia de opiniões. Ele salva tantas quantas conseguir pois, na questão das crenças, somos todos conservadores extremos. Então, tenta mudar primeiro essa opinião, depois aquela (pois elas resistem à mudança em graus variados), até que pelo menos surja alguma ideia que ele possa enxertar no antigo estoque com um mínimo de perturbações deste último. Alguma ideia que faça a mediação entre o conjunto antigo e a nova experiência, conduzindo-os um ao outro da maneira mais feliz e conveniente[125].

---

[123] Idem. *Ibidem.*, p. 22.
[124] Idem. *Ibidem.*, p. 23.
[125] Idem. *Ibidem.*, p. 24.

(Caso a descrição de como nossas mentes lidam com ideias em evolução lhe pareça familiar, você está certo. James, eloquentemente, previu as ideias de Thomas Kuhn [*Capítulo III*], cerca de cinquenta anos antes).

Para resumir James, o que acontece é adoção da nova ideia enquanto as verdades antigas são preservadas e da maneira menos disruptiva possível. As novas verdades são simplesmente intermediários, harmonizadores de transição, que nos ajudam a ir de um ponto a outro. "Nossos pensamentos se tornam verdadeiros", diz James, "à medida em que são bem-sucedidos em sua função de intermediários"[126]. Uma crença é verdadeira, tendo "valor em espécie", caso nos ajude a ir de um lugar a outro. A verdade então se torna um verbo, não um substantivo.

Pragmatismo é, então, o processo que permite às pessoas navegarem por um mundo incerto, sem ficarem encalhados na ilha deserta dos absolutos. Pragmatismo não tem preconceitos, dogmas ou cânones rígidos. Ele irá entreter qualquer hipótese, considerar qualquer evidência. Se você precisar de fatos, pegue os fatos. Se precisar de religião, pegue a religião. Se precisar de experimentos, vá experimentar. "Em resumo, o pragmatismo amplia o campo de pesquisa para Deus" disse James. "Seu único teste da verdade provável é o que funciona melhor para nos conduzir"[127].

Pragmatismo tem sido chamado de filosofia singularmente norte-americana. Seu auge (a primeira parte do século XX) coincidiu com a grande expansão para o Oeste. De muitas maneiras, ela ecoa o espírito pioneiro associado com aquele movimento. Ele também coincidiu com um tempo de tremenda expansão econômica e industrial nos Estados Unidos da América, quando um sentimento de otimismo e sucesso do Novo Mundo parecia pedir uma nova filosofia. Em tempos mais recentes, a essência do prag-

---

[126] Idem. *Ibidem.*, p. 26.
[127] Idem. *Ibidem.*, p. 31.

matismo tem sido frequentemente distorcida em uma abordagem oportunista, em que quaisquer meios — mesmo corruptos — são justificados na busca de um fim satisfatório. Essa não foi, de maneira nenhuma, a intenção de James. Sua maior preocupação era com a moralidade. Ele propunha um método filosófico para viver bem, de maneira honrada, com nossos colegas humanos e nosso meio ambiente.

    Pragmatismo, em resumo, não é tanto uma filosofia, quanto uma forma de *fazer filosofia*. Ele prospera em mentes abertas, convidando alegremente à experimentação. Rejeita a rigidez e o dogma; acolhe novas ideias. Insiste em considerarmos todas as possibilidades sem preconceito, pois importantes novas reflexões são frequentemente desfiguradas como conceitos frívolos, até mesmo tolos. Busca novo entendimento ao redefinir velhos problemas. Você pode se lembrar das palavras de Lee McIntyre, no começo deste capítulo, a respeito da importância de refazer descrições de coisas que não entendemos. Embora William James não tenha usado a expressão, redescrever é, essencialmente, o coração de sua mensagem. Aprendemos ao tentar coisas novas, ao estarmos abertos para novas ideias, ao pensar diferente. Assim evolui o conhecimento. Em resumo, o pragmatismo é a perfeita filosofia para construir e usar uma treliça de modelos mentais.

* * *

    O pragmático não confia em padrões absolutos e ideais abstratos, mas em resultados — as coisas que estão funcionando e lhe ajudarão a atingir seus objetivos. Investidores estão agudamente interessados em entender o que está funcionando no mercado, de modo a atingirem seus objetivos. Eles reconhecem as limitações de modelos de investimento, sendo rápidos em reconhecer cada modelo como sendo altamente sensível aos propósitos para os quais foi desenvolvido.

Capítulo VI | Filosofia

Por exemplo: considere a clássica estratégia de valor de ação, construída sobre a escolha de ações, apresentando baixa correlação entre preço e lucro, baixa relação entre preço e valor contábil e rendimento de dividendos acima da média. Esse modelo foi baseado em estudos acadêmicos que demonstravam a possibilidade de retornos acima da média para essa estratégia. Sabemos que a criação de modelos tem a tendência de funcionar durante um tempo; depois, inesperadamente, pára de funcionar. De repente, o modelo não tem mais valor explicativo, contudo, algumas pessoas ainda insistem que seja uma representação precisa de como o mundo funciona. Como devemos saber?

Se você tem uma visão da verdade como correspondência da realidade, então é provável apoiar-se em seu modelo — sendo ele funcional ou não — por um período muito maior, por acreditar que *corresponda* a alguma estrutura profunda dos mercados. Essa correspondência da verdade equivale ao uso de verdades absolutas. Agora, compare isso a uma abordagem pragmática. Caso seja um pragmático, você tipicamente manterá um modelo ineficiente por um período de tempo menor. Pragmáticos enxergam o modelo — qualquer modelo — como algo feito apenas para lhes ajudar com determinada tarefa.

Qual a melhor medida de valor? A maioria acredita que a teoria de John Burr Williams (1900-1989) de Fluxos de Caixa Descontados (DCF) seja o melhor modelo para determinar o valor econômico. Devemos avaliar o modelo DCF de Williams como sendo "de primeira grandeza". Entretanto, muitos investidores se afastam de suas dificuldades inerentes[128]. Eles baixam um degrau

---

[128] O uso correto do modelo de desconto de dividendos exige que façamos cálculos difíceis. Qual será a taxa de crescimento futura da empresa ao longo de sua vida? Quanto dinheiro a empresa vai gerar? Qual é a taxa de desconto apropriada para projetar o crescimento dos fluxos de caixa? As respostas a essas perguntas difíceis são variáveis de entrada necessárias. Some-se a essa dificuldade o medo da incerteza das previsões de longo prazo, que torna o uso do modelo suspeito. Outra difi-

de explicação, selecionando um dos modelos de segunda ordem — talvez a baixa correlação entre preço e lucro, ou alguma outra medida baseada em fatores contábeis —, que defendem rigidamente como a única abordagem correta.

A Bolsa de Valores é um mecanismo de descontos gigante, constantemente reavaliando o preço de ações. Em certas ocasiões, as ações que oferecem o maior desconto aos fluxos de caixa da companhia (o modelo DCF) são ações com baixa correlação entre preço e lucro. Outras vezes, os maiores descontos podem ser encontrados em ações com alta relação entre preço e lucro. Nenhuma métrica é absoluta; nenhuma está sempre certa. Investidores pragmáticos podem — e devem — aplicar qualquer modelo de segunda ordem que seja frutífero, descartando os infrutíferos, tudo sem violar a primeira ordem.

Lembre-se do que nos diz James: mesmo "as mais violentas revoluções nas crenças de um indivíduo deixam muito de sua velha ordem em pé". Mesmo quando adotamos uma ideia nova, ainda podemos preservar as mais velhas com um mínimo de modificações. Do ponto de vista de um pragmático, é permissível — até aconselhável — buscar por essas explicações que funcionem. "Estiquem-nas o suficiente para aceitarem a novidade", disse James, "mas concebendo de maneiras tão familiares quanto for possível"[129].

O fundamento filosófico de investidores bem-sucedidos é duplo. Primeiro, reconhecem rapidamente a diferença entre modelos de primeira e segunda ordens. Dessa forma, nunca se tornam prisioneiros de absolutos de segunda ordem. Segundo, levam suas investigações pragmáticas muito além do campo das

---

culdade: a determinação do valor é altamente sensível à sua condição inicial. Mesmo uma ligeira mudança na taxa de crescimento, ou fator de desconto, pode ter um grande efeito no valor. Por esse motivo, os investidores costumam usar atalhos (modelos de segunda ordem) para determinar o valor.

[129] JAMES, William. *Pragmatism. Op. cit.*, p. 321-24.

finanças e da economia. Isso pode ser explicado como uma abordagem Cubo Mágico para os investimentos. O investidor bem-sucedido deveria examinar entusiasticamente cada questão, de cada ângulo viável, de cada disciplina concebível, a fim de obter a melhor descrição — ou redescrição — possível do que está acontecendo. Somente depois disso, um investidor está em posição de explicar com precisão.

A única maneira de fazer melhor do que outra pessoa — ou, mais importante, de obter performance superior à da Bolsa de Valores — é ter uma maneira de interpretar os dados diferente das interpretações de outras pessoas. Eu adicionaria a isso a necessidade de ter fontes de informação e experiências que sejam diferentes[130]. Ao estudar as grandes mentes dos investimentos, a característica que se sobressai é a abrangência de seus interesses. Uma vez ampliado seu campo de visão, você se torna capaz de entender mais amplamente o que observa. Depois, usa essas reflexões para maior sucesso nos investimentos.

Vivemos e trabalhamos em um mundo onde a velocidade da mudança é impressionante. Quando você pensa que as coisas não podem se mover ainda mais depressa, a velocidade acelera mais uma vez. Em um mundo assim, performance bem-sucedida demanda pensamento flexível. Em um ambiente de rápida mudança, a mente flexível irá sempre prevalecer sobre a rígida e absoluta.

O "valor em espécie" do estudo da filosofia é bem real. Colocando de maneira simples: ele o ensina a pensar melhor. Quando você se compromete com a Filosofia, descobre ter se colocado no caminho do pensamento crítico. Você começa a examinar situações de maneira diferente, abordando investimentos de outra maneira. Você enxerga mais, entende mais. Pelo fato de reconhecer padrões, tem menos medo de mudanças re-

---

[130] Sou grato ao meu amigo e colega Bill Miller por suas visões sobre a filosofia do pragmatismo e como ela se relaciona com a filosofia de investimento.

pentinas. Com uma mente perpetuamente aberta, apreciadora de novas ideias e que sabe o que fazer com elas, você se coloca firmemente no caminho certo.

Capítulo VII

Capítulo VII
Literatura

Charlie Munger — cujo conceito de treliça de modelos mentais inspirou este livro — às vezes é perguntado, quando descreve seu conceito às plateias, como uma pessoa pode aprender esses modelos. Eles podem usar palavras diferentes para enquadrarem suas perguntas, mas, essencialmente, aqueles na plateia estão perguntando:

> Eu certamente entendo o valor de conhecer ideias-chave de diferentes disciplinas, e de construir minha própria treliça, mas não aprendi nada disso na escola. Estaria começando do zero. Francamente, parece esmagador. Como cultivo a profundidade e a amplitude de conhecimento que levam à sabedoria mundana?

Charlie não é conhecido por fazer rodeios. Sua resposta é franca. A maior parte das pessoas não teve a educação correta, diz ele. Muitos departamentos acadêmicos são muito estreitos, muito territoriais, muito egocêntricos com questões paroquiais para focarem no que deveriam: ajudar os estudantes a se tornarem pessoas verdadeiramente instruídas. Mesmo a obtenção de um diploma de uma universidade de prestígio não garante adquirirmos o que ele chama de sabedoria mundana — nem começarmos a caminhada em direção a isso.

Se for esse o caso, diz ele com um sorriso, então a resposta é simples: devemos ensinar a nós mesmos. Os princípios-chave, as ideias verdadeiramente grandes, já estão escritas, esperando que nós as descubramos e nos apropriemos delas.

O veículo para fazer isso é um livro — ou melhor, toda uma biblioteca — suplementada com todas as outras mídias, sejam elas tradicionais ou modernas: jornais, revistas, comentários de programas, revistas técnicas, relatórios de analistas e todo o material digital na Internet — para nomear os mais óbvios. Não é, meramente, uma questão de quantidade. Ninguém seria tolo o suficiente para sugerir que você tentasse ler tudo já escrito a respeito de Física, Biologia, ou outras áreas abordadas neste livro. Mesmo se pudesse de alguma forma fazê-lo, eu estaria disposto a apostar que o próprio volume de ideias o deixaria mais confuso do que iluminado. Logo, estamos falando de aprendermos a ser leitores exigentes: analisarmos o que lemos, avaliarmos seu valor no quadro maior e rejeitarmos, ou incorporarmos, a informação em nossa própria treliça de modelos mentais.

Sim, eu sei: você já tem leituras demais do jeito que está. Contudo, peço para considerar por um momento se você, por acaso, não está enfatizando o material errado. Imagino muitas de suas leituras regulares de hoje em dia (o material sobre o qual pensa "mas *tenho* que ler aquilo") como sendo mais sobre adicionar fatos do que melhorar o entendimento. Neste capítulo, estamos mais preocupados com o último. Todos podemos obter novas percepções através da leitura — se aperfeiçoarmos a habilidade de ler cuidadosamente. Os benefícios são profundos. Você não somente irá aumentar substancialmente seu conhecimento prático em vários campos, como também aprimorará sua habilidade de pensamento crítico.

Neste capítulo, você irá aprender maneiras de analisar um livro — ou outros materiais — e avaliar criticamente seu conteúdo.

Isso irá lhe dizer se o material tem valor, se é digno de seu tempo para estudá-lo em profundidade. O processo não é diferente de analisar um investimento potencial, tendo um objetivo similar: facilitar uma decisão informada e lúcida. Você se lembrará da importância que, tanto Charlie Munger quanto Warren Buffett, davam ao entendimento dos fundamentos de uma empresa — o modelo de negócios no qual investir. Eles querem dizer *verdadeiro* entendimento, não somente coleta de dados; o tipo de entendimento que advém somente do estudo cuidadoso e da análise inteligente. Escolher investimentos cuidadosamente requer as mesmas habilidades mentais de uma leitura atenta de livro.

Porém, quais livros, sobre quais tópicos e em que ordem? Como escolhemos e como podemos estar seguros de que estamos lendo de maneira apropriada para tornar essas ideias nossas? É isso que devemos considerar neste capítulo: o que ler, como e porquê.

Comecemos por uma parada em um *campus* universitário.

* * *

Às sextas à noite, todo o corpo estudantil do St. John's College, em Annapolis, Maryland, juntamente com todos os membros do corpo docente, reúne-se no auditório Francis Scott Key, para uma palestra formal. A palestra, ministrada por um membro do corpo docente, ou por um orador convidado, pode ser a respeito de um grande livro, ou de um ator famoso, ou talvez um tópico como julgamento, amor ou sabedoria. Isto é, diz ironicamente a faculdade, o único momento em que estudantes recebem um sermão. Após a apresentação, membros da plateia engajam o palestrante em uma extensa conversa a respeito do tópico, contribuindo com seus comentários e fazendo perguntas mais aprofundadas. Pela primeira meia hora, somente os estudantes podem fazer perguntas. A faculdade acredita que o formato serve a dois propósitos importantes: reforça o hábito da escuta constante a material potencialmente desconhecido e dar aos estudantes uma oportunidade para polir suas habilidades de falar em público.

Tudo isso em uma sexta à noite, o momento geralmente dedicado a festas na maior parte dos *campi* estudantis? Basta dizer que o St. John's College não é como a maioria das faculdades. Na verdade, ela é diferente de qualquer outra faculdade no país[131]. O St. John's é uma faculdade de artes liberais mistas, com duração de quatro anos, conhecida por seu programa *Great Books* [Grandes Livros]. Todo o currículo é devotado à leitura e discussão dos grandes livros da Civilização Ocidental. Não existem disciplinas, ou departamentos em separado, nem matérias eletivas. Ao longo de quatro anos, os *Johnnies* (como são chamados os estudantes do St. John's) lerão trabalhos clássicos em Literatura, Filosofia, Teologia, Psicologia, Física, Biologia, Política, Economia e História. Discutirão esses trabalhos intensivamente, em seminários de dezoito a vinte estudantes. Em turmas menores, estudarão também Música e Artes Visuais, idiomas (grego no primeiro e segundo anos, francês nos dois anos finais), Matemática e Ciências laboratoriais.

O desenho do currículo segue uma sequência cronológica aproximada (veja a lista de leitura da Faculdade St. Johñ s no apêndice). No primeiro ano, os estudantes focam sua atenção exclusivamente nos grandes pensadores da Grécia antiga. O segundo ano cobre os períodos Romano, Medieval e o Renascimento, incluindo Música Clássica e Poesia. No terceiro ano, os estudantes leem os principais trabalhos de pensadores dos séculos XVII e XVIII. Estudantes do último ano passam pelos séculos XIX e XX.

---

[131] Uma série de outras instituições de ensino superior têm programas especiais de artes liberais, baseados nas obras dos maiores pensadores da história. Alguns fazem parte dos programas de honra da universidade, enquanto outros são programas de estudo intensivo de curta duração. O St. John's é a única universidade que conheço dedicada ao ensino de "grandes livros". Sua lista de materiais curriculares é continuamente revisada e atualizada.

Capítulo VII | Literatura

Através do processo intensivo e formalizado de leitura de trabalhos significativos, e de conversarem juntos a respeito deles, os estudantes do St. John's recebem o tipo de educação nas artes liberais promovido por Benjamin Franklin há duzentos e cinquenta anos, no famoso panfleto de 1749, que primeiro encontramos no *Capítulo I*[132].

Durante o desenvolvimento deste capítulo, falei com diversos "*Johnnies*" que entraram no mundo dos investimentos após a graduação. Todos eles disseram que o principal aprendizado da faculdade foi como ser um melhor pensador em vez de um melhor operador, banqueiro de investimentos, consultor financeiro ou analista — e ser um melhor pensador os deixava, invariavelmente, mais aptos a serem melhores em seus empregos[133].

"Minha educação na St. John's me deu um senso de perspectiva, uma visão mais abrangente do mundo", disse Lee Munson, administrador da Portfolio LLC, em Albuquerque. Estava muito claro que, para ser bem-sucedido, eu deveria considerar todas as possibilidades, não somente a visão de túnel recebida nas aulas-padrão de finanças. Como operador, baseio-me na ideia de que estou vendo o mesmo padrão repetidamente. Pode parecer algo diferente, mas é realmente tudo a mesma coisa. Tenho uma perspectiva muito melhor do que aqueles que pensam ser esta a primeira vez que essas coisas acontecem.

Nas escolas de negócios, eles lhe ensinam *coisas* — fórmulas, teoremas, gráficos. Mas aquilo é somente digitar números em uma calculadora. O pior é que você aprende apenas um jeito de

---

[132] Na verdade, St. John's data de 1696, cinco anos antes da fundação de Yale, cinquenta anos antes de Princeton e cinquenta e três anos antes do famoso manifesto educacional de Franklin.

[133] Don Bell e Lee Munson foram entrevistados pelo autor em 7 de junho de 2000; Greg Curtis foi entrevistado em 10 de novembro de 2011; Steve Bohlin foi entrevistado em 15 de dezembro de 2011.

fazer as coisas, depois você não consegue mudar sua forma de pensar suficientemente rápido para acompanhar o mercado. Claro, é importante fazer toda a pesquisa, e fazê-la bem, mas depois disso, não olhe apenas para o mercado, ou o setor, para lhe ajudar com suas decisões. Olhe para fora, para o quadro mais amplo; é isso que lhe faz pensar livremente. Se você não souber como pensar, você sempre perderá dinheiro[134].

Don Bell, vice-presidente sênior na IPC Acquisition, adiciona:

Outra coisa, imensamente valiosa, que aprendi na St. Johń s, foi como ter uma discussão significativa com outros, a respeito de tópicos sensíveis, de uma maneira construtiva, ao invés de somente lançar opiniões de um lado a outro. Você pode ver como essa habilidade se desenvolve bem na sua frente. Como calouros, todos estão ansiosos por dar suas próprias opiniões, mas eles não escutam de verdade. Eles só esperam alguém parar para respirar, para que possam se intrometer. Porém, lá pelo terceiro e quarto anos, todos aprendemos a escutar atentamente, a ponderar o que a outra pessoa está dizendo, e a explicar nosso ponto de vista de uma maneira respeitosa e sem confronto. Eu uso isso todos os dias da minha vida[135].

Steve Bohlin, formado no Campus Santa Fé da St. Johń s, ecoa o valor de se estudar as primeiras fontes: "Quando você estuda o trabalho original", disse Bohlin, "você nunca está lendo o original. Na St. Johń s aprendemos a dividir o argumento original em seus princípios básicos, depois reconstruir a partir deles". É um tipo de engenharia reversa, camada por Bohlin de "aprenden-

---

[134] Entrevista cedida ao autor em 7 de junho de 2000.
[135] Entrevista cedida ao autor em 7 de junho de 2000.

do a aprender". Bohlin atualmente é chefe do comitê de investimentos do St. John's. Isso significa ter entrevistado incontáveis profissionais de investimentos, ansiosos por administrar parte das doações da faculdade. Teria sua educação singular ajudado? "Os mesmos métodos usados no St. John's para dividir os argumentos são os mesmos métodos que uso para examinar administradores de dinheiro", conta ele.

> A maior parte dos administradores que geram alfa, estão somente alavancando beta. O que quero entender são os princípios fundamentais do administrador e como esses princípios fundamentais trabalham para gerar retornos elevados.

Quando Greg Curtis se juntou ao conselho do St. John's College em 1990, começou a frequentar aulas e seminários. Por causa de sua dedicação incansável ao estudo dos Grandes Livros, o St. John's fez dele um ex-aluno honorário. Hoje, Curtis é um membro emérito do conselho. Sua paixão pelo St. John's, e pelo programa dos Grandes Livros, jamais enfraqueceu. Disse Curtis:

> A educação no St. John's é a mesma hoje que era nos anos 1930. É uma educação baseada em princípios, que exige um exame rigoroso do texto original. Outras faculdades podem ensinar artes liberais, mas sem a mesma intensidade encontrada no St. John's.

> Estar no St. John's é, ao mesmo tempo, estimulante e aterrador, porque você deve se envolver rigorosamente com as maiores mentes da civilização ocidental. Uma vez treinado dessa maneira, você se torna perfeitamente preparado para encarar o mundo. Contudo, uma vez saído do St. John's, você também começa a observar, com frustração, o trabalho escorregadio de outros que não levaram sua educação tão a sério.

* * *

Você se lembrará do *Capítulo V*: uma maneira de atravessar a areia movediça intelectual, que ameaça a nossa habilidade de fazer boas decisões de investimentos, é a comunicação. É a transmissão de informações completas e precisas, livres de ruído. Toda a cadeia de comunicação deverá estar livre de ruídos, a começar com a informação original sendo transmitida. Idealmente, essa informação será precisa e verdadeira (do contrário, tudo o que estaremos fazendo é transmitindo erro da forma correta), será razoavelmente relevante para o assunto em questão (do contrário, ficaremos patinando) e abordará a questão subjacente (de outra forma, estaremos meramente regurgitando dados, sem expandir a percepção).

Uma maneira de assegurarmos a precisão, e relevância, da informação original é aplicando um mecanismo corretivo, algo também aprendido no *Capítulo V*. Em sistemas de comunicação eletrônicos, o mecanismo de correção é uma peça de equipamento literal e tangível. Para nossos sistemas de comunicação mental, um mecanismo de correção é qualquer mecanismo cognitivo que possamos conceber para o transmissor da mensagem. Uma forma muito poderosa deste mecanismo — ao menos, com a finalidade de transmissão — é a habilidade para ler analiticamente e pensar criticamente.

Uma vez desenvolvida nossa habilidade de leitor criterioso, estaremos aptos a decidir se o que estamos lendo é digno de passar pelo canal de comunicação. Isso é absurdamente importante para aqueles de nós envolvidos com investimentos e finanças, pois o mero volume de material de leitura praticamente garante que, pelo menos uma parte dele, será de valor marginal. Por simples autopreservação, devemos estar aptos a separar o bom do não tão bom assim.

Capítulo VII | Literatura

Para estarmos aptos a começar a cadeia de comunicação com boas informações, precisamos desenvolver a habilidade da discriminação: aprender a selecionar, do mar de informações que ameaça nos afogar, aquelas que irão verdadeiramente ampliar nosso conhecimento. Esse é o foco deste capítulo: fazer boas escolhas a respeito do que ler e fazê-lo de maneira inteligente, perceptiva e com o intuito de elevar o conhecimento. Aqui, os estudantes da St. Johń s nos dão uma ferramenta muito valiosa.

* * *

Além da lista completa de leitura de Grandes Livros que perpassa um período de quatro anos, quase todos os estudantes do St. John's se tornam intimamente familiarizados com um livro que *não* está na lista: *Como Ler Livros*[136], de Mortimer J. Adler (1902-2001)[137]. Diversas cópias sublinhadas com orelhas e com margens rabiscadas circulam entre os estudantes, muitos dos quais o consideram uma ferramenta indispensável para obter o máximo de sua leitura. Um *best-seller* surpresa quando publicado inicialmente em 1940, esse livro notável foi revisado em 1972, e ainda está sendo impresso, e cuidadosamente distribuído no St. John's[138].

Existem outros livros descrevendo um sistema de "como ler", alguns mais recentes que o de Adler — veja a lista de leitura

---

[136] Em língua portuguesa a obra está disponível na seguinte edição: ADLER, Mortimer & DOREN, Charles Van. *Como Ler Livros: O guia clássico para leitura inteligente*. São Paulo: É Realizações, 2010. (N. E.)

[137] Mortimer Adler atuou como editor dos 54 volumes dos Grandes Livros do Mundo Ocidental e como presidente do conselho de editores da Enciclopédia Britânica por 20 anos. Até sua morte em 28 de junho de 2011, permaneceu ativo, escrevendo e falando sobre sua paixão de toda a vida: o valor de uma ampla educação geral baseada nas humanidades.

[138] Poucas obras de referência em qualquer disciplina têm o poder de permanência de *Como Ler Livros*. A cópia que possuo é da trigésima sexta impressão da edição revisada.

para este capítulo ao final do livro —, mas não conheço nenhum melhor. Minha cópia de *Como Ler Livros* está sublinhada de amarelo extremo e as margens estão repletas de notas, flechas e pontos de exclamação — e, cada vez que o abro, encontro algo novo. Muito embora o conceito original do livro de Mortimer J. Adler e Charles van Doren (1926-2009) tenha setenta anos de idade, as lições que ele traz para nós investidores são atemporais e acredito que valha a pena explorá-las em profundidade.

O propósito central da leitura de um livro, acredita Adler, é ganhar entendimento. (Por enquanto, deixaremos de lado a ideia de ler por prazer.) Isso não é o mesmo que ler para se informar. A distinção é extremamente importante e acredito ser especialmente importante para investidores.

Muito do que lemos todos os dias (a menos que escolhamos, deliberadamente, materiais fora de nosso campo de atuação, o que é muito válido de ser feito) é para coletar informações. *Wall Street Journal, Financial Times, New York Times, Fortune, Forbes* e *The Economist*, assim como todos os outros jornais, revistas profissionais e relatórios de analistas que cruzam nossas mesas, contêm novas informações, mas, não necessariamente, novas percepções. Quando lemos esse material, coletamos mais dados, mas nosso entendimento sobre o assunto geralmente não cresce. Claramente, a informação é pré-requisito para a iluminação. Porém o truque, diz Adler, é não estar somente bem informado.

Existe uma maneira simples de saber a diferença entre coletar informações e ganhar entendimento. Cada vez que você ler algo e perceber que entende facilmente, são grandes as chances de você estar somente catalogando informações. Entretanto, quando você se depara com um trabalho que faz parar, pensar e reler para esclarecimento, provavelmente, esse processo está aumentando a sua compreensão. Usando isso como uma prova de fogo, pense em quanto da leitura que você fez durante o último ano foi para informação e quanto foi para aumentar compreensão.

CAPÍTULO VII | LITERATURA

O processo de se mover de menos entendimento para mais entendimento é uma jornada crítica para qualquer um desejoso em ganhar sabedoria. Não é uma simples questão de ler um livro, colocá-lo de lado e pegar o próximo. Conquistar real entendimento requer trabalho e pesquisa. Se tratando do grau de assuntos novos que a leitura englobe, como leitor você começa em desigualdade com o escritor. Ele sabe mais sobre o assunto do que você. Quanto menos familiarizado você estiver com o material, maior o esforço que deverá despender para superar essa desigualdade.

Além disso, alguns escritores são, devido a seu estilo de escrita, simplesmente mais difíceis de entender; seus trabalhos demandam mais esforço de nossa parte. Adler o compara a um relacionamento entre um arremessador e um apanhador de *baseball*. Arremessadores, como alguns escritores, podem ser selvagens e fora de controle, o que requer do apanhador (o leitor) trabalhar mais duro. Consequentemente, para se tornar um bom leitor, às vezes, você terá que fazer um esforço extra, para apanhar uma ideia lançada de maneira displicente.

Adler propõe que todos os leitores ativos precisam manter quatro questões fundamentais em mente[139]:

1ª) Sobre o que é o livro como um todo?
2ª) O que está sendo dito em detalhes?
3ª) O livro é verdadeiro no todo ou em parte?
4ª) "E daí"?

Não importando o tamanho do material, seu formato (ficção ou não-ficção), ou o propósito imediato em lê-lo (ganhar informações, obter conhecimento mais amplo, ou por simples prazer), você deve sempre avaliar o material da perspectiva

---

[139] ADLER, Mortimer & DOREN, Charles Van. *How to Read a Book*. New York: Simon & Schuster, [1940] 1972, p. 46-47.

dessas quatro perguntas fundamentais, se quiser lê-lo inteligentemente.

Para determinar, o mais rápido possível, o assunto do livro (pergunta número 1), Adler sugere uma rápida revisão. Primeiro, leia o prefácio. Aqui, o autor tipicamente dá uma breve explicação a respeito do livro, as razões para escrevê-lo e talvez, um resumo do que esperar. Segundo, leia atentamente o índice. Isso lhe dará uma boa visão geral do assunto do livro. Depois, vá ao final do livro e passe pelo índice remissivo. Procure tanto por termos familiares quanto por desconhecidos. Isso lhe dará uma ideia a respeito dos principais tópicos de um livro. Você também pode aprender muito a respeito de um livro através de sua bibliografia. Você reconhece os nomes dos autores referenciados e leu algum de seus trabalhos? Então, leia alguns parágrafos aqui e ali, talvez uma parte que discuta algum tópico com o qual você esteja, de alguma forma, familiarizado. Após essa passada de olhos sistemática, volte ao final e leia o resumo do livro pelo autor — caso haja um.

Todo esse exercício — desde a leitura do prefácio, índice, índice remissivo e bibliografia, até a passada de olhos sistemática — deve levar, no máximo, de trinta minutos a uma hora. Você pode fazer isso em pé na loja física de uma livraria, ou *on-line*, aproveitando o benefício do recurso "dê uma olhada" disponível em diversas lojas de livros *on-line*. Ao final, você deverá saber o assunto do livro como um todo e isso lhe dirá se deseja usar seu precioso tempo para lê-lo.

Caso deseje, Adler sugere que você comece com uma leitura completa, mas, de alguma maneira, superficial. Aqui, você começará a responder à segunda pergunta fundamental: Qual é, detalhadamente, o assunto do livro? Isso irá lhe dizer se quer investir seu tempo em uma leitura séria, analítica. O objetivo agora é atravessar o livro, sem se ater a pequenas distrações, tais como vocabulário desconhecido. Preste atenção ao que você entende, pulando as partes difíceis. Cuidado: isso requer concentração.

Embora você esteja passando pelo livro superficialmente, não deve se deixar dispersivo. Mantenha-se alerta e focado na leitura para que possa compreender o essencial do material. Adler sugere adotarmos o papel de um detetive, constantemente buscando por pistas, que nos dirão se o livro merece um exame mais profundo.

Se assim for, você passa para o que Adler chama de leitura analítica, a mais minuciosa e completa maneira de absorver um livro. Através da leitura analítica, você reforçará suas respostas às duas primeiras questões fundamentais — qual o assunto do livro, como um todo e em detalhes —, e começará a responder à terceira pergunta: o livro é verdadeiro?

A leitura analítica tem três objetivos: (1) desenvolver um detalhado sentido do conteúdo do livro; (2) interpretar o conteúdo, examinando o ponto de vista particular do autor a respeito do assunto; e (3) analisar o sucesso do autor em apresentar aquele ponto de vista de maneira convincente.

Inicialmente, você pode achar útil abordar a leitura analítica da mesma maneira que abordaria as tarefas de leitura em aulas de faculdade. Tenha em mãos um bloco de notas. Faça seu próprio resumo dos tópicos-chave, capítulo por capítulo. Escreva, com suas próprias palavras, o que você deduz ser o principal propósito do autor para escrever o livro. Faça uma lista do que você pensa serem os argumentos principais do autor. Depois, compare aquela lista com o resumo do conteúdo. Decida por si mesmo se o autor cumpriu os objetivos principais, defendeu os argumentos e o convenceu sobre sua tese principal. Pergunte a si mesmo se o autor parece ilógico, ou apresenta material que você sabe (através de outras fontes) ser incorreto. No caso de alguma coisa parecer incompleta, ou insatisfatória, o autor admite, sinceramente, a impossibilidade de uma resposta completa, ou tenta blefar com os leitores?

Após ter lido diversos livros dessa forma detalhada, você provavelmente perceberá suas habilidades analíticas melhorando.

Poderá, então, prosseguir sem o bloco de notas a seu lado. Contudo, você sempre estará preocupado em responder a essas perguntas fundamentais: qual é o tema do livro, em detalhes, e se ele é verdadeiro.

O exame detalhado do livro, feito através da leitura crítica, também começará a responder à quarta pergunta fundamental: "E daí"? Significa perguntar: qual a significância desse material? Contudo, uma resposta completa para essa pergunta só aparece em um nível ainda mais profundo de leitura, chamado por Adler de leitura sinóptica, ou leitura comparativa (utilizaremos aqui a última expressão, pois acredito ser mais descritiva). Nesse nível de leitura, estamos interessados em aprender sobre um determinado assunto. Para fazê-lo, devemos comparar, e contrastar, o trabalho de diversos autores, ao invés de focar somente em um trabalho de um autor. Adler considera esse o nível de leitura mais exigente e mais complexo. Ele envolve dois desafios: primeiro, buscar outros possíveis livros sobre o assunto para depois decidir, após encontrá-los, quais livros devem ser lidos.

Uma vez identificado o assunto que você deseja estudar, o próximo passo é construir uma bibliografia. Dependendo do assunto, a bibliografia pode incluir alguns livros, ou muitos. A leitura analítica dessa quantidade de livros pode levar meses, talvez anos. Leitores comparativos devem usar atalhos, inspecionando cada livro, para se assegurarem que ele contém algo importante a dizer a respeito do assunto, e descartando os menos relevantes. Uma vez decidido que livros incluir, você está pronto para começar.

O primeiro passo na leitura comparativa é localizar as passagens relevantes em cada livro. Você não está fazendo uma análise completa de cada livro individualmente, mas encontrando as partes importantes de cada livro em separado, relacionadas ao que você precisa saber. Essa é uma abordagem fundamentalmente diferente de analisar completamente um livro. Em leitura analítica, você aceita as informações do autor da forma que são dadas.

Em leitura comparativa, sua investigação deve atender às suas próprias necessidades.

Desenvolva sua lista de perguntas, expressas em sua própria linguagem. Analise como os livros selecionados respondem a essas perguntas. Não desanime se os autores oferecerem diferentes respostas às suas perguntas, mas reserve um tempo para determinar o contexto para a resposta de cada autor.

O passo final em leitura comparativa é analisar a discussão entre os diversos autores. Tenha cuidado para não tomar partido, mas deixe o debate entre os autores se desenrolar com alguma objetividade. Evidentemente, perfeita objetividade raramente é possível. Entretanto, quanto mais você puder resistir a conclusões precipitadas, melhor será seu entendimento geral. No final, você terá respondido à última das perguntas fundamentais de Adler: "E daí"? Esse material é importante para mim e requer que eu aprenda mais?

Olhando em retrospecto para o programa completo de Adler, percebemos as conexões cuidadosamente construídas por ele. Cada nível de leitura está conectado ao seguinte e o processo é cumulativo. Não podemos esperar atingir o nível mais alto de leitura até dominarmos os anteriores.

* * *

É importante notar que as técnicas discutidas até agora se aplicam a livros de não-ficção, ou ao que Adler chama de trabalho expositivo. (Consideraremos ficção um pouco mais tarde.) Adler define como *expositivo* qualquer livro transmissor de conhecimento. Subdivide esses livros em duas categorias: práticos e teóricos.

Livros teóricos tratam de ideias — história, matemática, ciência e ciências sociais. Livros práticos, por outro lado, sugerem ação. Qualquer verdade contida neles se torna real somente quando você toma uma ação; a mera leitura do livro não é suficiente. Qualquer livro com uma lista de regras que você deve seguir para atingir um objetivo é um livro prático; livros sobre "como fazer" são o exemplo mais familiar. Evidentemente, muitos livros práticos também contêm um componente teórico. Tipicamente, apresentam primeiro princípios gerais para depois transformá-los em passos para a ação.

Livros práticos são normalmente sobre um processo — regras passo a passo — e um resultado final. Para analisar um livro prático, você deve focar tanto no conjunto de regras (os meios) quanto no objetivo (os fins). As regras precisam fazer sentido para você e devem parecer viáveis.

A leitura de um livro teórico é uma questão completamente diferente. Aqui, não estamos preocupados nem com conjuntos de regras, nem com resultados finais. Simplesmente, queremos aprender algo a respeito de História, Ciência ou Filosofia, ou alguma outra disciplina onde acreditamos que nosso conhecimento seja incompleto. O objetivo do autor também é diferente; não é oferecer um roteiro de ação, mas, através da explicação e da razão, transmitir conhecimento.

O desafio para nós, como leitores, é receber aquele conhecimento e integrá-lo em nossa treliça de modelos mentais. Nossa capacidade de fazer isso bem é função de duas considerações muito distintas: a capacidade do autor de explicar e nossas habilidades como leitores cuidadosos e atenciosos. Temos pouco controle sobre a primeira, além de descartar um livro em particular em favor de outro, contudo, a segunda está completamente sob nosso controle.

Como já havíamos aprendido, nosso desafio como leitores é bem maior quando o material não nos é familiar. Para a maior parte de nós, aquele desafio é particularmente agudo em livros sobre Ciência e Matemática, onde o simples entendimento do material pode ser assustador. Isso geralmente acontece porque a maioria dos cientistas escreve, especificamente, para outros cientistas. Leitores leigos não são sua prioridade.

Isso é muito diferente dos escritos científicos de cem anos atrás. Mesmo hoje, os não-cientistas entre nós podem ler *Princípios Matemáticos da Filosofia Natural* de Newton, ou *A Origem das Espécies* de Darwin, e compreender o material. Embora Newton e Darwin, certamente, desejassem que suas ideias alcançassem outros cientistas, estavam especialmente interessados em explicar seu pensamento ao público em geral.

Contudo, existem hoje alguns cientistas e escritores científicos bem-sucedidos em fazer a ponte entre ciência profunda e leitura popular. Richard Dawkins, James Gleick, Stephen Jay Gould (1941-2002), Stephen Hawking (1942-2018), George Johnson, Scott Page, Mitchell Waldrop, entre outros, escreveram livros sobre Ciência, que podem ser compreendidos pelo leitor médio. Richard Feynman (1818-1988) escreveu diversos livros sobre Física, acessíveis a não-físicos, e *O Quark e o Jaguar: As Aventuras No Simples e No Complexo*[140], de Murray Gell-Mann (1929-2019), consegue falar a respeito de Física e complexidade, sem intimidar o restante de nós.

A leitura da Filosofia é similar a outros tipos de material expositivo. Se considerarmos cuidadosamente as quatro questões fundamentais de Adler, essa leitura exige nosso envolvimento ativo no material. Contudo, também é diferente, pois esse pensamento detalhado é a única maneira de, verdadeiramente, lermos filosofia. Diferentemente de um trabalho de ciências, não podemos verificar independentemente se o livro é verdadeiro. Podemos, somente, considerar se as ideias do autor parecem verdadeiras para nós, de acordo com nossa própria consideração sobre as mesmas questões.

---

[140] Disponível em português na seguinte edição: GELL-MANN, Murray. *O Quark e o Jaguar: As Aventuras No Simples e No Complexo*. Porto Alegre: Gradiva, 1997. (N. E.)

Assim, como devemos proceder na leitura da Filosofia? Primeiro, usando os princípios de Adler, você deve fazer todo o possível para descobrir a perspectiva do autor, os pressupostos básicos que embasam suas ideias. Se não forem declarados explicitamente, você terá que fazer algum trabalho de detetive. Isso pode significar a leitura de várias obras do autor em busca de pistas. Pode implicar na leitura de mais a respeito da história e cultura de nossos tempos. Pode provocar a leitura de outros filósofos, preocupados com as mesmas questões. Em seguida, decidir se o escritor adere às suas próprias suposições.

Então, tente entender o vocabulário usado para descrever as perguntas. Isso, às vezes, pode ser difícil, pois as palavras geralmente estão em linguagem comum, mas podem ter recebido um significado especial. Finalmente, e mais importante, tire suas próprias conclusões usando o bom senso e suas próprias observações a respeito do mundo à sua volta. "De fato, a marca mais característica das perguntas filosóficas é que cada um deve respondê-las por si próprio", aponta Adler. "Pegar as opiniões de outros não é resolvê-las, mas as evadir"[141].

De modo a ilustrar o processo, usarei a mim mesmo como exemplo. O *Capítulo 6* deste livro fala sobre Filosofia, um tópico sobre o qual eu não tinha muito conhecimento. Quando pensava em como abordar um assunto tão vasto, em somente um capítulo, primeiro tive que me educar sobre os conceitos básicos de Filosofia para, depois, determinar quais poderiam ser especialmente relevantes aos investidores. Meu primeiro passo foi fazer uma leitura para obter uma visão geral a respeito da disciplina da maneira mais eficiente possível. Com essa finalidade, o *Dicionário Oxford de Filosofia* e o *Dicionário de Filosofia de Cambridge* foram muito valiosos em me ajudar a navegar através da disciplina. Voltei-me para o índice remissivo e

---

[141] ADLER, Mortimer & DOREN, Charles Van. *How to Read a Book. Op. cit.*, p. 291.

Capítulo VII | Literatura

para a lista de entradas, passando meus dedos rapidamente por cada página, procurando qualquer anotação que pudesse, a princípio, parecer relevante ao mundo dos investimentos. Logo encontrei William James, psicólogo e filósofo de Harvard. Você pode estar lembrado de nosso breve encontro com James no primeiro capítulo, juntamente com seu estudante de pós-graduação Edward Thorndike.

A entrada de William James incluía diversas anotações sobre "pragmatismo" e sobre a "teoria pragmática da verdade". Uma leitura rápida de ambos tópicos me levou a acreditar que o pragmatismo era algo valioso a ser estudado. Então, rapidamente li diversos livros, tratando especificamente de pragmatismo, incluindo menções a seus praticantes mais significativos (*The Revival of Pragmatism* e *The Metaphysical Club*). Para aprender sobre as circunstâncias da vida de William James, e os tempos em que ele vivia, li analiticamente duas biografias bem avaliadas (*Genuine Reality: A Life of William James*[142] e *William James: In the Maelstrom of American Modernism*[143]). Em seguida, folheei sistematicamente uma coleção dos próprios escritos de James, incluindo algumas de suas cartas pessoais. Diversas cartas tocantes, escritas para seu irmão Henry, ajudaram-me a apreciar o desafio que James enfrentou em promover sua nova filosofia. Por fim, li analiticamente o famoso tratado de James, *Pragmatismo*.

Finalmente, dei a mim mesmo tempo para sentar em silêncio e revisar o que havia lido, pensando no contexto de algumas de minhas próprias experiências de vida. Conforme todas as minhas leituras começavam, gradualmente, a se resolver na minha cabeça, concluí que o pragmatismo era uma área da Filosofia que parece conter importantes lições para os investidores.

---

[142] SIMON, Linda. *Genuine Reality: A Life of William James*. Chicago: University of Chicago Press, 1999.

[143] RICHARDSON, Robert D. *William James: In the Maelstrom of American Modernism*. Boston: Mariner Books, 2007.

Falando de maneira geral, os livros expositivos mais populares, e mais fáceis de entender, podem ser encontrados nas Ciências Sociais. Frequentemente, as experiências descritas nesses trabalhos são familiares a todos nós e já temos crenças estabelecidas a respeito delas. Porém, paradoxalmente, essas mesmas crenças tornam a leitura de Ciências Sociais difícil. Não se esqueça que o seu objetivo como leitor é determinar se o livro é verdadeiro, não se ele reforça o que você já pensa. "Você deve deixar suas opiniões na porta", diz Adler. "Você não pode entender um livro se você se recusa a escutar o que ele diz"[144].

Quando lemos Ciências Sociais, é importante separarmos nossas opiniões iniciais das do autor. Mais importante ainda é a técnica da leitura comparativa. As pessoas que compram livros de Ciências sociais frequentemente estão interessadas em aprender sobre o tópico — e não com a reputação de algum autor em particular. Por essa razão, ao invés de ler um livro somente de forma analítica, pode ser mais benéfico completar uma leitura comparativa de diversas obras.

* * *

Vamos, por um momento, colocar em perspectiva o que aprendemos neste capítulo. Comecemos com esse argumento irrefutável: a habilidade mental da análise crítica é fundamental para o sucesso em investimentos. Aperfeiçoar essa habilidade — desenvolvendo a mentalidade de análise ponderada, cuidadosa — está intimamente conectada à habilidade de leitura ponderada, cuidadosa. Um reforça o outro em uma espécie de ciclo de duplo *feedback*. Bons leitores são bons pensadores. Bons pensadores tendem a ser grandes leitores, aprendendo, no processo, a serem pensadores ainda melhores.

---

[144] ADLER, Mortimer & DOREN, Charles Van. *How to Read a Book. Op. cit.*, p. 301.

Capítulo VII | Literatura

Então, o próprio ato da leitura crítica melhora suas habilidades analíticas. Ao mesmo tempo, o conteúdo do que você lê é somado a seu compêndio de conhecimento — e isso é enormemente valioso. Se você decidir expandir sua base de conhecimento, lendo sobre áreas fora das finanças — incluindo algumas das disciplinas apresentadas neste livro —, estará montando os elementos individuais para construir sua própria treliça de modelos mentais.

Ou, colocando a questão de maneira mais direta, aprender a ser um leitor cuidadoso tem dois enormes benefícios aos investidores: torna-o mais inteligente de maneira geral e o faz enxergar o valor de desenvolver uma mentalidade crítica — não necessariamente aceitando a informação da forma que lhe for apresentada.

Essa mentalidade crítica, por sua vez, tem dois aspectos relacionados ao processo de leitura: (1) avaliar os fatos e (2) separá-los da opinião. Para ver o processo em ação, deixe-nos considerar brevemente o relatório de um analista. Escolhi isso como exemplo específico, porque todos nós passamos muito tempo os lendo, mas, evidentemente, a abordagem geral pode, e deve, ser aplicada universalmente.

Primeiramente, olhe para os fatos no relatório. Não é estranho aos analistas cometer erros comuns em sua matemática. É uma maneira simples de começar a checar os fatos. Então, olhe para os outros fatos no relatório, pensando em maneiras para verificá-los de forma independente. Talvez compará-los com os fatos de uma fonte independente, como a Value Line, ou comparando o relatório com similares, feitos por outros analistas. Melhor ainda: os *Johnnies* do St. John's diriam para ir à fonte original — os documentos financeiros da própria empresa — e estudá-la.

Por fim, você deve tentar discernir, conscientemente, quanto do que está lendo é fato e quanto é opinião. Caso já tenha descoberto serem alguns fatos duvidosos, é uma boa pista de quanto do que você está lendo pode ser opinião. Contudo, mesmo se os fatos estiverem corretos, é bem possível que muitos dos outros comentários sejam a opinião de alguém. Você deve então parar e pensar a respeito do que está por trás daquela opinião. Existe algum interesse declarado em andamento? O analista tem algum viés pessoal de longa data que esteja dissimulando? A opinião do analista mudou em relação a opiniões expressadas em relatórios anteriores e, se for o caso, existe razão legítima para a mudança? Cada vez que você lê um relatório dessa maneira, está aperfeiçoando suas habilidades de pensamento crítico.

* * *

Até agora, aprendemos sobre leitura cuidadosa de trabalhos expositivos. Contudo, conhecimento, percepção e sabedoria não estão limitados a trabalhos de não-ficção. Romances, poesias, ensaios, peças, contos e até mesmo a chamada ficção popular podem nutrir e reabastecer nosso entendimento do mundo em que vivemos.

Salientando seu apelo mais à imaginação do que ao intelecto, Adler coloca todos esses tipos de livros sob o rótulo abrangente de "literatura imaginativa". Embora, em um sentido bem real, as quatro perguntas fundamentais se apliquem, com significância equivalente a todos os tipos de livros, ler material imaginativo é, acredita Adler, bem mais difícil do que ler livros expositivos.

Livros expositivos transmitem conhecimento, explica ele. Quando os estamos lendo, nosso objetivo é determinar sua verdade. Livros imaginativos, por outro lado, transmitem uma experiência. A beleza de um livro se relaciona àquela da experiência. Contudo, essa experiência é altamente subjetiva, portanto, impossível de analisar. Nosso desafio como leitores é receber essa experiência, escancarar nossos sentidos e nossa imaginação. "Não tente resistir ao efeito de um trabalho de literatura imaginativa em você", diz Adler. "Deixe-o fazer todo o trabalho que deseja fazer"[145].

Para obter riquezas da literatura imaginativa, são necessárias habilidades diferentes daquelas usadas na leitura de livros expositivos. Para começar, perceba que escritores de ficção usam a linguagem de forma diferente. Múltiplas metáforas e graus de significado são transmitidos mais nas entrelinhas do que de maneira explícita. Toda a história, então, diz mais do que a soma de suas palavras individuais. Nossa investigação da verdade da obra também é diferente. Em um trabalho expositivo, erros técnicos podem diminuir nossa confiança no livro. Porém, em um trabalho de ficção, o romancista retratar as ações e emoções do personagem de uma maneira que parece crível é bem mais importante do que a correção de detalhes técnicos específicos.

De outras maneiras, contudo, lê-se ficção de maneira crítica, da mesma maneira que se lê não-ficção. Você ainda deve se ater ao conteúdo, ao entender os personagens e seus relacionamentos. Você ainda deve encontrar os pontos chave do autor, ao habitar completamente o mundo imaginário do romance, e ainda deve seguir o argumento do autor, ao se permitir experimentar o que os personagens experimentam. No final, contudo, a pergunta básica não é se você concorda ou discorda do livro, mas se você gosta ou não gosta dele — e porquê.

Você já percebeu, ao ler um trabalho de ficção ou poesia, ficar petrificado por uma frase expressando algo que sentiu, mas nunca havia conseguido colocar claramente em palavras? O pensamento não é novo, mas, de repente, parece mais forte, mais real. O reconhecimento da verdade pode ser tão forte e repentino quanto um tiro de corrente elétrica, ademais da reflexão obtida que fica com você. Esse é o poder da literatura imaginativa: ela nos

---

[145] Idem. *Ibidem.*, p. 205.

ajuda, de maneira mais incisiva, a saber o que sabemos, sentir o que sentimos, acreditar no que acreditamos.

Qualquer pessoa que tenha lido o trabalho de William Shakespeare (1564-1616) aprendeu muito sobre a natureza humana, enquanto também se emocionava pela beleza e pelo drama das palavras ditas pelas personagens. Romancistas modernos e dramaturgos desafiam-nos a considerar as grandiosas e terríveis questões do nosso tempo, enquanto nos mantêm entretidos.

Aqueles de mentalidade mais prática entre vocês podem estar se perguntando: o que os investidores podem aprender através da literatura imaginativa? Se ela não adiciona nenhuma reflexão nova a respeito de investimentos, por que alocar seu precioso tempo para ela? Minha resposta é simples; porque aprendemos através de experiências — e não somente as nossas. Assim como aprendemos com nossas experiências diárias como nos tornarmos melhores parceiros, pais, cidadãos e investidores, também podemos aprender com as experiências fictícias, colocadas por bons escritores em nossas imaginações.

Um indivíduo que acredita de maneira passional no poder da literatura imaginativa é Benjamin Doty, diretor de investimentos sênior na Koos Olinger em Gainesville, Flórida. Ele é um indivíduo raro em nosso ramo. Enquanto ganha a vida como profissional de investimentos, pode enxergar os benefícios de ler uma grande literatura. Além dos tabloides informativos, que todos precisamos ler, a lista de leitura de Doty inclui: William Shakespeare, F. Scott Fitzgerald (1896-1940), Sinclair Lewis (1885-1951), Joseph Conrad (1857-1924), William Dean Howells (1837-1920) e Philip Roth (1933-2018).

A habilidade de Doty de conectar investimentos à literatura é resultado direto de sua formação, combinando administração e inglês. Isso explicaria porque, durante o auge da bolha das empresas de Internet, ele estava lendo *The Financier* de Theodore Dreiser (1871-1945). O livro acompanha a ascensão e queda de um talentoso

CAPÍTULO VII | LITERATURA

banqueiro, que fez (e perdeu) diversas fortunas durante o século XIX. De acordo com Doty, a lição de *The Financier* é muito sobre ganância desenfreada e ambição extrema. Ele se lembra de, naquele período, pensar que a moral da história — uma condenação ao capitalismo de excessos — seria o antídoto perfeito para a filosofia do objetivismo, uma ideia do final do século XX desenvolvida por Ayn Rand (1905-1982). Largamente popularizada por Alan Greenspan, o objetivismo acreditava no capitalismo *laissez-faire* como bússola moral correta para a ordem financeira.

Anos depois, Doty leu *The Subprime Solution*[146], de Robert Shiller, que examina a crise das hipotecas de alto risco de 2007-2008. Essa leitura o fez pensar a respeito do "fator humano": a maneira como a crise prejudicou, permanentemente, tantas pessoas, de alto a baixo na escala social. Doty acreditava que o momento era certo para mudar o *zeitgeist* — a tendência moral de nossa cultura de investimento. No ano seguinte, como professor adjunto na Universidade de Minnesota, Benjamin Doty estava ensinando uma nova matéria, chamada "O Romance Americano, Negócios e Crise Financeira".

Em sua aula, Doty começou com a análise de Shiller da crise financeira. Depois, falou sobre *Macbeth, Ricardo III, O Grande Gatsby, Petróleo!, Coração das Trevas, The Rise of Silas Lapham, Pastoral Americana* e, claro, seu favorito: *The Financier*. Doty acredita que, ao escrever esse livro, Dreiser estava, com efeito, tentando mudar o *zeitgeist*. "Não devemos subestimar o poder da literatura em um mundo onde a maior parte das leituras de negócios consiste em perfis corporativos, manuais técnicos e guias de autoajuda", diz Doty. A literatura adiciona o que a maior parte da não-ficção de negócios não consegue: dramatiza a complexidade dos eventos. Talvez, o mais importante: a literatura, por sua mági-

---

[146] SHILLER, Robert J. *The Subprime Solution: How Today's Global Financial Crisis Happened, and What to Do about It*. Princeton: Princeton University Press, 2008.

ca na escrita, coloca você, o leitor, ao lado das personagens enquanto elas confrontam as consequências de suas ações. "Boa literatura frequentemente assume uma postura crítica", explica Doty, "e isso pode ser o que precisamos nesse momento"[147].

Às vezes me pergunto: porque minha profissão não abraçou completamente a literatura. Talvez porque a corrida pelas informações sobre operações suplante o desejo pelo entendimento de longo prazo. Certamente, outras profissões que lidam com complexidade e incerteza (vem à cabeça, imediatamente, as militares) são leitoras ávidas de ficção. Talvez porque os riscos sejam muito mais altos — não ganhos e perdas, mas vida e morte.

A leitura tem sido sempre um tema fundamental para os militares, desde Alexandre, *o Grande* (356-323 a.C.). Ele dormia com uma cópia da *Ilíada* embaixo de seu travesseiro. Quando a Academia Militar dos Estados Unidos da América foi fundada em 1802, o então presidente John Adams (1735-1826) defendeu um programa de leitura ambicioso para os oficiais. Hoje, cada ramo dos militares tem sua própria lista de leituras. O Exército tem pelo menos seis, supervisionadas pelo Chefe de Gabinete, pela Biblioteca da Faculdade de Guerra e pelo Centro pela Liderança do Exército. Os Marines têm dúzias de listas de leitura e a Marinha tem seu Programa de Leitura Profissional, que inclui *Billy Budd*, de Herman Melville (1819-1891)[148].

Claro que a lista de livros recomendados pelos militares tem uma boa dose de não-ficção. Contudo, ela também inclui uma rica biblioteca de alguns dos grandes trabalhos da Literatura, incluindo *O Emblema Vermelho da Coragem*[149], de Stephen Crane (1871-1900), *Os Irmãos Karamazov*[150], de Fiódor Dostoievsky

---

[147] Benjamin Doty foi entrevistado pelo autor em 27 de novembro de 2011.
[148] POTTS, Rolf. "Cannon Fodder". *The New Yorker*, 2 de maio de 2011: p. 22-23.
[149] CRANE, Stephen. *O Emblema Vermelho da Coragem*. São Paulo: Penguin, 2010. (N. E.)
[150] DOSTOIÉVSKI, Fiódor. Os Irmãos Karamazov. 3ª Ed. 2 Vol. São Paulo: Editora 34, 2012. (N. E.)

(1821-1881) e *Ardil-22*[151], de Joseph Heller (1923-1999), *Uma Passagem Para a Índia*[152], de E. M. Forster (1879-1970) e *Neve*[153] de Orhan Pamuk. Para aqueles que desejam ir mais a fundo, recomendo *Soldier's Heart: Reading Literature Through Peace and War at West*[154], de Elizabeth Samet, professora de inglês em West Point. No apêndice, Samet inclui cinco páginas de livros e filmes — todos parte de seu curso.

***

Os grandes trabalhos da Literatura têm enorme poder de tocar nossos corações e expandir nossas mentes. Entretanto, não quero ver você concluindo que somente literatura séria é digna de seu tempo. Também há muito a aprender com a ficção popular, especialmente com o que é, indiscutivelmente, o mais popular de todos: as histórias de detetive.

Para mim, tudo começou com Nero Wolfe[155] de Rex Stout (1886-1975). Entre meu primeiro e segundo anos de faculdade, trabalhei no turno da madrugada, como carregador em um hotel no centro de Nashville. O trabalho de carregador não é tão ruim, desde que você consiga se manter ocupado. Entretanto, entre as duas e as cinco da manhã, não há muito a ser feito. O tédio, rapidamente, tomou conta.

---

[151] HELLER, Joseph. *Ardil-22*. Rio de Janeiro: Best-Seller, 2010. (N. E.)
[152] FORSTER, E. M. *Uma passagem para Índia*. Rio de Janeiro: Biblioteca Azul, 2005. (N. E.)
[153] PAMUK, Orhan. *Neve*. São Paulo: Companhia das Letras, 2006. (N. E.)
[154] SAMET, Elizabeth D. *Soldier's Heart: Reading Literature Through Peace and War at West*. London: Picador, 2008.
[155] Personagem criado e consagrado pelo escritor Rex Stout em seu romance: *Fer-de--Lance* — que conta com inúmeros volumes —; Nero Wolfe é um detetive privado que se encarrega de desvendar inúmeros mistérios na trama de Stout. Cabe salientar que o personagem, antes mesmo de surgir e se destacar em *Fer-de-Lance*, já aparecia corriqueiramente em fascículos de Stout para a revista *The Saturday Evening Post*. (N. E.)

Quando meu pai escutou que eu estava pensando em largar esse emprego confortável e bem pago, deu-me um livro de bolso. Disse que ajudaria a passar o tempo mais rapidamente. O livro era *Fer-de-lance*, o primeiro livro apresentando Nero Wolfe e seu fiel assistente, Archie Goodwin. Meu pai tinha colecionado trinta e nove livros de Nero Wolfe. Ao final do verão, eu havia lido todos eles.

Depois de Nero Wolfe, segui para outros detetives. Visitei pequenas vilas inglesas, espiando por cima dos ombros de Miss Jane Marple e Hercule Poirot. Bebi coquetéis elegantes com Nick e Nora Charles, estourei miolos com Philip Marlowe e perambulei tarde da noite por São Francisco com Sam Spade. Posteriormente, suportei autópsias grotescas com o Dr. Kay Scarpetta e cacei lunáticos com o detetive Alex Cross, antes de retornar para o interior da Inglaterra com o comandante Adam Dalgliesh.

Por que essa atração por histórias de detetive? Diversos motivos. Em um nível superficial, uma história de detetive bem-escrita é excelente entretenimento, oferecendo uma saudável válvula de escape para os estresses do trabalho e para os cronogramas agitados. Contudo, por toda a ação embalada em uma história de detetive, o que mais me chama a atenção é o desafio de resolver o quebra-cabeças. No começo, cada caso parece desconcertante, com uma longa lista de suspeitos. Entretanto, conforme a história se desenrola, o detetive pega as peças de evidência — peças que haviam sido colocadas diante de meus olhos, mas negligenciadas — e as organiza em uma colcha de retalhos de culpa inegável. Até hoje, sempre que começo uma nova história de detetive, construo uma lista mental de suspeitos e busco intensamente por pistas. Para mim, o prazer definitivo da leitura de um mistério é a chance de resolver o crime antes do detetive.

Olhando em retrospecto, frequentemente pensava se a fascinação com ficção de detetive levou a meu interesse em investimentos. De maneira fundamental, resolver um mistério é semelhante a descobrir se uma ação está precificada corretamente.

Ambos são enigmas. O detetive reúne pistas para determinar se um suspeito é culpado, ou inocente. Um analista de títulos coleta dados financeiros e fatos setoriais para determinar se o mercado está avaliando precisamente o valor de uma companhia na forma de seu preço de ação naquele dia em particular.

Pouco após a queda de mercado de 2000-2002, decidi examinar academicamente o gênero ficção de detetive, para ver se, de fato, havia lições a serem destiladas para investidores[156]. Minha primeira parada foi a Mysterious Book Shop, no centro de Manhattan. Meu objetivo era encontrar Otto Penzler, proprietário — uma lenda no mundo dos mistérios. Quando perguntei a Otto quem ele considerava serem os maiores detetives, sua resposta foi concisa e sem hesitação: Auguste Dupin, Sherlock Holmes e Padre Brown. Esses três, disse Otto, são considerados os Grandes Detetives.

Os Grandes Detetives são definidos, principalmente, por seu intelecto superior. Eles têm extraordinária acuidade mental, o que os coloca em um plano superior. Isso os distingue de pessoas inteligentes comuns que pudessem estar envolvidas nas mesmas atividades. Eles são, em uma palavra, gigantes mentais.

Grandes Detetives, em suma, são mais espertos do que os criminosos, não porque trabalhem mais duro, nem por serem mais sortudos, nem por correrem mais rápido, ou atirarem melhor, mas porque *pensam* melhor. Examinemos cada um dos três detetives e listemos, individualmente, seus hábitos mentais.

Auguste Dupin é criação de Edgar Allan Poe (1809-1849). Ele fez sua primeira aparição em *Os Assassinatos da Rua Morgue* (1841), amplamente considerado como a primeira história de detetive (tornando Dupin o primeiro detetive). Ele reaparece em *O Mistério de Marie Rogêt* (1842) e *A Carta Roubada* (1844).

---

[156] HAGSTROM, Robert G. *The Detective and the Investor*. New York: John Wiley & Sons, 2002.

Se examinarmos cuidadosamente os métodos de Dupin, que lições podemos aprender?

1ª) Desenvolva a mentalidade do cético: não aceite automaticamente a sabedoria convencional.
2ª) Conduza uma investigação completa.

Nosso segundo Grande Detetive, Sherlock Holmes é, sem dúvida, o mais popular (e conhecido) detetive em toda a ficção. Criação do autor escocês e médico *sir* Arthur Conan Doyle (1859-1930), Sherlock Holmes apareceu primeiro em 1887, no romance *Um Estudo em Vermelho*[157]. Doyle escreveu, ao todo, cinquenta e seis contos e quatro romances protagonizados por esse detetive enigmático e brilhante.

Que lições podemos aprender ao estudar os métodos de Holmes?

1ª) Comece uma investigação com um ponto de vista objetivo e desprovido de emoção.
2ª) Preste atenção aos mínimos detalhes.
3ª) Mantenha-se aberto a informações novas, mesmo se contraditórias.
4ª) Aplique um processo de argumentação lógica a tudo o que aprender.

Finalmente, Padre Brown. Embora não tão conhecido como Sherlock Holmes, Padre Brown, rapidamente, tornou-se um favorito dos críticos literários, talvez por ter sido criado pelo famoso — e respeitado — romancista inglês G. K. Chesterton (1874-1936).

---

[157] Disponível na seguinte edição brasileira: DOYLE, Arthur Conan. *Sherlock Holmes: Um estudo em vermelho*. Rio de Janeiro: Zahar, 2013. (N. E.)

Padre Brown[158] foi apresentado ao mundo em uma história intitulada *A Cruz Azul*. Ao final, estrelou cinquenta e uma outras histórias, posteriormente compiladas em cinco livros.

O que Padre Brown tem a nos ensinar?

1ª) Torne-se um estudioso de psicologia.
2ª) Acredite em sua intuição.
3ª) Busque explicações alternativas e redescrições.

Entretenimento *e* educação. Relaxamento *e* conhecimento. Uma fuga da realidade estressante *e* uma nova forma de pensar. É o que recebemos desses três e de tantos outros além deles. Nossos próprios favoritos podem ser diferentes e, como mencionei, também aprecio muitos autores modernos de ficção de detetive. Contudo, independente de quem você goste de ler, não posso pensar em muitas outras atividades que ofereçam tantos benefícios fortes de maneira tão indolor.

***

Se os exames finais para os formandos de ensino secundário forem um indicador, parece que estamos perdendo uma geração de leitores. A pontuação de leitura dos alunos do último ano escolar é, hoje, a menor já registrada. Os estudantes norte-americanos, não apenas estão passando menos tempo lendo, como entendem menos a respeito do que leem. É difícil quantificar o tipo de desastre intelectual que estamos enfrentando. Basta dizer que a penalidade que enfrentaremos como indivíduos — e como investidores — será severa, tanto intelectualmente quanto financeiramente.

---

[158] As obras completas de Padre Brown foram recentemente lançadas no Brasil pela Sociedade Chesterton Brasil em 5 volumes na seguinte edição: CHESTERTON, G. K. *Os Contos de Padre Brown*. Porto Alegre: Sociedade Chesterton Brasil, 2020. (N. E.)

Entretanto, não precisa ser dessa maneira. Alan Jacobs, professor de inglês na Faculdade Wheaton, em Illinois, autor de *The Pleasures of Reading in an Age of Distraction*[159], argumenta: "A causa da leitura não é perdida". Em sua cabeça, ler deve ser uma atividade prazerosa. "Nós deveríamos estar lendo pelo benefício da leitura", exclama, "ao invés de lermos somente para termos lido.

A leitura é boa para a mente. Mesmo que tenha a sorte de ter o tipo de educação ampla defendida por Benjamin Franklin, e exercida em instituições como o St. John's College, você vai querer continuar lendo por toda a sua vida. Explorar ideias desafiadoras mantém sua mente estimulada, aberta e viva. Caso sua educação o tenha dado conhecimento específico e prático, mas não entendimento amplo, então, cabe a você fazer o restante — preencher-se com o conhecimento não fornecido por sua educação. Em ambos os casos, o processo é mais fácil, e mais frutífero, se você aprender as habilidades de um leitor inteligente, analítico.

Gostaria de poder lhe garantir que essa abordagem da leitura irá, automaticamente, lhe dar a sabedoria mundana de Charlie Munger. Não irá. A leitura é insuficiente por si mesma. Você deve se colocar — seu próprio cérebro e um pouco da sua alma — no processo, refletindo sobre o que você lê. De fato, quanto mais duro você trabalha para entender e absorver o material, mais profundamente enraizado ele se torna. Como o próprio Charlie colocou: "Boa literatura o faz se esforçar um pouco. Depois, funciona melhor. Se você se esforçou, a ideia será mais absorvida"[160].

Entretanto, caso você ainda esteja cético a respeito de tudo isso, e preocupado em ler ainda mais do que já faz, especialmente leitura que considera difícil demais, escute Charlie mais uma vez:

---

[159] JACOBS, Alan. *The Pleasures of Reading in an Age of Distraction*. Oxonia: Oxford University Press, 2011
[160] MUNGER, Charlie, em palestra para a Escola de Direito de Stanford, Stanford, CA, 1996, reimpressa em *Outstanding investor digest*, 13 de março de 1998, p. 58.

Capítulo VII | Literatura

Eu acredito em... dominar o melhor o que outras pessoas já pensaram antes, [ao invés de] sentar e tentar pensar por mim mesmo... Você não achará isso tão difícil se realizar a tarefa de forma darwiniana, passo a passo, com curiosa persistência. Você ficará espantado em como você pode se tornar bom... É um erro enorme não absorver sabedoria mundana elementar... Sua vida será enriquecida — não apenas financeiramente, mas de diversas outras formas — se você o fizer[161].

---

[161] Idem. *Ibidem.*, p. 61, 63.

Capítulo VIII

Capítulo VIII
Matemática

O rouxinol, empoleirado sobre um carvalho, foi avistado pelo falcão, que se precipitou sobre ele e o agarrou. O rouxinol, implorando sinceramente, suplicou ao falcão que o libertasse. Insistiu não ser suficientemente grande para satisfazer a fome do falcão, que deveria buscar aves maiores. O falcão replicou: "Eu devo de fato ter perdido meus sentidos, quando decidir abandonar comida pronta em minhas mãos para perseguir aves que nem estão à vista".

Você, indubitavelmente, reconhece a fábula do "Falcão e Rouxinol" e já sabe a moral da história: "Mais vale um pássaro na mão do que dois voando".

A fábula é creditada a Esopo, escravo e contador de histórias que, acredita-se, viveu na Grécia antiga, entre 620 e 560 a.C. Desde então, numerosas versões foram contadas. Em *The Boke of Nurture or Schoole for Good Maners*[162] [sic], Hugh Rhodes menciona: "uma ave na mão vale dez voando livres". Alguns anos depois, John Heywood (1497-1580), em seu ambiciosamente intitulado *A dialo-*

---

[162] RHODES, Hugh. *The Boke of Nurture, or Schoole of Good Maners; For Men, Servants, and Children, with Stans Puer Ad Mensam*. RareBooksClub.com, 2012

gue conteinyng the number in effect of all the proverbes in the Englishe tongue[163] [sic], afirma: "Melhor um pássaro na mão do que dez na floresta". Finalmente, John Ray (1627-1705) em *A Hand-book of Proverbs*[164] nos dá a primeira versão escrita, totalmente desenvolvida, que continua sendo a interpretação definitiva: "Mais vale um pássaro na mão do que dois voando". Entretanto, minha versão favorita da fábula de Esopo vem de Warren Buffett: "Uma garota em um conversível vale cinco na lista telefônica".

Estou certo de que, quando Esopo escreveu "O falcão e o rouxinol" há dois mil e seiscentos anos, não tinha ideia de que estava estabelecendo uma das leis definitivas dos investimentos.

Escute a Buffet:

> A fórmula que usamos para avaliar ações e negócios é idêntica. Realmente, a fórmula para avaliar *todos* os ativos comprados para ganho financeiro não foi mudada desde que foi explicada por um homem muito inteligente, ao redor de 600 a.C. O oráculo era Esopo. Sua visão — duradoura, porém incompleta — foi: "mais vale um pássaro na mão do que dois voando". Para desenvolver esse princípio, você deve responder somente a três perguntas. Quanta certeza você tem sobre haver de fato pássaros voando? Quando eles irão pousar e quantos deles serão? Qual a taxa livre de risco? Se você puder responder a essas três perguntas, saberá o valor máximo do voo — e o número máximo de aves atualmente em sua posse, que poderiam ser oferecidas em troca dele. Claro, não pense literalmente em pássaros. Pense em dólares[165].

Buffett continua, dizendo que o axioma de investimentos de Esopo é imutável, não importando se você aplica a fábula a

---

[163] HEYWOOD, John. *A dialogue conteinyng the number in effect of all the proverbes in the Englishe tongue*. London: Londinum, 1561.
[164] RAY, John. *A Hand-book of Proverbs*. London: Bohn, 1855.
[165] BUFFETT, Warren. *Berkshire Hathaway 2000 Annual Report*, p. 13.

ações, títulos, fábricas, fazendas, royalties de petróleo, ou bilhetes de loteria. Buffett também aponta que a "fórmula" de Esopo sobreviveu ao advento do motor a vapor, da eletricidade, dos automóveis, dos aviões e da Internet. Tudo o que você precisa saber, diz Buffett, é inserir os números corretos e a atratividade de todos os investimentos será classificada em ordem decrescente.

Neste capítulo, examinaremos atentamente diversos conceitos matemáticos, críticos ao investimento inteligente: cálculo de descontos sobre fluxo de caixa, teoria da probabilidade, variâncias, regressão à média e incerteza frente ao risco. Assim como em capítulos anteriores, descascaremos algumas camadas, aprendendo onde e como esses conceitos surgiram, como têm evoluído ao longo do tempo, e como contribuem para a treliça de ideias de um investidor.

Você deve se lembrar que, em nosso capítulo sobre Filosofia, descrevemos a teoria do fluxo de caixa descontado, de John Burr Williams (1900-1989), como sendo o melhor modelo para determinar valor. Além disso, reconhecemos não ser nada fácil aplicar o modelo. Você precisa calcular o crescimento futuro da companhia e determinar quanto dinheiro em espécie a empresa gerará em seu ciclo de vida. Mais ainda, você tem que aplicar a taxa de descontos apropriada. (Para registro: Buffet usa a taxa livre de risco, definida como a taxa de juros do título do Tesouro norte-americano de dez anos; já a teoria moderna do portfólio adiciona um prêmio de risco de capital a essa taxa livre de risco).

Por causa desses desafios, muitos investidores descem um nível de explicação, escolhendo um dos modelos de segunda ordem — talvez a relação preço-lucro, ou relação preço-livro, ou rendimento de dividendos. Buffet não dá importância a esses medidores comuns de investimentos. Embora essas sejam relações matemáticas, diz, elas não lhe dizem nada a respeito de valor. São, na melhor das hipóteses, marcadores relativos de valor, usados por investidores que não conseguem — ou não desejam — trabalhar com modelos de fluxos de caixa descontado.

Buffet pensa bastante a respeito da companhia em que pretende investir, bem como sobre o setor em que a empresa opera. Também examina atentamente o comportamento da administração, particularmente como a administração pensa a alocação de capital[166]. Todas essas variáveis são importantes, mas são medidas altamente subjetivas. Como tais, não se prestam facilmente a uma computação matemática. Contrariamente, os princípios matemáticos de Buffett para investimentos são simples e diretos. Ele tem dito frequentemente que pode fazer a maior parte dos cálculos de valor de negócios na parte de trás de um envelope. Primeiro, tabule o dinheiro. Segundo, estime as probabilidades de crescimento do dinheiro entrar (e sair) ao longo da vida do negócio. Depois, desconte os fluxos de caixa para o valor presente.

Para ajudar com o último passo, começaremos olhando para trás para a Grande Depressão.

* * *

Em 1923, o jovem John Burr Williams se inscreveu na Universidade Harvard para estudar Matemática e Química. Após a graduação, foi enlaçado pela euforia da Bolsa de Valores do final dos anos 1920, tornando-se um analista de títulos. Apesar da atitude otimista de Wall Street, ou talvez por causa dela, Williams ficou intrigado pela falta de estruturas para determinar o valor intrínseco de uma ação. Após a quebra de 1929 e a Grande Depressão que se seguiu, Williams retornou a Harvard como candidato ao doutorado em Economia. Ele queria entender as causas da quebra.

Quando chegou o tempo de escolher um tópico para a sua tese, Williams consultou seu conselheiro, Joseph Schum-

---

[166] HAGSTROM, Robert G. *The Warren Buffett Way. Op. cit.*

peter. Você deve se lembrar: conhecemos o Professor Schumpeter em nosso capítulo sobre Biologia. Considerando sua formação, Schumpeter sugeriu que Williams estudasse a questão de como determinar o valor intrínseco de uma ação comum. Em 1940, Williams ganhou aprovação dos docentes para seu doutorado. Supreendentemente, sua dissertação intitulada *The Theory of Investment Value*[167] foi publicada em forma de livro pela editora da Universidade Harvard, dois anos antes dele receber seu doutorado.

    O primeiro desafio de Williams foi contrariar a visão convencional da maioria dos economistas que acreditavam serem, tanto os mercados financeiros quanto o valor de ativos, largamente determinados pelas expectativas dos investidores para ganhos de capital — todos os investidores, coletivamente. Em outras palavras, os preços eram determinados por opiniões, não pela economia. Isto era semelhante à famosa doutrina do "concurso de beleza" de John Maynard Keynes (1883-1946). No Capítulo 12 da *Teoria Geral do Emprego, do Juro e da Moeda*[168], Keynes ofereceu sua própria explicação para a flutuação do preço de ações. Ele sugeriu que investidores escolhem ações de maneira similar a de um jornal organizando um concurso de beleza, em que se pede às pessoas para escolher a mulher mais bonita entre seis fotografias. O truque para ganhar o concurso, disse Keynes, não era escolher a mulher mais bonita na *sua* opinião, mas a que provavelmente seria considerada a mais bonita por todos os demais.

    Entretanto, Williams percebeu que os preços em um mercado financeiro eram, em última análise, reflexo do valor do ativo. Economia, não opinião. Ao fazer essa afirmação, Williams tirou a atenção das séries temporais dos mercados (análise técnica) e, no

---

[167] WILLIAMS, John Burr. *The Theory of Investment Value*. California: bnpublishing, 2012.
[168] Disponível em português na seguinte edição: KEYNES, John Maynard. *Teoria Geral do Emprego, do Juro e da Moeda*. São Paulo: Saraiva, 2012. (N. E.).

lugar, buscou medir os componentes subjacentes do valor dos ativos. Em vez de prever preços de ação, Williams acreditava que os investidores deveriam se concentrar nos ganhos futuros de uma empresa. Então, propôs que o valor de um ativo poderia ser determinado usando a "avaliação pela regra do valor presente". Em outras palavras, o valor intrínseco de uma ação comum, por exemplo, é o valor presente dos futuros fluxos de caixa líquidos, recebidos durante a vida do investimento.

Em seu livro, Williams reconheceu que sua teoria havia sido construída em uma fundação estabelecida por outras. O passo pioneiro para a medição do valor intrínseco, disse ele, foi dado em um livro de 1931, intitulado *Stock Growth and Discount Tables*[169], por Guild e Weise, Heard e Brown. Além disso, Williams havia tido o benefício de estudar o apêndice matemático em *The Nature of Dividends*[170], de G. A. D. Preinreich. Seguindo a mesma trilha, Williams mostrou, em especial, como os dividendos de uma empresa podem ser estimados, utilizando estimativas de crescimento futuro da empresa. Embora Williams não tenha gerado a ideia de "valor presente", ele recebe crédito pelo conceito de fluxos de caixa descontados, largamente devido a sua abordagem de modelagem e previsão, chamado por ele de "orçamento algébrico".

Para aqueles ainda confusos a respeito do desconto de valor presente para o dinheiro futuro, pense em como um título é avaliado. Um título tem tanto um cupom (fluxo de caixa), quanto uma data de maturidade. Juntos, eles determinam seus fluxos de caixa futuros. Se você somar todos os cupons do título, e dividir a soma pela taxa apropriada, o preço do título será revelado. Você determina o valor de um negócio da mesma maneira. Contudo, ao invés

---

[169] GUILD, Samuel Eliot ; LYBRAND, Ross Bros & Montgomery. *Stock Growth and Discount Tables*. London: G. Routledge & Sons. 1931.
[170] PREINREICH, G. A. D. *The Nature of Dividends*. New York: Generic, 1935.

CAPÍTULO VIII | MATEMÁTICA

de contar cupons, você estará contando os fluxos de caixa que o negócio irá gerar para um período no futuro, descontando então aquele total de volta para o presente.

Você pode estar se perguntando: se o valor presente descontado de fluxos de caixa futuros é uma lei imutável para determinar o valor, por que os investidores se apoiam em fatores de avaliação relativos, em modelos de segunda ordem? Porque prever o fluxo de caixa futuro para uma empresa é muito difícil. Podemos calcular os fluxos de caixa futuros de um título com certeza quase total — é uma obrigação contratual. Entretanto, um negócio não tem obrigação contratual de gerar uma taxa fixa de retorno. Um negócio faz o melhor que pode, mas muitas forças — os caprichos da economia, a intensidade dos concorrentes e inovadores com habilidade para perturbar um segmento — se combinam com o intuito de tornar previsões sobre fluxos de caixa futuros menos do que precisas. Isso não nos isenta de fazer um esforço, pois Buffet frequentemente graceja: "Prefiro estar aproximadamente certo do que precisamente errado".

Sim, prever taxas de crescimento e fluxos de caixa nos dá somente uma aproximação. Contudo, existem modelos matemáticos que podem nos ajudar a navegar através dessas incertezas, mantendo-nos em curso para determinar o real valor dos ativos. Esses modelos nos ajudam a quantificar risco, colocando-nos em melhor posição para navegar nossas aproximações.

**

Podemos rastrear o conceito tradicional de risco para oitocentos anos atrás, até os sistemas de numeração hindu-arábicos. Entretanto, para nossos propósitos, sabemos que o estudo sério do risco começou durante a Renascença. Em 1654, o Chevalier de Méré (1607-1684), um nobre francês com gosto pelo jogo, desafiou o famoso matemático francês Blaise Pascal a resolver um enigma:

"Como você divide as apostas de um jogo de azar inacabado, quando um dos jogadores está à frente"?

Pascal era uma criança prodígio, educada por seu pai — ele mesmo um matemático — e coletor de impostos em Rouen, capital da Alta Normandia. Logo ficou claro que o jovem Pascal era especial. Ele descobriu a geometria euclidiana por conta própria, desenhando diagramas nos azulejos do chão de sua sala de jogos. Quando tinha dezesseis anos, Pascal escreveu um artigo sobre a matemática do cone. Tamanho avanço e detalhamento, diziam, teria feito o próprio Descartes ficar impressionado. Aos dezoito, Pascal começou a mexer com o que foi chamado de máquina de calcular. Após três anos de trabalho, e mais de cinquenta protótipos, Pascal inventou uma calculadora mecânica. No decorrer dos dez anos seguintes, construiu vinte máquinas, chamadas por ele de "pascaline".

O desafio de De Méré já era bem conhecido. Duzentos anos antes, o monge Luca Pacioli (1445-1517) havia feito a mesma pergunta e, durante duzentos anos, a resposta permaneceu escondida. Pascal não se deteve. Ao invés disso, pediu ajuda a Pierre de Fermat (1601-1665), advogado e também matemático brilhante. Ele inventou a geometria analítica e contribuiu para o desenvolvimento inicial em Cálculo. Durante seu tempo livre, trabalhou em refração da luz, ótica e pesquisa, buscando determinar o peso da Terra. Pascal não poderia ter escolhido melhor parceiro intelectual.

Pascal e Fermat trocaram uma série de cartas, que finalmente formaram a base para o que chamamos hoje de *teoria da probabilidade*. Em *Desafio aos Deuses: A Fascinante História do Risco*[171], o brilhante tratado sobre risco, Peter Bernstein (1919-2009) escreve que essa correspondência "marcou um evento de época na

---

[171] Disponível em português na seguinte edição: BERNSTEIN, Peter L. *Desafio aos Deuses: A Fascinante História do Risco*. São Paulo: Alta Books, 2019. (N. E.)

história da humanidade e a teoria da probabilidade[172]". Embora tenham atacado o problema de maneira diferente — Fermet usava álgebra, enquanto Pascal preferia a geometria —, cada um foi capaz de construir um sistema para determinar a probabilidade de diversos resultados possíveis, mas ainda não concretizados. De fato, o triângulo geométrico de números de Pascal pode ser utilizado hoje para resolver diversos problemas, incluindo a probabilidade de seu time favorito de *baseball* ganhar a World Series após perder o primeiro jogo.

As contribuições de Pascal e Fermat marcam o início do que hoje chamamos de *teoria da decisão* — o processo através do qual podemos tomar decisões otimizadas, mesmo face a um futuro incerto. "Tomar aquela decisão", escreveu Bernstein, "é o primeiro passo essencial em qualquer esforço para administrar risco"[173].

Hoje, sabemos que a teoria da probabilidade é um potente instrumento para fazer projeções. Porém, como também sabemos, o diabo está nos detalhes. Em nosso caso, os detalhes são a qualidade da informação, formando a base para a estimativa de probabilidade. A primeira pessoa a pensar cientificamente sobre probabilidades, e qualidade de informação, foi Jacob Bernoulli (1654-1705), membro da famosa família de matemáticos holandesa-suíça, que também incluía tanto Johann (1667-1748) quanto Daniel Bernoulli (1700-1782).

Jacob Bernoulli reconheceu as diferenças entre estabelecer probabilidades para um jogo de azar e estimar as chances para resolver os dilemas da vida. Como ele apontou, você não precisa realmente girar a roleta para estimar as chances de a bola cair no número dezessete. Contudo, na vida real, a informação relevante é essencial para entender a probabilidade de um resultado. Como Bernoulli explicou, os padrões da natureza são compreendidos

---

[172] BERNSTEIN, Peter L. *Against the Gods: The Remarkable Story of Risk*. New York: John Wiley & Sons, 1996, p. 3.
[173] Idem. *Ibidem*.

apenas parcialmente. Logo, probabilidades na natureza devem ser pensadas como graus de certeza, não como certeza absoluta.

Embora Pascal, Fermat e Bernoulli recebam crédito por desenvolverem a teoria da probabilidade, foi outro matemático, Thomas Bayes, que lançou as bases para transformar a teoria em ação prática.

Thomas Bayes (1701-1761) era ministro presbiteriano e matemático talentoso. Nascido cem anos após Fermat e setenta e oito anos após Pascal, Bayes viveu uma vida pouco interessante no condado britânico de Kent, ao sul de Londres. Foi eleito membro da Sociedade Real em 1742, com base em um tratado, publicado anonimamente, sobre o cálculo de *sir* Isaac Newton. Durante sua vida, ele não publicou nada mais sobre matemática. Contudo, estipulou em seu testamento que, após sua morte, o rascunho de um ensaio escrito por ele, e cem libras esterlinas, deveriam ser entregues a Richard Price (1723-1791), um pregador na vizinha Newington Green. Dois anos após a morte de Bayes, Price enviou uma cópia do artigo, "Essay Towards Solving a Problem in the Doctrine of Chances"[174] para John Canton (1718-1772), membro da Sociedade Real. Em seu artigo, Bayes estabeleceu a fundação para o método da inferência estatística — a questão primeiro proposta por Jacob Bernoulli. Em 1764, a Sociedade Real publicou o ensaio de Bayes em sua revista, *Philosophical Transactions*. De acordo com Peter Bernstein, foi "uma obra surpreendentemente original que imortalizou Bayes entre estatísticos, economistas e outros cientistas sociais"[175].

O teorema de Bayes era notavelmente simples: quando atualizamos nossa crença inicial com novas informações, obtemos uma nova e melhorada crença. No criterioso livro de Sharon

---

[174] BAYES, Thomas. "An essay towards solving a problem in the doctrine of chances. By the late Rev. Mr. Bayes, F. R. S. communicated by Mr. Price, in a letter to John Canton, A. M. F. R". *SPhil. Trans. R. Soc.*, Vol. 53, 1763, p. 370-418

[175] BERNSTEIN, Peter L. *Against the Gods: The Remarkable Story of Risk*. Op. cit., p. 3.

CAPÍTULO VIII | MATEMÁTICA

Bertsch McGrayne sobre Bayes, *A Teoria Que Não Morreria: Como a Lei de Beyes Decifrou o Código Enigma, Perseguiu Submarinos Russos e Emergiu Triunfante de Dois Séculos de Controvérsias*[176], ela explica, sucintamente, o processo bayesiano: "Nós modificamos nossas opiniões com informações objetivas: crenças iniciais + dados objetivos recentes = crença nova e melhorada". Matemáticos posteriores designaram termos para cada parte do método. *Priori* é a probabilidade da crença inicial; *probabilidade* é a probabilidade de uma nova hipótese, baseada em dados objetivos recentes; e *posteriori* é a probabilidade de uma crença recentemente revisada. McGrayne nos diz "cada vez que o sistema é recalculado, o *posteriori* se torna o *priori* da nova iteração. Era um sistema em evolução, com cada pedaço de informação nova empurrado cada vez mais próximo da certeza"[177]. Darwin sorri.

O teorema de Bayes nos dá um procedimento matemático para atualizar nossas crenças originais, mudando assim as chances relevantes. Aqui está um exemplo curto e simples de como isso funciona.

Vamos imaginar que você e um amigo tenham passado a tarde jogando seu jogo de tabuleiro favorito. Ao final do jogo, estão conversando sobre isso e aquilo. Algo que seu amigo diz o leva a fazer uma aposta amigável: com uma jogada dos dados, você tirará um seis. Probabilidades diretas são uma em seis, uma probabilidade de 16%. Porém, suponha então que seu amigo jogue o dado novamente e, ligeiro, cubra-o com sua mão e depois dê uma espiada. "Posso lhe dizer", diz ele, "que é um número par". Com essa nova informação, suas chances mudam para uma em três, uma

---

[176] Disponível em português na seguinte edição: MCGRAYNE, Sharon Bertsch. *A Teoria Que Não Morreria: Como a Lei de Beyes Decifrou o Código Enigma, Perseguiu Submarinos Russos e Emergiu Triunfante de Dois Séculos de Controvérsias*. São Paulo: Perspectiva, 2015. (N. E.)

[177] McGRAYNE, Sharon Bertsch. *The Theory That Would Not Die*. New Haven: Yale University Press, 2011, p. 8.

probabilidade de 33%. Enquanto você pondera se deve mudar sua aposta, o amigo provoca: "E não é um quatro". Agora, suas chances mudaram novamente para uma em duas, uma probabilidade de 50%. Com essa sequência muito simples, você fez uma análise bayesiana. Cada nova peça de informação afetou a probabilidade original.

Análise bayesiana é uma tentativa de incorporar toda a informação disponível em um processo para fazer inferências, ou tomar decisões. Faculdades e universidades usam o teorema de Bayes para ajudar os estudantes a aprender sobre a tomada de decisão. Na sala de aula, a abordagem bayesiana é mais popularmente chamada de "teoria da árvore de decisão", na qual cada galho de uma árvore representa nova informação que, a seu turno, muda as probabilidades para a tomada de decisão. "Na Escola de Negócios de Harvard", explica Charlie Munger, "a grande questão quantitativa, que une os estudantes de primeiro ano, é o que chamam de teoria da árvore de decisão. Tudo o que fazem é pegar a álgebra de ensino secundário e aplicá-la a problemas da vida real. Os estudantes adoram. Ficam espantados quando descobrem que álgebra de colegial funciona para a vida"[178].

Agora, vamos inserir o teorema de Bayes no modelo de Williams de fluxo de caixa descontado (DCF). Já sabemos que um dos desafios de empregar um modelo DCF é a incerteza em prever o futuro. A teoria da probabilidade e o teorema de Bayes ajudam-nos a superar essa incerteza. Ainda assim, outra crítica ao modelo DCF é por ele ser uma extrapolação linear do retorno econômico de uma companhia, operando em um mundo não-linear. O modelo presume que o crescimento de liquidez permanece constante pelo número de anos que você está descontando. Claro, é altamente improvável que qualquer companhia esteja apta a produzir uma taxa de retorno perfeitamente previsível e constante. A

[178] MUNGER, Charles T. *Outstanding Investor Digest*, 5 de maio de 1995, p. 49.

economia sobe e desce, consumidores são inconstantes, concorrentes são vigorosos.

Como um investidor compensa todas essas possibilidades?

A resposta é expandir sua árvore de decisão para incluir vários horizontes de tempo e taxas de crescimento. Digamos que você queira determinar o valor de uma certa empresa. Você sabe que ela cresceu sua liquidez a uma taxa de 10% no passado. Você poderia começar, sensatamente, supondo que a empresa tem uma chance de 50% de gerar a mesma taxa de crescimento durante os próximos cinco anos, uma chance de 25% de uma taxa de 12% e uma chance de 25% de crescer a 8%. Então, uma vez que o cenário econômico convida à competição e inovação, você poderia reduzir as suposições para os anos seis a oito, dando a ela uma probabilidade de 50% de crescer 8%, uma probabilidade de 25% de crescer 6% e uma probabilidade de 25% de crescer 10%. Isto posto, quebre novamente as suposições de crescimento para os anos nove e dez.

Existem duas amplas categorias de interpretações de probabilidades. A primeira se chama *probabilidades físicas*, mais comumente chamadas de *probabilidades de frequência*. Elas são geralmente associadas com sistemas que geram montanhas de dados sobre períodos muito longos. Pense em roletas, jogo de moedas e jogos de cartas e dados. Entretanto, probabilidades de frequência também podem incluir estimativas para acidentes automobilísticos e expectativa de vida. Sim, carros e motoristas são diferentes, mas existem semelhanças o suficiente entre as pessoas que dirigem em uma determinada área, a ponto de que toneladas de dados possam ser gerados ao longo de um período de vários anos. Esses dados, por sua vez, fornecerão interpretações semelhantes às de frequência.

Quando uma frequência suficiente de eventos, juntamente com um período de tempo estendido para analisar os resultados, não estiver disponível, devemos nos voltar para *probabilidades evidenciais*, comumente chamadas de *probabilidades subjetivas*.

É importante lembrar que uma probabilidade subjetiva pode ser atribuída a qualquer afirmação, mesmo quando nenhum processo aleatório estiver envolvido, como uma forma de representar a plausibilidade "subjetiva". De acordo com manuais de análise bayesiana, "se você acredita que suas suposições sejam razoáveis, é perfeitamente aceitável tornar sua própria probabilidade subjetiva de um certo evento igual à probabilidade de frequência"[179]. O que você deve fazer é peneirar o irracional e ilógico, favorecendo o sensato.

Uma probabilidade subjetiva, então, não é baseada em cálculos precisos, mas é, normalmente, uma avaliação razoável, feita por uma pessoa bem informada. Infelizmente, quando se trata de dinheiro, as pessoas não são consistentemente sensatas, nem bem informadas. Também sabemos que probabilidades subjetivas podem conter alto grau de viés pessoal.

Sempre que probabilidades subjetivas estiverem em uso, é importante lembrar os erros financeiros comportamentais que estamos propensos a cometer e os preconceitos pessoais aos quais somos suscetíveis. Uma árvore de decisão é tão boa quanto suas entradas e probabilidades estáticas — aquelas que não foram atualizadas — têm pouco valor. É somente através do processo de atualização contínua de probabilidades, com informações objetivas, que a árvore de decisão funcionará.

Quer reconheçam, ou não, praticamente todas as decisões tomadas por investidores são exercícios em probabilidade. Para terem sucesso, é fundamental que suas declarações de probabilidade combinem o registro histórico com os dados mais recentes disponíveis. Isso é análise bayesiana, na prática.

* * *

---

[179] WINKLER, Robert L. *An Introduction to Bayesian Inference and Decision*. New York: Holt, Rinehart and Winston, 1972, p. 17.

Capítulo VIII | Matemática

Oito anos após Claude Shannon (1916-2001) escrever "Teoria Matemática da Comunicação" (*Capítulo V*), um jovem cientista da Bell Labs, James Larry Kelly Jr. (1923-1965), pegou o célebre artigo e destilou de seus achados uma nova teoria da probabilidade[180].

Kelly trabalhou ao lado de Shannon na Bell Labs, assim, pôde conhecer de perto sua matemática. No artigo de Shannon havia uma fórmula matemática para a quantidade otimizada de informação que, consideradas as possibilidades de sucesso, poderia ser transmitida através de fios de cobre. Kelly ressaltou que as várias taxas de transmissão de Shannon, e os possíveis resultados de um evento casual, são essencialmente a mesma coisa — probabilidades — e a mesma fórmula poderia otimizar a ambos. Apresentou suas ideias em um artigo intitulado "A New Interpretation of Information Rate"[181]. Publicada no *The Bell System Technical Journal* em 1956, ele abriu uma porta matemática, que poderia ajudar investidores a tomarem decisões de portfólio.

O critério Kelly, da forma como é aplicado a investimentos, também é conhecido como modelo kelly de otimização, por sua vez chamado de *estratégia de crescimento ótimo*. Ele oferece uma maneira de determinar, matematicamente, o tamanho otimizado de uma série de apostas, que maximizariam a taxa de crescimento de um portfólio ao longo do tempo. Baseia-se em uma ideia simples: se você conhece a probabilidade de sucesso, aposta a fração de sua banca que maximiza a taxa de crescimento. Ela é expressa pela fórmula: $2p - 1 = x$, onde duas vezes a probabilidade de ga-

---

[180] O momento mais celebrado de J. L. Kelly ocorreu em 1962, quando ele programou um computador IBM 704 para sintetizar a fala. Kelly construiu um "vocoder" (sintetizador e gravador de voz) e recriou a música "Daisy Bell" com acompanhamento musical de Max Mathews. Coincidentemente, Arthur C. Clarke (1917-2008) estava visitando o Bell Labs no mesmo momento. Os fãs de ficção científica já conseguem fazer a conexão. Em *2001: Uma Odisseia no Espaço*, o computador HAL 9000 canta "Daisy Bell" enquanto é colocado para dormir pelo astronauta Dave Bowman.

[181] KELLY, J. L. "A new interpretation of information rate", em *The Bell System Technical Journal*, Vol. 35, N°. 4, p. 917-926, Julho 1956.

nhar, menos um, equivale ao percentual do saldo que alguém deveria apostar. Por exemplo, se a probabilidade de ganhar da casa for de 55%, você deveria apostar 10% de seu saldo para atingir o crescimento máximo de seus ganhos. Se a probabilidade é de 70%, aposte 40%. Caso saiba que suas chances de ganho são de 100%, o modelo lhe diria para apostar todo o seu saldo.

Ed Oakley Thorp, professor de matemática, jogador de *blackjack*, administrador de fundo *hedge* e autor, foi o pioneiro na aplicação do critério de Kelly, tanto nos salões de apostas quanto na Bolsa de Valores. Thorp trabalhou no MIT de 1959 a 1961, onde conheceu Claude Shannon e leu o artigo de Kelly. Imediatamente, empenhou-se em provar a si mesmo se o critério de Kelly funcionaria, ou não. Thorp aprendeu Fortran para que pudesse programar o computador da universidade, de modo a rodar incontáveis equações sobre as probabilidades de vencer no *blackjack*, usando os critérios de Kelly.

A estratégia de Thorp era baseada em um conceito simples. Quando o baralho está cheio de dez, cartas de figuras da corte e ases, o jogador tem uma vantagem estatística sobre a banca. Se você atribuir um –1 para as cartas altas e +1 para as cartas baixas, é bem fácil acompanhar as cartas distribuídas. Simplesmente, mantenha uma conta em funcionamento em sua mente, adicionando, ou subtraindo, à medida que cada carta for mostrada. Quando a contagem se torna positiva, você sabe que ainda há mais cartas altas a serem jogadas. Jogadores inteligentes guardam suas maiores apostas para o ponto de virada, em que a contagem de cartas atinge um número relativo alto.

Thorp continuou a inventar esquemas de contagem de cartas. Rapidamente, ajustou a programação da linguagem do computador, enquanto usava o critério de Kelly para determinar o peso de cada aposta. Logo se aventurou por Las Vegas para testar sua teoria na prática. Começando com US$10 mil dólares, Thorp dobrou seu dinheiro no primeiro fim de semana. Afirma que poderia ter ganho mais, mas sua série de vitórias chamou a atenção da segurança do cassino e ele foi expulso.

Ao longo dos anos, Thorp se tornou uma celebridade entre os aficionados por *blackjack*. Sua reputação disparou quando se soube que ele, na verdade, usava um computador vestível para jogar roleta. Esse dispositivo, desenvolvido juntamente com Claude Shannon, foi o primeiro computador usado em um cassino. Hoje, é considerado ilegal. Quando não podia mais aplicar suas teorias matemáticas em salões de apostas, Thorp tirou seu chapéu para Las Vegas, ao escrever *Beat the Dealer*, em 1962, um *best-seller* do *New York Times*, que vendeu mais de setecentas mil cópias. Hoje, é considerado o manual original de contagem de cartas e estratégia de apostas.

Ao longo dos anos, o critério de Kelly se tornou parte de uma teoria de investimentos convencional. Alguns acreditam que, tanto Warren Buffet quanto Bill Gross (o conhecido administrador de carteira de títulos da PIMCO), utilizem os métodos de Kelly para administrar seus portfólios. William Poundstone popularizou ainda mais o critério de Kelly em seu popular livro *Fortune's Formula: The Untold Story of the Scientific Betting System That Beat the Casinos and Wall Street*[182]. Contudo, apesar de seu *pedigree* acadêmico, e formulação simplista, aviso que o critério de Kelly deve ser usado apenas pelos investidores mais ponderados, mesmo assim, com reservas.

Teoricamente, o critério de Kelly é ótimo sob dois aspectos: (1) o tempo mínimo esperado para se conseguir um nível de vitórias e (2) a taxa máxima de aumento de riqueza. Por exemplo, digamos que dois jogadores de *blackjack* tenham US$1.000 dólares, cada um, para apostar, e vinte e quatro horas para jogar o jogo. O primeiro jogador está limitado a apostar somente um dólar em cada mão

---

[182] POUNDSTONE, William. *Fortune's Formula: The Untold Story of the Scientific Betting System That Beat the Casinos and Wall Street*. New York: Hill & Wang, 2006.

dada. O segundo pode alterar a aposta, dependendo da atratividade das cartas. Caso o segundo jogador siga a abordagem de Kelly, apostando o percentual da banca que reflita a probabilidade de vitória, é possível que, ao final de vinte e quatro horas, tenha conseguido um resultado muito melhor do que o jogador um.

Evidentemente, a Bolsa de Valores é mais complexa do que um jogo de *blackjack*. Neste, existe um número finito de cartas e, consequentemente, um número limitado de resultados possíveis. A Bolsa de Valores tem milhares de empresas e milhões de investidores e, assim sendo, um maior número de resultados possíveis. Usar a abordagem de Kelly, em conjunto com o teorema de Bayes, requer recálculos constantes de declaração de possibilidades e ajustes ao processo de investimento. Uma vez que, na Bolsa de Valores, estamos lidando com probabilidades menores do que 100%, sempre existe a possibilidade de haver uma perda. Sob o método kelly, se você calculou uma chance de 60% de vencer, apostaria 20% de seus ativos, muito embora exista uma chance de dois em cinco de perder. Poderia acontecer.

Duas ressalvas ao critério de Kelly, que costumam ser esquecidas: você precisa de (1) financiamento ilimitado e (2) um horizonte de tempo infinito. Certamente, nenhum investidor tem ambos, então, precisamos modificar a abordagem de Kelly. Novamente, a solução é matemática, na forma de aritmética simples.

Para evitar a "ruína do apostador", você minimiza o risco, apostando menos — usando uma "meia-Kelly", ou uma fração dela. Por exemplo, se o modelo de Kelly fosse lhe dizer para apostar 10% de seu capital — refletindo uma probabilidade de sucesso de 55% —, você poderia optar por investir somente 5% ("meia--Kelly"), ou 2% (Kelly fracionada). Essa aposta menor oferece uma margem de segurança em administração de portfólio. Isso, juntamente com a margem de segurança que aplicamos ao selecionar ações individuais, oferecem uma dupla camada de proteção e um nível de conforto psicológico muito real.

CAPÍTULO VIII | MATEMÁTICA

Em razão do risco de apostar muito alto superar em muito as penalidades de apostar pouco, investidores devem, sem dúvida, considerar apostas "Kelly fracionadas". Infelizmente, minimizar suas apostas também minimiza seu ganho potencial. Contudo, porque o relacionamento no modelo de Kelly é parabólico, a pena por apostar menos não é severa. Uma "meia-Kelly", ao diminuir o tamanho da aposta em 50% por cento, reduz o crescimento potencial em somente 25%.

"O sistema de Kelly é para pessoas que, simplesmente, querem aumentar seu capital e vê-lo crescer para números muito altos ao longo do tempo", disse Ed Thorp. "Se você tem muito tempo e muita paciência, então, é a função certa para você"[183].

* * *

Aos 40 anos, Stephen Jay Gould, famoso paleontólogo e biólogo evolucionista norte-americano, foi diagnosticado com mesotelioma abdominal — uma forma rara e fatal de câncer — e operado às pressas. Após a operação, Gould perguntou à sua médica o que ele poderia ler para aprender mais a respeito da doença. Ela lhe disse não haver "muito a ser aprendido através da literatura"[184].

Irredutível, Gould foi para `a biblioteca médica da Harvard Countway, e digitou "mesotelioma" no computador. Após passar uma hora lendo alguns dos artigos mais recentes, Gould entendeu porque sua médica não tinha sido tão solícita. A informação era brutalmente direta: mesotelioma era incurável, com uma expectativa de vida média de oito meses. Gould se sentou atordoado, até sua mente começar a trabalhar novamente. Então, sorriu.

---

[183] Ed Thorp, entrevistado pelo autor, 25 de novembro de 1998.
[184] A próxima seção é baseada em um artigo de 1985 da *Discover* intitulado, "The Median Isn't the Message" e no "Case One: A Personal Story", capítulo 4 do seguinte livro: GOULD, Stephen Jay. *Full House: The Spread of Excellence from Darwin to Plato*. New York: Three Rivers Press, 1996.

O que significava exatamente uma mortalidade mediana de oito meses? A mediana, falando etimologicamente, é o ponto médio entre uma sequência de valores. Em qualquer agrupamento, metade dos membros do grupo estará abaixo da mediana e metade acima dela. No caso de Gould, metade daqueles diagnosticados com mesotelioma morreriam em menos de oito meses e metade morreria algum tempo depois de oito meses. (Para constar: as outras duas medidas de tendência central são a média e a moda. A média é calculada somando todos os valores e dividindo pelo número de casos — uma média simples. Moda refere-se ao valor mais comum. Por exemplo, na sequência de números: 1, 2, 3, 4, 4, 4, 7, 9, 12, o número 4 é a moda.)

A maioria das pessoas olha para as médias como realidade básica, dando pouca atenção a possíveis variações. Vendo dessa maneira, "mortalidade mediana de oito meses" significaria que ele estaria morto em oito meses. Entretanto, Gould era um biólogo evolucionista e estes vivem em um mundo de variações. Interessa a eles não a média do que aconteceu, mas a variação no sistema ao longo do tempo. Para eles, médias e medianas são abstrações.

Muitos de nós temos uma tendência a ver o mundo através da curva em forma de sino, com dois lados equivalentes, onde média, mediana e moda têm o mesmo valor. Entretanto, como aprendemos, a natureza nem sempre se encaixa tão perfeitamente ao longo de uma distribuição normal e simétrica. Por vezes, inclina-se assimetricamente para um lado, ou para o outro. Essas distribuições são chamadas de inclinadas para a esquerda, ou para a direita, dependendo da direção do alongamento.

Gould, o biólogo, não se enxergava como o paciente médio entre todos os pacientes de mesotelioma, mas como um indivíduo dentro de uma determinada população de pacientes de mesotelioma. Com maior investigação, descobriu que a expectativa de vida de pacientes era fortemente inclinada para a direita. Isso significava que, aqueles do lado positivo da marca dos oito meses, viviam significativamente mais do que oito meses.

CAPÍTULO VIII | MATEMÁTICA

O que leva a distribuição a se inclinar para a direita ou esquerda? Em uma palavra: variação. À medida em que aumenta a variação de um lado ou do outro da mediana, os lados da curva em forma de sino são puxados para a esquerda, ou para a direita. Continuando com nosso exemplo, no caso de Gould, aqueles pacientes que viveram mais de oito meses mostraram alta variação (a maioria deles viveu não somente mais meses, mas anos) e aquilo puxava a curva, formando uma inclinação para a direita. Em uma distribuição assimétrica à direita, as medidas de tendência central não coincidem. A mediana está à direita da moda e a média está à direita da mediana.

Gould começou a pensar a respeito das características dos pacientes que habitavam a curva direita da distribuição, excedendo a distribuição mediana de expectativa de vida. Não surpreendentemente, eram jovens, geralmente com boa saúde e haviam tido o benefício de um diagnóstico precoce. Esse era o próprio perfil de Gould. Assim, pensou que viveria bem além da marca dos oito meses. De fato, Gould viveu durante mais vinte anos.

> Nossa cultura tem um viés muito forte em negligenciar ou ignorar a variação", disse Gould. "Tendemos a focar em medidas de tendência central. Consequentemente, cometemos alguns erros terríveis, frequentemente com consideráveis implicações práticas[185].

A lição mais importante que os investidores podem aprender com a experiência de Gould é apreciar as diferenças entre tendências *do* sistema e tendências *no* sistema. Colocando de outra forma, os investidores precisam entender a diferença entre o retorno médio da Bolsa de Valores e a variação de performance de ações individuais. Uma das maneiras mais fáceis para investidores perceberem as diferenças é estudando mercados laterais.

---

[185] SAVAGE, Sam L. *The Flaw of Averages: Why We Underestimate Risk in the Face of Uncertainty.* New York: John Wiley & Sons, 2009, p. 11.

A maioria dos investidores experimentou dois tipos de bolsas de valores — alta e baixa —, que se movem para cima, ou para baixo, ao longo do tempo. Contudo, existe um terceiro tipo de mercado menos conhecido. É chamado de "vento lateral" e produz um mercado lateral — que quase não muda ao longo do tempo.

Um dos mais famosos mercados laterais aconteceu entre 1975 e 1982. Em 1 de outubro de 1975, a média industrial Dow Jones se manteve em 784. Quase sete anos depois, em 6 de agosto de 1982, o Dow fechou exatamente a 784. Embora os ganhos nominais tenham crescido ao longo do período de tempo, o valor pago por esses ganhos caiu. No final de 1975, o múltiplo preço-lucro residual para o S&P 500 era de quase doze vezes. No outono de 1982, ele havia caído para quase sete vezes.

Algumas previsões a respeito da Bolsa de Valores estão fazendo analogias entre o que aconteceu antes e o que pode estar acontecendo hoje. Existem preocupações a respeito da taxa de lucro corporativo contra o pano de fundo de uma recuperação fraca da economia global. Outros temem que o enorme estímulo oferecido pelas autoridades monetárias cause uma escalada nos preços de commodities, inflação e declínio do dólar. Isto irá, por sua vez, refletir-se na Bolsa de Valores, causando queda nos múltiplos preço-lucro. Em última análise, investidores podem enfrentar um período prolongado no qual o mercado mal se movimenta — quando é melhor evitarem ações.

Quando escutei pela primeira vez aquele argumento — estaríamos entrando em um mercado lateral, similar ao do final dos anos 1970, sendo melhor evitar ações — fiquei intrigado. Seria mesmo verdade que mercados laterais não são lucrativos para investidores de longo prazo? Warren Buffett, por exemplo, tem gerado retornos excelentes durante o período. Seu amigo e colega de classe na Universidade Columbia, Bill Ruane, também. De 1975 a 1982, Buffet gerou um retorno total cumulativo de 676%

CAPÍTULO VIII | MATEMÁTICA

na Berkshire Hathaway. Ruane e seu parceiro Rick Cunniff, na Sequoia Fund, postaram um retorno cumulativo de 415%. Como eles conseguiram esses retornos excepcionais em um mercado que não ia a lugar algum? Decidi investigar um pouco.

Primeiro, examinei o desempenho de retorno das quinhentas maiores ações do mercado entre 1975 e 1982. Eu estava procurando, especificamente, por ações que tivessem produzido ganhos descomunais para acionistas. Durante um período de oito anos, somente 3% das quinhentas ações subiram em preço pelo menos 100% em qualquer período de um ano. Quando estendi o período de manutenção das ações para três anos, os resultados foram ainda mais encorajadores: 18,6% das ações, na média, dobraram. Isso equivale a noventa e três de quinhentos. Depois, estendi o período de manutenção para cinco anos. Os retornos foram fenomenais. Em média, impressionantes 38% das ações subiram 100% ou mais; são cento e noventa de quinhentos[186].

Colocando nos termos de Gould, investidores que acompanharam a Bolsa de Valores entre 1975 e 1982, focando na média do mercado, chegaram às conclusões erradas. Eles presumiram, erroneamente, que a direção do mercado era lateral quando, na verdade, a variância *dentro* do mercado era dramática, levando a muitas oportunidades para ganhar retornos diferenciados. Gould nos conta que "a velha estratégia platônica de abstrair a casa toda como um numeral único (uma média), depois traçar o caminho para esse número único através do tempo, geralmente leva ao erro e à confusão". Uma vez que investidores têm um "forte desejo de identificar tendências", isso geralmente os leva a "detectar uma direcionalidade não existente". Consequentemente, "interpretam completamente errado a variação de expansão e contração dentro de um sistema. "No mundo de Darwin",

---

[186] HAGSTROM, Robert G. "Who's Afraid of a Sideways Market?" *Legg Mason perspectives,* janeiro de 2010.

disse Gould, "a variação surge como a realidade fundamental e médias calculadas se tornam abstrações"[187].

* * *

Na primeira página de seu livro referência *Security Analysis*, Benjamin Graham (1894-1976) e David Dodd (1895-1988) incluíram uma citação de Quinto Horácio Flaco (65-8 a.C.): "Muitos que agora estão caídos serão restaurados e muitos que agora são honrados cairão". Esopo não tinha ideia de que sua fábula do falcão e do rouxinol seria o preâmbulo literário para o fluxo de caixa descontado. Assim, estou certo de que Horácio não estava consciente de ter escrito a fórmula narrativa para a regressão à média.

Sempre que você ouvir alguém dizer "Tudo volta à média", é uma versão coloquial da regressão à média — um fenômeno estatístico que, em essência, descreve a tendência de valores excepcionalmente altos, ou baixos, em algum momento, voltarem para o meio. A forma usada em investimentos sugere que performance, muito alta ou muito baixa, não tem propensão a continuar, provavelmente, revertendo em um período posterior (por isso, às vezes, se diz *reversão* à média). Como aponta Peter Bernstein (1919-2009), regressão à média é o centro de diversas homilias, incluindo "tudo o que sobe tem que descer", "orgulho antecede a queda" e a previsão de José ao Faraó de que sete anos de fome se seguiriam a sete anos de abundância. Bernstein também nos conta que ela está no coração dos investimentos, pois a regressão à média é uma estratégia comum — frequentemente aplicada e, às vezes, usada demais — para escolher ações e prever os mercados.

Podemos rastrear a descoberta matemática da regressão à média a *sir* Francis Galton (1822-1911), intelectual britânico e primo

---

[187] GOULD, Stephen Jay. *The Full House: The Spread of Excellence from Plato to Darwin.* Op. cit., p. 41.

de Charles Darwin. (Você deve se lembrar de Galton e seu concurso de peso de boi, em nosso capítulo sobre sociologia). Galton não tinha interesse em negócios ou economia. Ao invés disso, uma de suas investigações principais buscava entender como o talento persiste em uma família de geração a geração — incluindo o clã Darwin.

Galton era o beneficiário do trabalho de um cientista belga chamado Lambert Adolphe Jacques Quetelet (1796-1874). Vinte anos mais velho do que Galton, Quetelet havia fundado o Observatório de Bruxelas, tendo sido instrumental na introdução de métodos estatísticos para as ciências sociais. A principal de suas contribuições foi o reconhecimento de que distribuições normais pareciam enraizadas em estruturas sociais e nos atributos físicos de seres humanos.

Galton estava encantado com a descoberta de Quetelet; "a muito curiosa lei teórica do desvio da média (a distribuição normal) era onipresente, especialmente em medidas humanas, como altura do corpo e medidas do peito"[188]. Galton estava em processo de escrever *O Gênio Hereditário*, seu trabalho mais importante. Buscava provar que a hereditariedade, por si só, era a fonte de talentos especiais — e não a educação, nem as carreiras profissionais subsequentes. Porém, o desvio da média de Quetelet ficou em seu caminho. A única forma de Galton avançar sua teoria seria explicando como ocorriam as diferenças dentro de uma distribuição normal. A única maneira dele poder fazer isso era, em primeiro lugar, entendendo como os dados se organizavam. Ao fazer isso, Galton conseguiu o que Peter Bernstein chama de "descoberta extraordinária", com uma vasta influência no mundo dos investimentos.

Os primeiros experimentos de Galton foram mecânicos. Ele inventou o Quincunx, uma máquina de fliperama em formato

---

[188] BERNSTEIN, Peter L. *Against the Gods. Op. cit.*, p. 162.

de ampulheta, com vinte alfinetes espetados no pescoço. Ao demonstrar essa ideia em frente à Sociedade Real, Galton mostrou que, quando deixava bolas caírem de maneira aleatória, elas tinham a tendência a se distribuírem em compartimentos no fundo da ampulheta, de um modo gaussiano clássico. Depois, estudou as ervilhas de jardim — mais especificamente, as ervilhas na vagem. Mediu e pesou milhares de ervilhas, enviando dez espécimes a amigos por todas as ilhas britânicas, com instruções específicas sobre como plantá-las. Quando estudou os descendentes dos dez grupos diferentes, Galton descobriu que seus atributos físicos estavam organizados de uma maneira normal, gaussiana, da mesma forma que o Quincunx havia previsto.

Este experimento, juntamente com outros, incluindo o estudo de variações de altura entre pais e seus filhos, tornou-se conhecido como regressão, ou reversão, à média. "Reversão", disse Galton "é a tendência do tipo filial ideal de se afastar do tipo parental, revertendo para o que pode ser, aproximadamente, e talvez razoavelmente, descrito como o tipo ancestral médio"[189]. Se esse processo não estivesse em funcionamento, explicou Galton, as ervilhas grandes produziriam ervilhas ainda maiores e ervilhas menores produziriam ervilhas ainda menores, até termos um mundo composto de gigantes e anões, e nada mais.

J. P. Morgan (1837-1913) foi perguntado uma vez sobre qual seria o próximo movimento da Bolsa de Valores. Sua resposta: "Ela irá variar". Ninguém, naquele tempo, pensou que isso fosse uma forma irônica de descrever a regressão à média. Contudo, essa hoje famosa resposta se tornou a crença dos investidores contrários. Eles lhe diriam que a ganância leva os preços de ações a subirem para longe de seu valor intrínseco, assim como o medo força

---

[189] Citado em: BERNSTEIN, Peter L. *Against the Gods*, *Op. cit.*, p. 167. Está referenciado na biografia por: FOREST, D. W. *Francis Galton: The Life and Work of a Victorian Genius*. New York: Taplinger, 1974.

os preços cada vez mais para baixo do valor intrínseco, até a regressão à média assumir o controle. No final das contas, a variância será corrigida no sistema.

É fácil entender porque a regressão à média é seguida servilmente em Wall Street como ferramenta de previsão. Trata-se de uma conjectura matemática simples, organizada, que nos permite prever o futuro. Entretanto, se a lei de Galton é imutável, porque as previsões são tão difíceis?

A frustração vem de três fontes. Primeiro, a reversão à média nem sempre é instantânea. A supervalorização e a subavaliação podem persistir por um período mais longo — muito mais longo — do que o determinado pela racionalidade paciente. Segundo, a volatilidade é tão alta, com desvios tão irregulares, que os preços de ações não se corrigem ordenadamente, nem se acomodam facilmente no topo da média. Finalmente, e mais importante, em ambientes fluidos (como mercados) a própria média pode ser instável. O normal de ontem não é o normal de amanhã. A média pode ter mudado para uma nova localização.

Em sistemas baseados na física, a média é estável. Podemos fazer um experimento de física dez mil vezes, obtendo a mesma média aproximada diversas vezes. Contudo, mercados são sistemas biológicos. Agentes no sistema — investidores — aprendem, adaptando-se à paisagem em constante mudança. O comportamento dos investidores hoje — seus pensamentos, opiniões e raciocínio — será diferente dos investidores da última geração.

Até os anos 1950, o rendimento dos dividendos de ações comuns era sempre mais alto do que o rendimento dos títulos do governo. Isso porque a geração, que viveu durante a quebra da bolsa de 1929 e da Grande Depressão, exigiu segurança na forma de dividendos mais altos, se fossem escolher ações em lugar de títulos. Eles podem não ter usado o termo, mas, na verdade, empregaram uma estratégia simples de regressão à média. Quando os rendimentos das ações ordinárias se aproximavam ou caíam abaixo dos rendimentos dos títulos do governo, eles vendiam ações e compravam títulos. A lei de Galton reajustava os preços.

À medida que a prosperidade econômica retornava nos anos 1950, uma geração afastada das dolorosas perdas do mercado de ações da década de 1930 adotou as ações ordinárias. Caso você tivesse se mantido firme na ideia de que os rendimentos de dividendos das ações ordinárias voltariam a níveis mais elevados do que os rendimentos dos títulos, teria perdido dinheiro. Um exemplo do mercado de hoje: em uma reviravolta impressionante, os rendimentos de dividendos de muitas ações ordinárias, em 2011, foram maiores do que o rendimento das notas do Tesouro dos Estados Unidos da América de dez anos. Seguindo a abordagem de regressão, você teria vendido títulos em favor de ações. Entretanto, à medida que avançamos em 2012, os títulos continuaram a superar as ações. Quanto tempo vai durar esse desvio econômico da média? Ou será que a média agora se moveu?

A maioria das pessoas pensa que o Índice S&P 500 é uma passivamente administrada cesta de ações que raramente mudam. Porém, isso não é verdade. A cada ano, o comitê de seleção da Standard & Poor's subtrai empresas, adicionando outras novas. Aproximadamente 15% do Índice, cerca de setenta e cinco empresas, é trocado. Algumas empresas saem do Índice porque passaram a ser controladas por outra empresa. Outras são removidas porque suas perspectivas econômicas em declínio significam que não estão mais qualificadas para serem uma das quinhentas maiores empresas. As empresas adicionadas são tipicamente saudáveis e vibrantes em setores que estão tendo impacto positivo na economia. Como tal, o Índice S&P 500 evolui, de maneira darwiniana, povoando-se com empresas cada vez mais fortes — a sobrevivência dos mais fortes.

Há cinquenta anos, o Índice S&P 500 foi dominado por manufatura, energia e empresas de serviços de utilidade pública. Hoje, é dominado por tecnologia, operadoras de saúde e empresas financeiras. Como o retorno sobre o patrimônio líquido para os três últimos é maior do que o primeiro grupo de três, o retorno sobre o patrimônio líquido médio do Índice é agora maior do que há trinta anos. A média mudou. Nas palavras de Thomas Kuhn, houve uma mudança de paradigma.

Enfatizar demais o presente, sem entender as mudanças sutis na composição, pode levar a decisões perigosas e erradas. Embora a regressão à média continue sendo uma estratégia importante, não é inviolável. Investidores têm de se lembrar disso. Ações consideradas altas em preço podem subir ainda mais. Ações com preço atualmente baixo, podem continuar a cair. É importante se manter flexível em sua maneira de pensar. Embora a reversão à média seja o resultado mais provável nos mercados, sua presença não é sacrossanta.

* * *

Gottfried Wilhelm Leibniz (1646-1716), filósofo e matemático alemão, escreveu: "A natureza estabeleceu padrões originados no retorno dos eventos, mas somente em sua maior parte"[190]. A matemática neste capítulo tem muito a ver com ajudar investidores a melhor entender para que possam melhor antecipar os "eventos que retornam". Ainda assim, somos deixados com incertezas, descontinuidades, irregularidades, volatilidades e distribuições de cauda gorda.

Frank H. Knight (1885-1972) foi um economista norte-americano que passou sua carreira na Universidade de Chicago recebendo crédito por ter fundado a Escola de Economia de Chicago. Seus alunos incluem os seguintes prêmios Nobel de Economia: James Buchanan (1919-2013), laureado em 1986; Milton Friedman (1912-2006), laureado em 1976; e George Stigler (1911-1991), laurea-

---

[190] Citado em: BERNSTEIN, Peter L. *Against the Gods. Op. cit.*, p. 329.

do em 1982. Knight é mais conhecido como autor de *Risco, Incerteza e Lucro*, em que ele busca distinguir entre risco econômico e incerteza. Risco, disse ele, envolve situações com resultados desconhecidos, mas é governado por distribuições de probabilidade conhecidas desde o início. Podemos não saber exatamente o que irá acontecer, mas, com base em eventos anteriores e probabilidades atribuídas, temos uma boa ideia do que pode acontecer.

Incerteza é diferente. Com a incerteza, não sabemos do resultado, mas também não sabemos como é a distribuição subjacente. Isso é um problema maior. A incerteza knightiana é imensurável e impossível de ser calculada. Só existe uma constante: a surpresa.

Nassim Nicholas Taleb, em seu *best-seller A Lógica do Cisne Negro: o Impacto do Altamente Improvável* (2007), fez muito para reconectar investidores à noção de incerteza de Knight. Um "cisne negro", como descrito por Taleb, é um evento com três atributos:

> (1) é uma aberração, pois está fora do reino das expectativas regulares, porque nada no passado pode apontar convincentemente para sua possibilidade, (2) carrega impacto extremo, (3) apesar de seu status atípico, a natureza humana nos faz inventar explicações para sua ocorrência após o fato, tornando-a explicável e previsível[191].

Em *O Cisne Negro*, o objetivo de Taleb era ajudar investidores a entenderem melhor o papel desproporcional de eventos difíceis de prever, de alto impacto e raros — um cisne nascido negro. Eventos muito além das expectativas normais que temos para

---

[191] TALEB, Nassim Nicholas. *The Black Swan: The Impact of the Highly Improbable*. New York: Random House, 2007, xvii. [Disponível em português na seguinte edição: TALEB, Nassim Nicholas. *A Lógica do Cisne Negro: O Impacto do Altamente Improvável*. São Paulo: Best Seller, 2008. (N. E.)].

história, ciência, tecnologia e finanças. Em segundo, ele queria trazer atenção para a natureza incomputável desses eventos ultrarraros, usando métodos científicos baseados na natureza de um pequeno conjunto de probabilidades. Finalmente, desejava trazer à luz os vieses psicológicos, a cegueira que temos face à incerteza e aos eventos raros da história.

De acordo com Taleb, nossas suposições sobre o que irá acontecer se originam da curva em forma de sino da previsibilidade — chamada por ele de "mediocristão". Em vez, o mundo é formado por eventos selvagens, imprevisíveis e poderosos, chamados por ele de "extremistão". No mundo de Taleb "a história não rasteja, ela pula".

O ataque japonês a Pearl Harbor, em 7 de dezembro de 1941, e o ataque terrorista de 11 de setembro de 2001 ao World Trade Center, são exemplos de eventos cisne negro. Ambos estavam fora do reino das expectativas, ambos tiveram impacto extremo, ambos foram inexplicáveis imediatamente após o fato. Infelizmente, o termo cisne negro foi trivializado. A mídia é rápida em rotular quase tudo o que seja minimamente irregular, incluindo tempestades de neve fora do padrão, terremotos e volatilidade da Bolsa de Valores. Seria mais apropriado rotular esses eventos de "cisnes cinzas".

Estatísticos têm uma expressão para eventos cisne negros: chamam a eles de *cauda gorda*. William Safire, colunista do *New York Times*, explica a terminologia: em uma distribuição normal, a curva em forma de sino é alta e larga no meio, caindo e se tornando achatada embaixo. As extremidades de baixo, sejam elas no lado direito ou esquerdo, são chamadas de caudas. Quando as caudas se inflam, ao invés de desaparecerem, em uma distribuição normal, são chamadas de "gordas"[192]. O evento cisne negro de

---

[192] William Safire, "On Language: Fat Tail" *New York Times* (2009), http://www.nytimes.com/2009/02/08/magazine/08wwwln-safire-y.html.

Taleb aparece como uma cauda gorda. Em estatística, eventos, que desviem da distribuição média normal por cinco ou mais desvios-padrão, são considerados extremamente raros.

Assim como o termo cisne negro, cauda gorda se tornou parte da nomenclatura de investimentos. Ouvimos constantemente que investidores não podem sofrer outro evento de "cauda esquerda". Investidores institucionais estão comprando agora seguro "cauda esquerda". Fundos *hedge* estão vendendo proteção "cauda esquerda". Aqui, novamente, acredito estarmos usando as expressões incorretamente. Hoje, qualquer desvio sutil da norma é rapidamente rotulado de cisne negro, ou cauda gorda.

A Matemática, assim como a Física, tem uma qualidade sedutora: ela nos leva à precisão, ou seja, para longe da ambiguidade. Ainda assim, existe uma relação desconfortável entre quantificação do passado, de forma a fazer previsões, versus graus subjetivos de crença sobre possibilidades futuras. O economista e vencedor do prêmio Nobel, em 1972, Kenneth Arrow adverte que a abordagem de administração de risco fundamentada na matemática contém as sementes de sua própria tecnologia autodestrutiva. Ele escreve: "Nosso conhecimento a respeito da forma de funcionamento das coisas, na sociedade ou natureza, surge atrás de nuvens de imprecisão. Vastos males seguiram a crença na certeza"[193].

Isso não significa que probabilidade, variância, regressão à média e caudas gordas sejam inúteis. Longe disso. Essas ferramentas matemáticas têm nos ajudado a estreitar o cone de incerteza existente nos mercados, mas não a eliminá-lo. "O reconhecimento da administração de risco como uma arte prática se apoia em um clichê simples, com as mais profundas consequências: quando nosso mundo foi criado, ninguém se lembrou de incluir certezas", disse Peter Bernstein. "Nunca temos certezas; somos

---

[193] Citado em BERNSTEIN, Peter L. *Against the Gods. Op. cit.*, p. 7.

CAPÍTULO VIII | MATEMÁTICA

sempre ignorantes em alguma medida. Muito da informação que temos é incorreta, ou incompleta"[194].

Gilbert Keith Chesterton, crítico literário inglês, autor dos mistérios do Padre Brown, captou o dilema perfeitamente:

> O verdadeiro problema com nosso mundo não é ser um mundo irracional ou, até mesmo, ser um mundo racional. O tipo de problema mais comum é ele ser quase racional, mas não completamente. A vida não é ilógica; ainda assim, é uma armadilha para os lógicos. Parece um pouco mais matemática e regular do que é; sua exatidão é óbvia, mas sua inexatidão está oculta; sua selvageria está na espera[195].

---

[194] BERNSTEIN, Peter L. *Against the Gods. Op. cit.*, p. 207.
[195] CHESTERTON, Gilbert Keith. "The Paradoxes of Christianity". *In: Orthodoxy*. Charleston: BiblioBazaar, [1908] 2007. [Em língua portuguesa apenas este sexto capítulo do livro *Ortodoxia* foi lançado na seguinte edição: CHESTERTON, G. K. *Os Paradoxos do Cristianismo*. São Paulo: Quadrante, 2ª ed., 2019. (N. E.)]

Capítulo IX

Capítulo IX
Tomada de Decisão

Um bastão e uma bola custam US$1,10 dólares.
O bastão custa um dólar a mais do que a bola.

Quanto custa a bola?

Você agora tem um número em sua mente. Sinto ter de dizer isso, mas há excelentes chances de sua resposta estar errada. Não se desespere: mais da metade dos estudantes de Harvard, MIT e Princeton também errou. E não se saíram melhor nos dois problemas seguintes.

Se cinco máquinas levam cinco minutos para fazer cinco ferramentas, quanto tempo cem máquinas levariam para fazer cem ferramentas?

Em um lago, há um aglomerado de vitórias-régias. A cada dia, ele dobra de tamanho. Se leva quarenta e oito dias para que ele cubra todo o lago, quanto tempo levará para cobrir metade do lago[196]?

Esses três problemas — fáceis, em retrospecto — foram desenvolvidos por Shane Frederick, professor-adjunto de marke-

---

[196] Esses três enigmas podem ser encontrados em: FREDERICK, Shane. "Cognitive Reflection and Decision Making". *Journal of Economic Perspectives*, Vol. 19, Nº 4, outono de 2005, p. 25-42. A bola custa $.05. Leva 5 minutos para 100 máquinas fazerem 100 ferramentas. Levará 47 dias para as vitórias régias cobrirem metade do lago.

ting na Universidade Yale. Eram parte do Teste de Reflexo Cognitivo, criado por ele em 2005, enquanto trabalhava no MIT. Ele estava interessado em medir o raciocínio cognitivo das pessoas — em particular, o quão rapidamente conseguiriam sobrepor o centro reflexivo de tomada de decisão do cérebro — conhecido comumente como intuição.

Durante anos, psicólogos têm se interessado pela ideia de que nossos processos cognitivos estão divididos em dois modos de pensar. Tradicionalmente, são chamados de *intuição*, que produz cognição "rápida e associativa" e *razão*, descrita como "lenta e governada por regras". Hoje, esses sistemas cognitivos são comumente chamados de Sistema 1 e Sistema 2. O pensamento do Sistema 1 é intuitivo. Opera automaticamente, rapidamente e sem esforço, sem nenhum sentido de controle voluntário. O Sistema 2 é reflexivo. Opera de maneira controlada, lentamente e com esforço. As operações do pensamento Sistema 2 requerem concentração, estando associadas a experiências subjetivas, com aplicações baseadas em regras.

Gostamos de pensar sobre nós mesmos como tendo robustas habilidades de Sistema 2. Na verdade, muito de nosso pensamento ocorre no Sistema 1. Voltemos aos alunos de faculdade de Frederick; mais da metade disse que a bola custa dez centavos. Ainda mais surpreendente: foi a mesma resposta dada por muitos quando perguntados "Essa é sua resposta final"?

Claramente, os estudantes de faculdade ficaram presos ao pensamento de Sistema 1 e não podiam — ou não queriam — se converter ao Sistema 2. Caso tivessem parado apenas por um momento para pensar, disse Frederick, teriam percebido que a diferença entre 1 dólar e 10 centavos de dólar é 90 centavos de dólar, não um dólar. A taxa de erros surpreendentemente alta entre estudantes de faculdade indica dois problemas. Primeiro, as pessoas não estão acostumadas a pensar seriamente sobre problemas. Frequentemente, precipitam-se para a primeira resposta plausível que vem à mente. Segundo, o processo Sistema 2 faz um mau trabalho de monitorar o pensamento de Sistema 1.

Frederick também descobriu que as pessoas com bom desempenho no Teste de Reflexo Cognitivo tendiam a ser mais pacientes ao responder perguntas. O pensamento de Sistema 2 é um processo relativamente lento. Quando somos forçados a responder rapidamente, não temos tempo suficiente para envolver a racionalidade, que está no coração do processo reflexivo.

Isso não significa dizer que a intuição não tenha um papel em nosso pensamento. Longe disso. Arriscaria dizer que não poderíamos ficar um dia sem nossa intuição básica. Quando você está dirigindo um carro, se a traseira começa a escapar, a intuição diz para você virar o volante na direção da derrapagem. Você não tem tempo para se engajar em pensamento de Sistema 2 e ponderar, cuidadosamente, uma lista de diferentes opções.

De fato, o papel da intuição em nosso processo cognitivo recebeu a atenção de cientistas sérios. Você deve se lembrar de Daniel Kahneman, de nosso capítulo sobre Psicologia — o psicólogo ganhador do Prêmio Nobel de Economia, em 2002, por seus estudos sobre julgamento humano e tomada de decisão.

Kahneman acredita que, realmente, existem casos em que as habilidades intuitivas revelam a resposta. Porém, tais casos dependem de duas condições. Primeira, "o ambiente deve ser suficientemente regular de modo a ser previsível". Segunda, deve haver uma "oportunidade de aprender essas regularidades através da prática prolongada". Para exemplos familiares, pense em jogos de xadrez, *bridge* e pôquer. Todos eles ocorrem em ambientes regulares e sua prática prolongada ajuda as pessoas a desenvolverem habilidades intuitivas. Kahneman também aceita a ideia de que oficiais do exército, bombeiros, médicos e enfermeiras podem desenvolver habilidades intuitivas, principalmente, por terem tido extensa experiência em situações que, embora obviamente dramáticas, ainda assim, se repetiram muitas vezes.

Kahneman conclui que habilidades intuitivas existem, sobretudo, em pessoas operando em ambientes simples e previsíveis. Pessoas em ambientes mais complexos são muito menos propensas a desenvolverem essa habilidade. Kahneman passou a maior parte de sua carreira estudando clínicos, negociantes de ações e economistas. Notou que, neste grupo, as evidências de habilidades intuitivas estão largamente ausentes. Colocando de outra maneira, a intuição parece funcionar bem em sistemas lineares em que causa e efeito parecem fáceis de identificar. Contudo, em sistemas não-lineares, incluindo bolsas de valores e economias, o pensamento de Sistema 1 — o lado intuitivo de nosso cérebro — é muito menos eficaz.

Voltemos a nossos estudantes de faculdade por um momento. Podemos presumir que sejam todos inteligentes, então, por que tiveram dificuldade em resolver os problemas? Por que pularam para uma conclusão totalmente baseada em intuição (pensamento de Sistema 1)? Por que o pensamento de Sistema 2 não corrigiu suas respostas erradas? Porque, em poucas palavras, careciam de reservatórios adequados de informações.

Em seus próprios escritos sobre intuição, Kahneman apelou para uma definição desenvolvida por Herbert Simon (1916-2001) — outro psicólogo vencedor do Prêmio Nobel de Economia por seus estudos sobre tomada de decisão. "A situação ofereceu uma deixa. Esta deu ao especialista acesso a informações guardadas na memória e a informação oferece a resposta. Intuição é, nada mais nada menos, do que reconhecimento"[197]. Consequentemente, acredita Kahneman, aumentar a quantidade de informação armazenada na memória aumenta nossa habilidade de pensamento intuitivo. Mais ainda, diz, a falha do Sistema 2 em suplantar o Sistema 1 é, em grande parte, devido a uma condição de *recursos*.

---

[197] KAHNEMAN, Daniel. *Thinking Fast and Slow*. New York: Farrar, Straus, and Giroux, 2001, p. 241.

Capítulo IX | Tomada de Decisão

"Em algumas tarefas de julgamento, as informações (em pensamento de Sistema 2) que poderiam servir para suplementar, ou corrigir, a heurística (ocorrida em pensamento de Sistema 1) não são negligenciadas, nem subavaliadas. São, simplesmente, faltantes"[198].

Melhorar as condições dos recursos para nosso pensamento de Sistema 2, ou seja, aprofundar e ampliar nossas reservas de informações relevantes, é o motivo principal para a escrita deste livro.

* * *

Estudantes de faculdade não são profissionais de investimentos. Pelo menos não por alguns anos mais. Então, poderíamos dizer que a visão pessimista de Shane Frederick sobre o talento para pensar, entre os estudantes de graduação, é prematura e será, eventualmente, corrigida. Se a teoria de Kahneman estiver correta, tudo o que se precisa é um pouco mais de tempo de aprendizado com experiência de campo. Assim, nossos jovens intelectuais estarão aptos a calcular o custo de uma bola de *baseball*, quanto tempo se leva para fazer ferramentas e quantos dias se leva para vitórias-régias cobrirem um lago. Logo, esses jovens formandos, ávidos em conquistar o mundo, tornar-se-ão a nova geração de especialistas em investimentos.

Philip Tetlock, professor de Psicologia da Universidade da Pensilvânia, poderia ter tido uma visão otimista a respeito de seus futuros. Porém, passou quinze anos, entre 1988 e 2003, estudando o processo de tomada de decisão de duzentos e oitenta e quatro especialistas. Ele definiu especialistas como pessoas que apare-

---

[198] KAHNEMAN, Daniel & FREDERICK, Shane. "Representativeness Revisited: Attribute Substitution in Intuitive Judgment". *In*: GILOVICH, Thomas ; GRIFFIN, Dale & KAHNEMAN, Daniel (Eds.). *Heuristics and Biases: The Psychology of Misjudgment*. Cambridge: Cambridge University Press, 2002, p. 54.

ciam na televisão, eram citadas nos jornais e artigos de revista, aconselhavam governos e negócios, ou participavam de mesas redondas de experts. Todos eles foram perguntados sobre a situação do mundo. Todos fizeram suas previsões do que aconteceria a seguir. Coletivamente, fizeram mais de vinte e sete mil quatrocentas e cinquenta previsões. Tetlock rastreou cada uma delas, calculando os resultados. Qual foi a precisão dessas previsões? Tristemente, mas talvez não surpreendentemente, as previsões de especialistas não são melhores do que "chimpanzés jogando dardos"[199]. Como pode ser? De acordo com Tetlock, "*Como* você pensa é mais importante do que *o que* você pensa"[200]?

Parece que especialistas são penalizados, como o restante de nós, por deficiências no pensar. Especificamente, especialistas sofrem de excesso de confiança, viés retrospectivo, defesas do sistema de crenças e falta de processo bayesiano — você pode se lembrar desses erros mentais do nosso capítulo sobre Psicologia.

Tais vieses psicológicos penalizam o pensamento de Sistema 1. Apressamo-nos para tomar uma decisão intuitiva, sem reconhecer que nossos erros de pensamento são causados por nossos vieses inerentes e pela heurística. Somente acessando nosso pensamento de Sistema 2 podemos verificar a suscetibilidade de nossas decisões iniciais.

* * *

Há cerca de dois mil e seiscentos anos, o poeta guerreiro grego Arquíloco (680-645 a.C.) escreveu: "A raposa conhece muitos truques, o ouriço apenas um". A citação, posteriormente, tornou-se famosa por *Sir* Isaiah Berlin (1909-1997), em seu popular ensaio

---

[199] TETLOCK, Philip E. *Expert Political Judgment: How Good Is It? How Can We Know?* Princeton: Princeton University Press, 2005.
[200] TETLOCK, Philip. "Why Foxes Are Better Forecasters Than Hedgehogs". *Seminars About Long-Term Thinking, hosted by Stewart Brand*, 26 de janeiro de 2007.

CAPÍTULO IX | TOMADA DE DECISÃO

"O Ouriço e a Raposa: Um Ensaio sobre a Visão da História de Tolstói". Nele, Berlin dividiu escritores e pensadores em duas categorias: ouriços, aqueles que enxergam o mundo através das lentes de uma única definição conceitual, e raposas, aqueles que são céticos com relação a teorias grandiosas, recorrendo, então, a uma grande variedade de experiências antes de tomar uma decisão. Berlin se surpreendeu com a controvérsia criada pelo ensaio. "Eu nunca tive a intenção de que fosse levado muito a sério", disse ele. "Eu pensei nele como uma espécie de jogo intelectual divertido, mas foi levado a sério"[201].

Os pesquisadores, incluindo Tetlock, foram rápidos em se apropriar da analogia para ajudar a explicar sua própria pesquisa sobre tomada de decisão. Em seu estudo *Expert Political Judgment*, Tetlock dividiu os analistas entre ouriços e raposas. Apesar do desempenho geralmente fraco, ele foi capaz de discernir diferenças. Os analistas mais parecidos com raposas, em termos de comportamento, obtiveram sucesso significativamente maior do que os parecidos com ouriços.

Por que os ouriços são penalizados? Primeiro, porque têm uma tendência a se apaixonarem por "teorias de estimação". Isso lhes dá confiança demasiada em prever eventos. Mais perturbador, os ouriços foram lentos demais em mudar seus pontos de vista, em resposta a evidências revogadas. Em seu estudo, Tetlock disse que as raposas moveram 59% do valor prescrito para hipóteses alternativas. Ouriços moveram somente 19%. Em outras palavras, raposas foram muito melhores em atualizar suas inferências bayesianas do que ouriços.

Ao contrário dos ouriços, raposas reconhecem os limites de seu próprio conhecimento. Elas têm melhores pontuações de calibração e discriminação do que ouriços. (Calibração, que pode

---

[201] RAMIN, Jahanbegolo. *Conversations with Isaiah Berlin*. London: Halban Publishers, 2007, p. 188.

ser considerada humildade intelectual, mede o quanto suas probabilidades subjetivas correspondem às probabilidades objetivas. A discriminação, às vezes chamada de decisão justificada, mede se você atribui probabilidades mais altas a coisas que ocorrem, do que a eventos que não acontecem.) Ouriços têm uma crença teimosa sobre como o mundo funciona, sendo mais propensos a atribuírem probabilidades a coisas que não ocorreram, do que a eventos que realmente ocorrem.

Tetlock nos mostra que raposas têm três vantagens cognitivas distintas:

> 1ª) Elas começam com estimativas "iniciais razoáveis" de probabilidade. Têm melhores sistemas de "orientação inercial" que mantêm suas estimativas iniciais mais próximas das taxas básicas de curto prazo.
> 2ª) Elas estão dispostas a reconhecer seus erros e a atualizar suas visões em resposta a novas informações. Têm um processo bayesiano saudável.
> 3ª) Elas podem ver a atração de forças contraditórias e, o mais importante, podem apreciar analogias relevantes[202].

Ouriços começam com uma grande ideia e seguem com ela, não importando as implicações lógicas de fazê-lo. Raposas costuram melhor uma coleção de grandes ideias. Elas veem, e entendem, as analogias para, depois, criar uma hipótese agregada. Podemos dizer que a raposa é a mascote perfeita para a Universidade de Investimentos Artes Liberais.

* * *

---

[202] TETLOCK, Philip. "Coming to Existential Terms with Unpredictability", apresentação no Legg Mason Capital Management Thought Leader Forum, Baltimore, MD, 6-7 de outubro de 2011.

Capítulo IX | Tomada de Decisão

Keith Stanovich é professor de desenvolvimento humano e psicologia aplicada na Universidade de Toronto. Ele acredita que testes de inteligência (como ACT e SAT) medem qualidades importantes, mas fazem um trabalho muito pobre em medir pensamento racional. "É um indicador ameno, na melhor das hipóteses", diz ele, "e algumas habilidades de pensamento racional estão totalmente dissociadas da inteligência"[203]. Testes de inteligência, tipicamente, medem habilidades mentais que tenham sido desenvolvidas durante um longo período. Contudo, lembre-se de que os erros de pensamento mais comuns têm menos a ver com inteligência e mais com racionalidade — ou, mais precisamente, a falta dela.

A ideia de que pessoas com alto Quociente de Inteligência (QI) possam ser tão ruins em tomada de decisão parece, à primeira vista, contraintuitiva. Supomos que qualquer um com grande inteligência também agirá de maneira racional. Porém, Stanovich enxerga de forma diferente. Em seu livro, *What Intelligence Tests Miss: The Psychology of Rational Thought*[204], ele cunhou o termo "disracionalia" — a incapacidade de pensar e se comportar racionalmente, apesar de grande inteligência.

A pesquisa em Psicologia cognitiva sugere existirem duas causas principais para a disracionalia. A primeira é um problema de processamento. A segunda, um problema de conteúdo.

Stanovich acredita que processamos mal. Quando estão resolvendo um problema, ele alega, as pessoas têm diversos mecanismos cognitivos dentre os quais escolher. Em um lado do espectro, estão mecanismos com grande poder computacional,

---

[203] STANOVICH, Keith. *What Intelligence Tests Miss: The Psychology of Rational Thought*. New Haven: Yale University Press, 2009. Veja também STANOVICH, Keith. "Rationality versus Intelligence", Project Syndicate, 2009-04-06, http://www.project-syndicate.org.

[204] STANOVICH, Keith E. *What Intelligence Tests Miss: The Psychology of Rational Thought*. New York: Yale University Press, 2010.

porém eles são lentos e requerem um grande grau de concentração. No lado oposto do espectro estão mecanismos com baixo poder computacional, que requerem pouquíssima concentração, tornando possível a ação rápida. "Humanos são avaros cognitivos", escreve Stanovich, "porque nossa tendência básica é usar como padrão os mecanismos de processamento que requerem menos esforço computacional, mesmo sendo menos precisos"[205]. Em uma palavra, humanos são pensadores preguiçosos. Tomam o caminho mais fácil quando resolvem problemas e, como resultado, suas soluções são, frequentemente, ilógicas.

A segunda causa da disracionalia é a falta de conteúdo adequado. Psicólogos que estudam tomada de decisão referem-se à deficiência de conteúdo como "mindware gap" (lacuna nas ferramentas da mente). Articulada inicialmente por David Perkins, cientista cognitivo de Harvard, *mindware* (ferramentas da mente) diz respeito às regras, estratégias, procedimentos e conhecimentos que as pessoas têm à disposição de suas mentes para ajudar a resolver um problema. "Assim como os utensílios de cozinha consistem em ferramentas para trabalhar na cozinha e os softwares compreendem as ferramentas para trabalhar com o seu computador, *mindware* são as ferramentas para a mente", explica Perkins. "Uma peça de *mindware* é qualquer coisa que uma pessoa possa aprender, que expanda seus poderes gerais para pensar de forma crítica e criativa"[206].

As lacunas de *mindware*, acredita ele, geralmente são causadas pela falta de uma educação abrangente. Na opinião de Perkins, as escolas desempenham um bom trabalho ao ensinar os fatos de cada disciplina. Porém, fazem um mau trabalho ao conectar os fatos

---

[205] STANOVICH, Keith. "Rational and Irrational Thought: The Thinking That IQ Tests Miss". *Scientific American mind,* novembro/dezembro de 2009, p. 35.

[206] PERKINS, D. N. "Mindware and Metacurriculum". *In*: *Creating the Future*: *Perspectives on Educational Change,* Ed. Dee Dickinson. Baltimore: Johns Hopkins University School of Education, 2002.

de cada matéria com a intenção de melhorar nossa compreensão geral do mundo. "O que está faltando", diz ele, "é o *metacurriculum* — o currículo de "ordem superior", que trata de bons padrões de pensamento, em geral e entre assuntos diferentes"[207].

Como consertar isso? Primeiro, Perkins imaginou cursos especiais, focados na arte do pensamento. Contudo, percebeu ele, adicionar cursos a um currículo já cheio se mostraria difícil. Em vez disso, pensou que o necessário para cada assunto fosse uma injeção direta de reflexão, chamada por ele de uma injeção de reforço de *mindware*. "Sou um defensor do que, muitas vezes, é chamado de infusão", escreveu ele, "integrando o ensino de novos conceitos de uma forma profunda e de longo alcance, com a instrução do assunto"[208].

Portanto, chegamos agora ao centro da questão. A esperança de Perkins para uma nova forma de aprendizado alinha-se perfeitamente com o princípio subjacente deste livro: pessoas estudando a arte e a ciência dos investimentos estão mais bem servidas pela incorporação de "regras, estratégias, procedimentos e conhecimento" de diversas disciplinas diferentes. Neste sentido, *Investimentos: A Última Arte Liberal* é um exemplo direto de uma dose de reforço de *mindware*.

* * *

Raramente, o *Wall Street Journal* e o *New York Times*, chegam à mesma conclusão. Porém, ambos concordam que o novo livro de Daniel Kahneman, *Rápido e Devagar: Duas Formas de Pensar*[209], foi um dos cinco livros de não-ficção mais vendidos de 2011. No momento em que este livro estava sendo escrito (setembro de 2012), *Rápido e*

---

[207] Idem. *Ibidem.*
[208] Idem. *Ibidem.*
[209] Disponível em português na seguinte edição: KAHNEMAN, Daniel. *Rápido e Devagar: Duas Formas de Pensar.* São Paulo: Objetiva, 2012.

Devagar continuava na lista dos mais vendidos do *Times* já havia doze semanas. Um feito notável para um livro de quinhentas páginas sobre tomada de decisão. Vejo isso como um sinal positivo. Finalmente, finanças comportamentais tornaram-se parte do *mainstream*.

Kahneman nos diz que muito do livro é sobre vieses intuitivos. "Contudo", ele escreve:

> [...] o foco no erro não macula a inteligência humana, *não* mais do que a atenção à doença nos textos médicos nega a boa saúde. A maioria de nós é saudável a maior parte do tempo e a maior parte de nossos julgamentos e ações são apropriados a maior parte do tempo. À medida em que navegamos por nossas vidas, habitualmente nos permitimos sermos guiados por impressões e sentimentos e a confiança que temos em nossas crenças mentais intuitivas e preferências são, geralmente, justificadas. Nem sempre, porém. Somos confiantes mesmo quando estamos errados e um observador objetivo é mais propenso a detectar nossos erros do que nós mesmos somos[210].

O objetivo do livro, diz Kahneman, "é melhorar, e entender, erros de julgamento e escolha em outros e, finalmente, em nós mesmos".

Meu capítulo favorito apareceu cedo. No *Capítulo III*, "O Controlador Preguiçoso", Kahneman nos lembra que o esforço cognitivo é trabalho mental. Assim como todo trabalho, muitos de nós temos a tendência de nos tornarmos preguiçosos à medida em que a tarefa se torna mais difícil. Nosso combustível acaba, simplesmente. Diversos estudos psicológicos mostram que pessoas simultaneamente desafiadas por tarefas cognitivamente exigentes e tentações são mais propensas a ceder às tentações.

---

[210] KAHNEMAN, Daniel. *Thinking Fast and Slow*, *Thinking Fast and Slow*. New York: Farrar, Straus, and Giroux, 2001, p. 4.

Capítulo IX | Tomada de Decisão

Caso você seja continuamente forçado a fazer algo desafiador repetidamente, existe uma tendência a exercer menos autocontrole quando o próximo desafio aparecer. Kahneman nos diz que atividades que demandam um pensamento de Sistema 2 requerem autocontrole — e o exercício contínuo do autocontrole pode ser desagradável.

Kahneman se surpreendeu com a facilidade de pessoas inteligentes ficarem suficientemente satisfeitas com suas respostas iniciais e pararem de pensar. Ele reluta em utilizar a palavra "preguiça" para descrever a falta de monitoramento via Sistema 2, mas preguiça é o que parece ser. Kahneman nota que, frequentemente, dizemos a respeito de pessoas que desistiram de pensar: "Ele não se preocupou em checar se o que dizia fazia sentido", ou "Infelizmente, ela tende a dizer a primeira coisa que vem à sua mente". O que deveríamos estar pensando, diz ele, é: "Ele geralmente tem um Sistema 2 preguiçoso, ou estava incomumente cansado?" Ou, para o segundo exemplo, "Ela provavelmente tinha dificuldade em adiar gratificação — um Sistema 2 fraco".

De acordo com Kahneman,

> aqueles que evitam o pecado da preguiça intelectual poderiam ser chamados de "engajados". Eles são mais alertas, mais intelectualmente ativos, menos propensos a se satisfazerem com respostas superficialmente atraentes, mais céticos com relação a suas intuições[211].

O que significa ser engajado? Simplesmente, significa que seu pensamento de Sistema 2 é forte, vibrante e menos dado à fadiga. Tão distinto é o pensamento de Sistema 2 do pensamento de Sistema 1, que Keith Stanovich rotulou os dois como tendo "mentes separadas".

---

[211] Idem. *Ibidem.*, p. 46.

Entretanto, uma "mente separada" só é separada se for distinguível. Caso seu pensamento de Sistema 2 não esteja adequadamente armado com o entendimento necessário dos principais modelos mentais, coletados através do estudo de diversas disciplinas diferentes, então, essa função será fraca — ou, diz Kahneman, preguiçosa.

Tendo sido educado em teoria moderna de portfólio e na hipótese dos mercados eficientes, você irá, rápida e automaticamente, padronizar para este modelo baseado na física de como os mercados operam, ou irá desacelerar seu pensamento, considerando também a possibilidade de que a função biológica do mercado possa estar alterando o resultado? Mesmo que o mercado pareça desesperadamente eficiente, você irá também considerar que a sabedoria das multidões é apenas temporária, até o próximo colapso de diversidade?

Quando você analisar seu portfólio, resistirá ao impulso, quase incontrolável, de vender uma posição perdedora, sabendo muito bem que a angústia sentida é um viés irracional — a dor da perda sendo duas vezes mais desconfortável do que a satisfação de uma unidade equivalente de prazer? Você evitará olhar para suas posições de preço, dia após dia, sabendo que a frequência com que o faz atrapalha seu bom julgamento? Ou você irá ceder ao seu primeiro instinto e vender primeiro e fazer perguntas depois?

Quando pensando em empresas, mercados e economias, você ficará satisfeito com sua primeira descrição dos eventos? Sabendo que mais de uma descrição é possível, e que a descrição dominante é frequentemente determinada pela extensão de cobertura de mídia, você irá cavar mais fundo para descobrir descrições adicionais, talvez mais apropriadas? Sim, isso requer mais energia mental para ser feito. Sim, levará mais tempo para chegar a uma decisão. Sim, isso é mais difícil do que deixar de lado sua primeira intuição.

Capítulo IX | Tomada de Decisão

Por fim, com tudo o que você tem que ler para cumprir os requerimentos de seu trabalho, irá ler um novo livro que aumente seu entendimento? Como disse Charlie Munger tantas vezes: somente através da leitura você é capaz de aprender continuamente.

Tudo isso, e mais, são os exercícios mentais que ajudam a fechar a lacuna de *mindware*, fortalecendo seu pensamento de Sistema 2. Ele serve para lhe manter engajado. Ele trabalha para desenvolver, completamente, sua mente separada.

* * *

Minha esperança é que esse livro seja a sua inspiração para começar a pensar em investimentos de uma maneira diferente — algo mais do que um caleidoscópio de números variáveis. Contudo, pensar sobre investimentos de maneira diferente significa pensar criativamente. Requer uma abordagem nova e inovadora para absorver informação e construir modelos mentais. Você irá se lembrar do *Capítulo I* que, para construir uma nova treliça de modelos mentais, devemos, primeiramente, aprender a pensar de maneira multidisciplinar e a coletar (ou ensinar a nós mesmos) ideias fundamentais de diversas disciplinas. Em seguida, devemos estar aptos a usar metáforas, conectando o que já aprendemos com o mundo dos investimentos. A metáfora é o mecanismo para nos movermos, de áreas que conhecemos e entendemos, para novas áreas sobre as quais não sabemos muito. Para construir bons modelos mentais, precisamos de um entendimento geral dos fundamentos das várias disciplinas, além da habilidade de pensar metaforicamente.

A arte da construção de modelos depende de nossa habilidade em montar blocos de construção[212]. Pense no clássico brin-

---

[212] Agradeço a John Holland, professor de Psicologia e Engenharia e Ciência da Computação da Universidade de Michigan, por sua apresentação elegante sobre os

quedo de criança, Lincoln Logs[213]. Para erguer um modelo de chalé, utilizando diversas toras, as crianças constroem uma réplica de como elas acham que é uma cabana de madeira. Agora, o conjunto vem com muitas toras diferentes. Algumas são curtas, outras longas. Algumas são usadas para conectar o telhado, outras são utilizadas para emoldurar as portas e janelas. Para construir um bom chalé de madeira, o construtor deve combinar as toras em conjunto, a fim de criar um bom modelo.

Construir um modelo efetivo para investimentos é muito semelhante a construir um chalé de madeira. Ao longo deste livro, fornecemos vários blocos de construção diferentes. A construção de um bom modelo tem muito a ver com combinar os blocos de construção de uma maneira habilidosa e artística. Combinados de forma adequada, esses blocos de construção fornecerão um modelo razoável de como os mercados funcionam. Além disso, espero, adicionarão alguns insights que o ajudarão a se tornar um investidor melhor. Claro, podemos compreender rapidamente que, caso você tenha apenas alguns blocos de construção, será muito difícil construir um modelo exato de uma cabana de madeira. Isso também é verdadeiro para investimentos. Caso você possua somente alguns blocos de construção, como poderá um dia estar apto a construir um modelo útil?

A primeira regra para construir um modelo eficaz é, portanto, começar com um número suficiente de blocos de construção. Para construirmos nosso modelo abrangente de mercado — um meta-modelo, se preferir —, usaremos como blocos de construção os vários modelos mentais descritos neste livro, as ideias-chave retiradas de disciplinas individuais. Após havermos coletado um número suficiente de blocos de construção, podemos começar a montá-los em um modelo funcional.

---

conceitos de blocos de construção, a necessidade de modelos dinâmicos e a analogia do simulador de voo.

[213] Criado em 1916, o Lincoln Logs é composto por uma série de bastões de madeira com os quais pode-se construir o que desejar, desde casas até fortes. (N. E.)

Capítulo IX | Tomada de Decisão

Uma diferença crítica entre construir um modelo de chalé de madeira e construir um modelo de comportamento de mercado, é que nosso modelo de investimentos deve ser dinâmico. Ele precisa ter a habilidade de mudar à medida em que mudam as circunstâncias. Como já havíamos descoberto, os blocos de construção de cinquenta anos atrás não são mais relevantes, pois o mercado, assim como um organismo biológico, evoluiu.

Um modelo que muda de forma à medida em que seu ambiente muda pode ser difícil de imaginar. Para ter uma ideia de como isso poderia funcionar, imagine um simulador de voo. A grande vantagem de um simulador é que ele permite aos pilotos treinarem e aperfeiçoarem suas habilidades sob diferentes cenários, sem o risco de derrubarem o avião. Pilotos aprendem a voar à noite, em mau tempo, ou quando o avião está passando por dificuldades mecânicas. Cada vez que fazem uma simulação, devem construir um modelo de voo diferente que irá permitir a eles voarem e pousarem com segurança. Cada um desses modelos pode conter blocos de construção similares, mas montados em uma sequência diferente. O piloto está aprendendo quais blocos de construção enfatizar para cada um dos cenários.

O piloto também está aprendendo a reconhecer padrões, extrapolando informações dos mesmos com o intuito de tomar decisões. Quando um determinado conjunto de condições se apresenta, o piloto deve estar apto a reconhecer um padrão subjacente, retirando dele uma ideia útil. O processo mental do piloto funciona, de certa forma, da seguinte maneira: eu não vi essa situação exata antes, mas vi algo parecido e sei o que funcionou no caso anterior, portanto, começarei por lá, fazendo modificações pelo caminho.

Construir um modelo eficaz para investimentos é muito semelhante a operar um simulador de voo. Em virtude de sabermos que o ambiente mudará continuamente, devemos estar em posição de mudar os blocos de construção, construindo modelos diferentes. Falando pragmaticamente, estamos buscando pela combinação certa de blocos de construção que melhor descreve o ambiente atual. Finalmente, quando tiver descoberto os blocos de construção certos para cada cenário, você deve ter construído experiências, permitindo-lhe reconhecer padrões e tomar as decisões corretas.

Algo a ser lembrado: a tomada de decisão eficaz tem muito a ver com ponderar os blocos de construção certos, colocando-os em alguma estrutura hierárquica. Claro, pode ser que jamais saibamos quais são todos os melhores blocos construtivos. Contudo, podemos colocar em curso um processo de melhorar o que já temos. Caso tenhamos um número suficiente de blocos, então a construção de modelos se torna um processo de avaliá-los e combiná-los novamente em situações diferentes.

Sabemos, através das pesquisas de John Holland e outros cientistas (ver *Capítulo I*), que as pessoas são mais propensas a mudar o peso de seus blocos construtivos existentes do que a investir tempo para descobrir novos. Isso é um erro. "Devemos", argumenta Holland, "encontrar um modo de usar produtivamente o que já sabemos, buscando, ao mesmo tempo e ativamente, novos conhecimentos". Ou, como ele disse, habilmente, devemos encontrar um equilíbrio entre aproveitamento e exploração. Quando nosso modelo revela lucros imediatamente disponíveis, claro que devemos aproveitar intensamente a ineficiência do mercado. Porém, *nunca* devemos parar de buscar novos blocos construtivos.

Embora o maior número de formigas em uma colônia siga a trilha de feromônios mais intensa até uma fonte de alimento, sempre existem algumas formigas buscando aleatoriamente a próxima fonte. Quando os nativos norte-americanos eram mandados à caça, a maior parte dos membros do grupo retornava aos campos de caça conhecidos. Contudo, alguns caçadores, direcionados por um curandeiro rolando ossos espirituais, eram manda-

Capítulo IX | Tomada de Decisão

dos em direções diferentes para encontrar novos rebanhos. O mesmo era verdadeiro para pescadores noruegueses. A maioria dos navios da frota voltava, a cada dia, ao local onde a captura do dia anterior havia rendido a maior recompensa. Porém, alguns navios também eram enviados em direções aleatórias para localizar o próximo cardume de peixes. Como investidores, devemos também encontrar um equilíbrio entre explorar o óbvio e alocar alguma energia mental à exploração de novas possibilidades.

Ao recombinar nossos blocos construtivos existentes, na verdade, estamos aprendendo e nos adaptando a um ambiente em mudança. Lembre-se por um momento da descrição das redes neurais e da teoria do conexionismo no *Capítulo 1*. Será imediatamente óbvio para você que, ao escolher recombinar blocos de construção, estamos criando nossa própria rede neural, nosso modelo conexionista.

O processo é semelhante ao cruzamento genético ocorrido na evolução biológica. De fato, biólogos concordam que o cruzamento genético é o principal responsável pela evolução. Da mesma forma, a recombinação constante de nossos blocos de construção mentais existentes será, ao longo do tempo, responsável pela maior quantidade de progresso de investimento. Contudo, existem ocasiões em que uma nova e rara descoberta abre novas oportunidades para investidores. Da mesma forma que uma mutação pode acelerar o processo evolutivo, ideias recém-descobertas também podem acelerar nossa compreensão de como os mercados funcionam. Se você é capaz de descobrir um novo bloco de construção, tem o potencial para adicionar mais um nível a seu modelo de entendimento.

É importante entender que você tem a oportunidade de descobrir muitas coisas novas, adicionando novos blocos construtivos a seus modelos mentais, *sem jamais correr riscos desnecessários.* Você pode lançar uma série de teorias e ideias no conjunto de seu pensamento e reuni-las em um modelo. Depois, como um piloto em um simulador de voo, experimentá-los no mercado. Se os novos blocos construtivos se mostrarem úteis, então, mantenha-os, dando-lhes o peso apropriado. Entretanto, caso não pareçam agregar valor, simplesmente guarde-os, buscando-os, novamente, em algum dia no futuro.

Entretanto, lembre-se: nada disso acontecerá caso você conclua que já sabe o suficiente. Nunca pare de descobrir novos blocos construtivos. Quando uma empresa corta seu orçamento de pesquisa e desenvolvimento para focar no aqui e agora, isso pode produzir lucros maiores no curto prazo, mas, provavelmente, colocará a empresa em risco competitivo em algum lugar do futuro. Da mesma maneira, se pararmos de explorar novas ideias, podemos ainda estar aptos a navegar pela Bolsa de Valores por um tempo. Porém, muito possivelmente, estaremos nos colocando em desvantagem, face ao ambiente em mutação de amanhã.

* * *

No centro do campus da Universidade da Pensilvânia, onde a Locust Walk cruza a passarela da Thirty-Seventh Street, uma estátua de bronze, em tamanho real, retrata Benjamin Franklin, sentado em um banco de praça. Ele usa uma camisa com babados, calça, um casaco longo, colete e sapatos de fivela quadrada. Um par de bifocais redondos repousa na ponta de seu nariz e ele lê uma cópia da *Gazeta da Pensilvânia*. Das quarenta e uma estátuas de Benjamin Franklin na Filadélfia, essa — desenhada por George W. Lundeen — é, de longe, minha favorita. O banco, sob uma bela sombra de árvore, é um local confortável para uma pessoa sentar e refletir a respeito de uma treliça de modelos mentais, ao lado do homem que defendeu, com tanta paixão, o valor da educação em artes liberais.

A passagem da Thirty-Seventh Street é uma das principais vias do *campus* da Penn. Todas as manhãs, quando a aula está em

Capítulo IX | Tomada de Decisão

andamento, os alunos saem do prédio do dormitório — chamado The Quadrangle — e sobem a colina na Thirty-Seventh. Quando alcançam a interseção com Locust Walk, dividem-se em grupos separados, cada um indo em uma direção diferente, rumo às aulas na disciplina escolhida.

Os estudantes de Física e Matemática viram à direita, seguindo para o Laboratório David Rittenhouse, na rua Thirty-Third. Os alunos de Biologia viram à esquerda e caminham até os Laboratórios Leidy, na University Avenue. Os alunos de Sociologia viram à esquerda para o Edifício de Sociologia, localizado na Locust Walk. Os estudantes de Psicologia continuam em linha reta, na Thirty-Seventh, para o Edifício de Psicologia na Walnut Street. Os alunos de Filosofia viram à direita na Locust e descem até o Logan Hall. Os estudantes de Inglês caminham mais alguns passos até o Fisher Bennett Hall.

Os estudantes de finanças da Penn, que estudam na famosa Escola de Administração Wharton, têm a distância mais curta para viajar. Enquanto Benjamin Franklin observa em silêncio, viram à direita no cruzamento e caminham apenas alguns passos até Steinberg Hall, Diedrich Hall e Huntsman Hall. Lá, passarão os próximos quatro anos fazendo cursos de Economia, Gestão, Finanças, Contabilidade, Marketing, Negócios e Políticas Públicas. Ao final dos quatro anos, com o diploma de faculdade em mãos, a maioria buscará emprego no setor de serviços financeiros. Alguns farão pós-graduação e conquistarão um MBA após estudarem intensamente por mais dois anos, o que já aprenderam nos quatro anteriores.

Sentado ao lado de Benjamin Franklin em uma tarde de primavera, perguntei-me quais oportunidades esses exigentes estudantes de Finanças terão quando se formarem. E quais vantagens adicionais receberiam, caso tivessem gastado mais de sua experiência universitária estudando outras disciplinas. Com apenas um curso de Física, teriam aprendido sobre os princípios de

Newton, termodinâmica, relatividade e mecânica quântica. Poderiam ter sido expostos ao movimento das ondas, turbulência e não linearidade. Poderiam ter percebido que as mesmas leis que descrevem o fluxo de lava no centro da Terra, ou demonstram como mudanças em pequena escala nas placas tectônicas causam grandes terremotos, também governam as forças nos mercados financeiros.

Alunos de Biologia da Penn passam quatro anos estudando biologia molecular e evolução, microbiologia e genética, neurobiologia e a biologia de invertebrados e vertebrados, bem como botânica e desenvolvimento de plantas. Porém, um estudante de finanças que tivesse feito apenas um curso, a Biologia Molecular da Vida, teria aprendido sobre a genética de animais, bactérias e vírus, com atenção especial às maneiras pelas quais os métodos modernos de genética molecular e celular contribuem para a nossa compreensão de processos evolutivos. A partir desse único curso, em um semestre, um aluno perspicaz poderia ter reconhecido que os padrões existentes em biologia se assemelham muito aos padrões ocorridos em empresas e mercados.

Os alunos da Escola Wharton terão passado muito tempo estudando a teoria e a estrutura dos mercados financeiros. Porém, que percepções adicionais poderiam ter adquirido estudando Problemas sociais e Políticas Públicas, Tecnologia e Sociedade, Sociologia no Trabalho, ou Estratificação Social? Para ser um investidor de sucesso, você não precisa passar quatro anos estudando Sociologia. Contudo, mesmo alguns cursos nesta disciplina aumentariam a consciência de como vários sistemas se organizam, operam, prosperam, falham e depois se reorganizam.

Hoje, há pouca discussão em torno do fato da Psicologia afetar os investimentos. Quanto valor agregado para sua educação teriam os alunos de finanças que fizessem alguns cursos básicos de Psicologia? Considere, talvez, uma aula de Fisiologia dos Comportamentos Motivados. Nela, os alunos procuram aprender as ligações entre a estrutura do cérebro e a função comportamental. Ou Psicologia Cognitiva, que investiga os processos mentais em humanos, incluindo como as pessoas usam o reconhecimento de padrões para determinar a ação. Certamente, nenhum estudante de finanças perderia a oportunidade de cursar Economia Comportamental e Psicologia, em que a pesquisa psicológica é aplicada à teoria econômica, a fim de examinar o que acontece quando agentes com capacidades cognitivas limitadas tomam decisões estratégicas.

Para trabalhar com finanças, um trabalho de tomada de decisões, como alunos dessa matéria poderiam deixar de cursar Filosofia Moderna, Lógica e Pensamento Crítico? Que ferramentas mentais eles poderiam adquirir estudando as teorias do conhecimento, mente e realidade, expressas por Descartes, Kant, Hegel, James e Wittgenstein? Pense nas vantagens competitivas obtidas por eles, após um curso sobre pensamento crítico, capaz de lhes dar técnicas para analisar argumentos, tanto em linguagem natural quanto estatística.

Sim, sei que há muito para ler na faculdade. Porém, por que não usar uma de suas três disciplinas eletivas irrestritas para estudar Literatura Norte-Americana do Século XIX? Você lerá os excelentes tratamentos literários da cultura norte-americana, do início do período federalista ao início da Primeira Guerra Mundial. Melhor ainda, faça o curso de Escrita Criativa de Não-Ficção, um workshop sobre como escrever prosa expositiva. Você aprenderá a escrever ensaios sobre tópicos tais como: autobiografia, resenha, entrevista, análise de propaganda e cultura popular.

Obviamente, sendo um estudante de finanças, você terá que lidar com muita matemática em seus cursos de Contabilidade e Economia. Entretanto, que tal adicionar Matemática na Era da Informação? Você aprenderia sobre raciocínio matemático e a mídia. Frequentemente, há suposições matemáticas embutidas em histórias impressas na mídia. Esse curso irá ensiná-lo a reconhecer e questionar os diferentes postulados matemáticos.

Observando os alunos, passando um a um em seu caminho para as aulas da especialidade escolhida, não posso deixar de me perguntar onde estarão em vinte e cinco anos. Sua educação universitária os preparará adequadamente para competir no mais alto nível? Quando chegarem à idade de aposentadoria, serão capazes de olhar para trás e medir o trabalho de sua vida como um sucesso? Ao contrário, será que irão vê-lo como algo menor do que isso?

Essas são as mesmas perguntas que Charlie Munger fez a seus colegas, na quinquagésima reunião da turma da Escola de Direito de Harvard de 1948[214]. "Nossa educação foi suficientemente multidisciplinar?", perguntou. "Nos últimos cinquenta anos, até que ponto a educação de elite progrediu em direção à multidisciplinaridade da melhor forma possível?"

Para enfatizar sua visão sobre o pensamento de foco único, Charlie costuma usar o provérbio: "Para um homem que só tem um martelo, todo problema se parece muito com um prego". "Agora", disse Charlie:

> Uma cura parcial para a tendência do homem com o martelo é óbvia: se um homem tem um vasto conjunto de habilidades, em várias disciplinas, ele, por definição, carrega várias ferramentas e, portanto, limitará os efeitos cognitivos ruins da tendência "homem com um martelo". Se "A" é uma doutrina profissional restrita e "B" consiste em conceitos abrangentes e muito úteis de outras disciplinas, então, claramente, o profissional que possui "A" mais "B", geralmente, estará em melhor situação do que o infeliz conhecedor somente de "A". Como poderia ser diferente?

---

[214] MUNGER, Charles T. "The Need for More Multidisciplinary Skill", apresentação. Quinquagésimo Encontro da Turma de 1948 da Escola de Direito de Harvard, Cambridge, MA, maio de 1998. O texto completo do discurso aparece no Apêndice B do livro: LOWE, Janet. *Damn Right: Behind the Scenes with Berkshire Hathaway Billionaire Charlie Munger*. New York: Vintage Books, 1999, p. 8.

Capítulo IX | Tomada de Decisão

Charlie acredita que, os problemas de grande escala enfrentados por nós como sociedade, só podem ser resolvidos colocando-os em uma treliça, espalhada através de muitas disciplinas. Portanto, ele argumenta, as instituições de ensino devem aumentar a fluência de uma educação multidisciplinar. Charlie certamente é rápido em reconhecer:

> Não temos que aumentar a habilidade de todos na mecânica celestial ao nível de Pierre-Simon Laplace (1749-1827), nem pedir a todos que alcancem um nível semelhante em todos os outros conhecimentos.

Lembre-se, disse ele: "acontece que as ideias verdadeiramente grandes em cada disciplina, aprendidas apenas na essência, carregam a maior parte do peso". Além disso, continuou, atingir amplas habilidades multidisciplinares não exige prolongamento do, já caro, compromisso com uma educação universitária.

> Todos conhecemos Benjamin Franklins modernos, indivíduos que alcançaram uma enorme síntese multidisciplinar com menos tempo na educação formal do que, o agora disponível, para nossos numerosos e brilhantes jovens. Consequentemente, passaram a desempenhar melhor suas próprias disciplinas, não pior, apesar de terem alocado tempo para assuntos fora da cobertura normal de suas próprias disciplinas[215].

Charlie acredita que a sociedade estaria melhor se mais cursos universitários, em um espectro mais amplo, fossem tornados obrigatórios ao invés de eletivos.

* * *

---

[215] Idem. *Ibidem*.

Assim que nos aproximarmos do final deste livro, descobrimos que fizemos um círculo completo até seu início. O desafio que enfrentamos como investidores — e muito como indivíduos — tem menos a ver com o conhecimento disponível do que com a forma como escolhemos juntar as peças. Da mesma maneira, o principal problema da educação gira em torno da montagem das peças do currículo. "A fragmentação contínua do conhecimento e o caos resultante não são reflexos do mundo real, mas artefatos da erudição", explica Edward O. Wilson em *Consiliência: A Unidade do Conhecimento*.[216] Consiliência, descrita por Wilson como o "salto em conjunto" do conhecimento de várias disciplinas, é a única maneira de criar uma estrutura comum de explicação.

Um dos principais objetivos desse livro é lhe dar uma explicação mais ampla de como funcionam os mercados, ajudando-lhe, no processo, a tomar melhores decisões de investimento. Aprendemos, até agora, que nossos fracassos em explicar são causados por nossos fracassos em descrever. Se não podemos descrever precisamente um fenômeno, é quase certo não estarmos aptos a explicá-lo adequadamente. Levaremos desse livro a seguinte lição: as descrições baseadas unicamente em teorias financeiras não são suficientes para explicar o comportamento dos mercados.

A arte da conquista da "sabedoria mundana" — como é chamada por Charlie Munger — é uma busca que parece ter mais em comum com os períodos antigos e medievais do que com os estudos contemporâneos. Estes enfatizam, principalmente, o ganho de conhecimentos específicos em um campo em particular. Ninguém discordaria que, ao longo dos anos, aumentamos nossas cestas de conhecimento. Contudo, certamente nos falta sabedoria, atualmente. Nossas instituições de ensino superior

---

[216] WILSON, Edward O *Consilience: The Unity of Knowledge*. New York: Vintage Books, 1999, p. 8. [Disponível em português na seguinte edição: Wilson, Edward O. *Consiliência: A Unidade do Conhecimento*. Rio de Janeiro: Elsevier, 1998. (N. E.)].

podem separar conhecimento em categorias, mas é a sabedoria que as une.

Aqueles que fazem um esforço em adquirir a sabedoria da experiência humana são beneficiários de um presente especial. Cientistas do Instituto Santa Fé chamam-no de emergência. Charlie Munger o chama de efeito *lollapalooza*: a turbo compressão extra, surgida quando os conceitos básicos se combinam, movendo-se na mesma direção, reforçando as verdades fundamentais uns dos outros. Independentemente de como você o chame, esse entendimento amplo é o fundamento da sabedoria mundana.

O poeta romano Lucrécio (94-50 a.C.) escreve:

Nada é mais doce do que a posse completa
Dessas calmas alturas, bem construídas, bem fortificadas
Pelos ensinamentos dos sábios, para olhar para baixo, daqui
Para os outros vagando abaixo, homens perdidos
Confusos, em frenética busca pelo caminho certo.

Para muitas, muitas pessoas, os mercados financeiros são confusos e investir se tornou uma frenética busca pelo caminho certo. Porém, a solução não é viajar mais rápido por estradas desgastadas. É, ao invés disso, olhar para baixo, estando nas calmas alturas do conhecimento adquirido através dos ensinamentos dos sábios. Aqueles que procuram constantemente, em todas as direções, o que pode ajudá-los a tomar boas decisões, serão os investidores de sucesso do futuro.

Sentados no banco do parque do *campus,* Benjamin Franklin e eu observamos enquanto o último dos alunos de finanças, agora atrasado para a aula, passa correndo por nós. Não posso deixar de me perguntar se ele também está pensando sobre sua educação e seu futuro. Será que Franklin se perguntou se eles leram de forma ampla o suficiente, de maneira a desenvolver "a ideia conectada dos assuntos humanos" tão eloquentemente defendida em seu panfleto de 1749? Se eles começaram a cultivar os hábitos mentais que os permitirão fazer conexões e unir ideias? Se estão em um caminho de aprendizado por toda a vida?

Ele deve estar pensando nessas coisas, pois acredito poder ouvi-lo ler, em voz alta, a manchete da gazeta que está segurando: "A boa educação da juventude foi considerada, pelos homens sábios em todas as idades, como o doce fundamento da felicidade". É uma fórmula simples para o sucesso pessoal e social, tão válida hoje quanto há duzentos e cinquenta anos. É também um roteiro atemporal para alcançar a sabedoria humana.

Leituras

Lista de Leitura do St. John's College

Primeiro Ano

Homero: *Ilíada, Odisseia*
Ésquilo: *Agamenon, A Libação dos Portadores, Eumênides, Prometeu Acorrentado*
Sófocles: *Édipo Rei, Édipo em Colono, Antígona, Filoctetes*
Tucídides: *História da Guerra do Peloponeso*
Eurípides: *Hipólito, As Bacantes*
Heródoto: *História*
Aristófanes: *As Nuvens*
Platão: *Mênon, Górgias, República, Apologia de Sócrates, Críton, Fédon, Simpósio, Parmênides, Teeteto, Sofista, Timeu, Fedro*
Aristóteles: *Poética, Física, Metafísica, Ética a Nicômaco, Ética, Da Geração e da Corrupção, Política, Partes da História dos Animais, Geração dos Animais*
Euclides: *Elementos*
Lucrécio: *Da Natureza das Coisas*
Plutarco: *"Licurgo," "Sólon"*

Nicômaco: *Aritmética*
Lavoisier: *Elementos de Química*
Harvey: *Estudo Anatômico do Movimento do Coração e do Sangue dos Animais*
Ensaios por: Arquimedes, Fahrenheit, Avogadro, Dalton, Cannizzaro, Virchow, Mariotte, Driesch, Gay-Lussac, Spemann, Stears, J. J. Thomson, Mendeleyev, Berthollet, J. L. Proust

Segundo Ano

A Bíblia

Aristóteles: *Da Alma, Da Interpretação, Analíticos Anteriores, Categorias*
Apolônio: *As Cônicas*
Virgílio: *Eneida*
Plutarco: *"Vidas de César," "Catão, o Jovem"*
Epíteto: *Discursos, Manual*
Tácito: *Anais*
Ptolomeu: *Almagesto*
Plotino: *Enéadas*
Santo Agostinho: *Confissões*
Santo Anselmo de Cantuária: *Proslógio*
São Tomás de Aquino: *Suma Teológica, Suma Contra os Gentios*
Dante: *A Divina Comédia*
Chaucer: *Os Contos da Cantuária*
Des Prez: *Missas*
Maquiavel: *O Príncipe, Discursos sobre a Primeira Década de Tito Lívio*
Copérnico: *Sobre a Revolução das Esferas Celestes*
Lutero: *Da Liberdade do Cristão*

Rabelais: *Gargântua e Pantagruel*
Palestrina: *Missa Papa Marcelo*
Montaigne: *Ensaios*
Viète: *"Introdução à Arte Analítica"*
Bacon: *Novo Órganon*
Shakespeare: *Ricardo II, Henrique IV, Henrique V, A Tempestade, Do Jeito Que Você Gosta, Hamlet, Otelo, Macbeth, Rei Lear, Coriolano, Sonetos*
Poemas por: Marvell, Donne, e outros poetas do século XVI e XVII
Descartes: *Geometria, Discurso sobre o Método*
Pascal: *Geração de Seções Cônicas*
Bach: *A Paixão Segundo São Mateus, Invenções*
Haydn: *Quartetos*
Mozart: *Operas*
Beethoven: *Sonatas*
Schubert: *Músicas*
Stravinsky: *Sinfonia dos Salmos*

Terceiro Ano

Cervantes: *Dom Quixote*
Galileu: *Duas Novas Ciências*
Hobbes: *Leviatã*
Descartes: *Meditações, Regras Para a Direção do Espírito*
Milton: *Paraíso Perdido*
La Rochefoucauld: *Reflexões ou Sentenças e Máximas Morais*
La Fontaine: *Fábulas*
Pascal: *Pensamentos*
Huygens: *Tratado Sobre A Luz, Sobre o Movimento dos Corpos no Impacto*

Eliot: *Middlemarch*
Spinoza: *Tratado Teológico Político*
Locke: *Segundo Tratado Sobre o Governo*
Racine: *Fedra*
Newton: *Princípios Matemáticos da Filosofia Natural*
Kepler: *Epitome IV*
Leibniz: *Monadologia, Discurso de Metafísica, Ensaios sobre a Dinâmica, Ensaios Filosóficos, Princípios da Natureza e da Graça*
Swift: *As Viagens de Gulliver*
Hume: *Tratado da Natureza Humana*
Rousseau: *O Contrato Social, A Origem da Desigualdade Entre os Homens*
Molière: *O Misantropo*
Adam Smith: *A Riqueza das Nações*
Kant: *Crítica da Razão Pura, A Fundamentação da Metafísica dos Costumes*
Mozart: *Don Giovanni*
Jane Austen: *Orgulho e Preconceito*
Dedekind: *Ensaios Sobre A Teoria dos Números*
Ensaios por: Young, Maxwell, Taylor, Euler, D. Bernoulli

Quarto Ano

Artigos da Confederação
Declaração de Independência Constituição dos Estados Unidos da América
Opiniões da Suprema Corte
Hamilton, Jay, e Madison: *O Federalista*
Darwin: *Origem das Espécies*
Hegel: *Fenomenologia do Espírito*, "*A Ciência da Lógica*" (da *Enciclopédia das Ciências Filosóficas*)

Lobachevsky: *Teoria dos Paralelos*
Tocqueville: *A Democracia na América*
Kierkegaard: *Fragmentos Filosóficos, Temor e Tremor*
Wagner: *Tristão e Isolda*
Marx: *O Capital, Manuscritos Econômicos e Filosóficos de 1844, A Ideologia Alemã*
Dostoievsky: *Irmãos Karamazov*
Tolstoi: *Guerra e Paz*
Melville: *Benito Cereno*
Twain: *As Aventuras de Huckleberry Finn*
O'Connor: Histórias Selecionadas
William James: *Psychology: Briefer Course*
Nietzsche: *O Nascimento da Tragédia, Assim Falou Zaratustra, Além do Bem e do Mal*
Freud: *Introdução à Psicanálise*
Valery: Poemas
Booker T. Washington: Escritos Selecionados
Du Bois: *As Almas da Gente Negra*
Heidegger: *O Que é Isto, A Filosofia?*
Heisenberg: *Os Princípios Físicos da Teoria Quântica*
Einstein: Artigos Selecionados
Millikan: *O Elétron*
Conrad: *O Coração das Trevas*
Faulkner: *O Urso*
Poemas por: Yeats, T. S. Eliot, Wallace Stevens, Baudelaire, Rimbaud
Ensaios por: Faraday, J. J. Thomson, Mendel, Minkowski, Rutherford, Davisson, Schroedinger, Bohr, Maxwell, de Broglie, Dreisch, Ørsted, Ampère, Boveri, Sutton, Morgan, Beadle e Tatum, Sussman, Watson e Crick, Jacob e Monod, Hardy.

ÍNDICE

Índice Remissivo e Onomástico

A
Ação afirmativa, 119, 142
Academia Militar dos Estados Unidos da América, 218
Academia Pública da Filadélfia, 25-26
Adam Dalgliesh, personagem de P. D. James, 220
Adams, John (1735-1826), 2º presidente dos Estados Unidos da América, 218
"Adaptive Markets Hypothesis, The: Market Efficiency from an Evolutionary", artigo de Andrew Lo, 88
Adler, Mortimer J. (1902-2001), 201-02
Albuquerque, Novo México, 197
"Além do Equilíbrio e da Eficiência", seminário do Instituto Santa Fé, 167
Alex Cross, personagem de James Patterson, 220
Alexandre, *o Grande* (356-323 a.C.), 218
Almagesto, de Ptolomeu, 76
Amazon.com, 172-74
América do Sul, 65-67
"Analysis of Economic Time Series, The", artigo de Maurice Kendall, 52
Anderson, Phil, 123
Annapolis, Maryland, 195
Annus mirabilis ("ano maravilhoso") de Isaac Newton, 46
Ardil-22, de Joseph Heller, 219
Aristóteles (384-322 a.C.), 43-44
Arquíloco (680-645 a.C.), 270
Arrow, Kenneth Joseph (1921-2017), 78, 260
Arthur, Brian, 78, 80, 82, 85, 123, 167
Arthur, William Brian (1946-), 78, 80-82, 85, 123, 167
Asch, Solomon (1907-1996), 119-20
Assassinatos da Rua Morgue, Os, de Edgar Allan Poe, 221
Associação Americana de Finanças, 152
Ataque a Pearl Harbor, em 1941, 259
Ataque terrorista de 11 de Setembro ao World Trade Center, 259
Auguste Dupin, personagem de Edgar Allan Poe, 221
Aversão a perdas, 132-38, 140-42

B
Bachelier, Louis (1870-1946), 52-54, 59

Bak, Per (1948-2002), 120-23
Banco Central norte-americano (FED), 105
Barber, Brad M., 141-42
Barnes & Noble, 173-74
Bayes, Thomas (1701-1761), 238-40, 246
Beat the Dealer, de Ed Oakley Thorp, 245
Beeman, Richard (1942-2016),10, 26-28
"Behavior of Stock-Market Prices", The", dissertação de Eugene Fama, 55
Bell, Donald "Don" (1934-), 10, 198
Bell Labs, 243
Bell Systems Technical Journal, The, 153, 243
Benartzi, Shlomo, 134-37, 140, 142
Berkshire Hathaway, 15, 21, 23, 137, 251
Berlin, Isaiah (1909-1997), 270-71
Bernoulli, Daniel (1700-1782), 237
Bernoulli, Jacob (1654-1705), 237-38
Bernoulli, Johann (1667-1748), 237
Bernstein, Peter (1919-2009), 52, 236-38, 252-53, 260
Bezos, Jeffrey Preston (1964-), 172
Bíblia Sagrada, 26, 296
Biblioteca da Faculdade de Guerra dos Estados Unidos da América, 218
Billy Budd, de Herman Melville, 218
Birkhoff, Garrett (1911-1996), 35
Black, Fischer (1938-1995), 152
Black Friday, 174
Blackjack, 244-46
"Bloco de Notas sobre a Transmutação das Espécies", anotações de Charles Darwin, 68
Bohlin, Steve, 10, 198-99
Boke of Nurture or Schoole for Good Maners, The [sic], de Hugh Rhodes, 229
"Bolha dos Mares do Sul", 96
Bolsa de Valores de Hollywood, 116
Boole, George (1815-1864), 35
Boswell, James (1740-1795), 178
Brahe, Tycho (1546-1601), 43
Buchanan, James (1919-2013), 257
Buffett, Warren Edward (1930-), 15, 21, 84, 137, 153, 195, 230-31, 245, 250

C
Cambridge, Massashussets, 179
Canton, John (1718-1772), 238
"Capital Asset Prices: A Theory of Market Equilibrium under Conditions of Risk", artigo de William Sharpe, 56
Capital Ideas, de Peter Bernstein, 52
Carlyle, Thomas (1795-1881), 112-13
Carta Roubada, A, de Edgar Allan Poe, 221
Carteira de títulos da PIMCO, 245
Centro de Dispersão de Nêutrons, 107
Centro de Nanotecnologia Integrada, 107
Centro de Pesquisa Thomas J. Watson da IBM, 168
Centro de Segurança Energética, 107
Centro para a Ciência da Biossegurança (CBSS), 107
Centro para a Filosofia e História da Ciência da Universidade Boston, 164
Centro pela Liderança do Exército dos Estados Unidos da América, 218
Cérebro e Crença, de Michael Shermer, 150
Chevalier de Méré, pseudônimo de Antoine Gombaud (1607-1684), 235
China, 130
Christensen, Clayton Magleby (1952-2020), 87
Ciências Naturais, 79, 98, 126
Ciências Sociais, 16, 22, 24, 98-00, 123, 126, 207, 212, 253
Clube Metafísico em Cambridge, Massashussetts, 179
Coca-Cola Company, The, 138
Colegiado Leonid Hurwicz, 115
Comissão Cowles para Pesquisa e Economia, 52
Como Ler Livros, de Mortimer J. Adler, 201
"Como tornar nossas ideias claras", artigo de Charles Sander Peirce, 180
Companhia dos Mares do Sul, 95
Comte, Isidore Marie Auguste François Xavier (1798-1857), 48, 98-99
Conan Doyle, *sir* Arthur (1859-1930), 222

ÍNDICE REMISSIVO E ONOMÁSTICO

"Concepções Filosóficas e Resultados Práticos", artigo de William James, 179
Confusion of Confusions, de Joseph de la Vega, 96, 138
Connections, de James Burke, 33
Conrad, Joseph (1857-1924), nascido Jósef Teodor Nałęcz Korzeniowski, 216
Consiliência: a unidade do conhecimento, de Edward O. Wilson, 290
Copérnico, Nicolau (1473-1543), 43-44, 53, 59, 76
Coração das Trevas, de Joseph Conrad, 217
Cowles, Alfred (1891-1984), 52
Craik, Kenneth (1914-1945), 146-47
Crane, Stephen (1871-1900), 218
Credit-Suisse, 167
Crescimento Pela Inovação: Como Crescer de Forma Sustentada e Reinventar o Sucesso, de Clay Christensen e Michael Raynor, 87
Crise das hipotecas de alto risco de 2007-2008, 217
"Criticalidade auto-organizada", de Per Bak, 120, 123, 126
Crítica da Faculdade do Juízo, de Immanuel Kant, 104
Crowd, The: A Study of the Popular Mind, título inglês de *Psicologia das Multidões*, de Gustave Le Bon, 113
Cruz Azul, A, de G. K. Chesterton, 223
Cunniff, Richard T., 251
Cyber Monday, 174

D

Damodaran, Aswath (1957-), 135
Darwin, Charles Robert (1809-1882), 64-71, 73, 77, 89-90, 101, 182-83, 209, 239, 251, 253
Darwin, Erasmus (1731-1802), 64-65
Darwin, Robert (1766-1848), 64
Darwinismo Social, 101
Dawkins, Richard (1941-), 70, 209
Dell Computer, 173
Departamento de Energia dos Estados Unidos da América, 107

Desafio aos Deuses: A Fascinante História do Risco, de Peter Bernstein, 236
Descartes, René (1596-1650), 43-45, 236, 287
Destruição Criativa: Porque Empresas Feitas para Durar não são Bem-Sucedidas — Como Transformá-las, de Richard Foster e Sarah Kaplan, 87
Dia de Ação de Graças, 174
Dialogue conteinyng the number in effect of all the proverbes in the Englishe tongue, A [sic], de John Heywood, 230
Dicionário de Filosofia de Cambridge, 210
Dicionário Oxford de Filosofia, 210
Difference, The: How the Power of Diversity Creates Better Groups, Firms, Schools, and Societies, de Scott Page, 116
Dilema da Inovação, O: Quando as Novas Tecnologias Levam as Empresas ao Fracasso, de Clay Christensen e Michael Raynor, 87
Dodd, David (1895-1988), 84, 252
Do Investors Trade Too Much?, de Terrence Odean, 140
Doty, Benjamin, 10, 216-18
Dostoievsky, Fiódor (1821-1881), 218
Dow Jones, 250
Dr. Kay Scarpetta, personagem de Patricia Cornwell, 220
Dreiser, Theodore (1871-1945), 216-17
"Duas Culturas, As", palestra de C. P. Snow, 175
Duas Culturas e um Segundo Olhar, As, de C. P. Snow, 175

E

Econometrica, 132
Economia, de Paul Samuelson, 51
Economia Evolucionária, 74-77
Economist, The, 202
Editora da Universidade Columbia, 16
Editora da Universidade Harvard, 233
"Efeito *lollapalooza*", 37, 291
"Efeito Walter Mitty", 143
Egito, 130

Emblema Vermelho da Coragem, O, de Stephen Crane, 218
Enciclopédia Oxford de Filosofia, 160
Ensaio Sobre o Princípio da População, de Thomas Malthus, 68
Era da Ciência, 149
Era Uma Vez Um Número: A Lógica Matemática Oculta nas Histórias, de John Allen Paulos, 176
Era Vitoriana, 114
Escola Científica Lawrence da Universidade Harvard, 181
Escola de Administração Anderson da Universidade da Califórnia em Los Angeles, 134
Escola de Administração Wharton da Universidade da Pensilvânia, 285
Escola de Direito da Stanford, 36
Escola de Direito de Harvard, 119, 288
Escola de Economia de Chicago, 257
Escola de Economia de Londres, 52
Escola de Medicina de Harvard, 181
Escola de Negócios Chicago Booth, 134
Escola de Negócios Marshall, 21
Escola de Negócios Stern da Universidade de Nova York, 135
Esopo (c. 620- 560 a.C.), 229-231, 252
"Essay Towards Solving a Problem in the Doctrine of Chances", artigo de Thomas Bayes, 238
Estado de Israel, 130
Estados Unidos da América, 82, 182, 185, 256
Estratégias Financeiras Quantitativas, 167
Estrutura das Revoluções Científicas, A, de Thomas Kuhn, 75
Estudo em Vermelho, Um, de Arthur Conan Doyle, 222
Expert Political Judgment, de Philip Tetlock, 271

F
Fábula do "Falcão e do Rouxinol", 229, 252
Faculdade Trinity, em Cambridge, 42
Faculdade Wheaton, 224

Fama, Eugene (1939-), 55
Farmer, J. Doyne (1952-), 82-85, 89, 167
Fer-de-lance, de Rex Stout, 219-20
Fermat, Pierre de (1601-1665), 236-38
Feynman, Richard (1818-1988), 209
Fez, Marrocos, 130
Filadélfia, 25, 27, 284
Filosofia do objetivismo, 217
Financial Analysts Journal, The, 55
Financial Times, 202
Financier, The, de Theodore Dreiser, 216-17
Fisher Bennett Hall da Universidade da Pensilvânia, 285
Fitzgerald, F. Scott (1896-1940), 216
FitzRoy, Capitão Robert (1805-1865), 65
Flaco, Quinto Horácio (65-8 a.C.), 252
Forbes, 202
"Força de Mercado, Ecologia e Evolução", artigo de J. Doyne Farmer, 83
Forças de Defesa de Israel, 130
Forster, E. M. (1879-1970), 219
Foster, Richard, 87
Fortune, 202
Fortune's Formula: The Untold Story of the Scientific Betting System That Beat the Casinos and Wall Street, de William Pound Stone, 245
Fractal Geometry of Nature, The, de Benoit Mandelbrot, 168
Franklin, Benjamin (1706-1790), 25-28, 37, 197, 224, 284-85, 289, 291
Frederick, Shane (1968-), 265-67, 269
Freeman, Christopher (1921-2010), 72
Freud, Sigmund Schlomo (1856-1939), 130
Friedman, Milton (1912-2006), 257
Fundação Cowles de Yale, 52, 167

G
Gainesville, Flórida, 216
Galilei, Galileu (1564-1642), 43-44
Galton, Francis (1822-1911), 114, 117, 252-56
Gazeta da Pensilvânia, 25, 284
Geanakoplos, John (1945-), 167
Gell-Mann, Murray (1929-2019), 167, 209

ÍNDICE REMISSIVO E ONOMÁSTICO

Gênio Hereditário, O, de Francis Galton, 253
Genuine Reality: A Life of William James, de Linda Simon, 211
Gleick, James (1954-), 209
Goldman Sachs, 152
Gould, Stephen Jay (1941-2002), 209, 247-49, 251-52
Grã-Bretanha, 71
Graham, Benjamin (1894-1976), 84, 137, 139, 252
Grande Depressão, 232, 255
Grande Gatsby, O, de F. Scott Fitzgerald, 217
Grécia, 130, 160, 196, 229
Green, Justin (1945-), 144
Greenspan, Alan (1926-), 217
Gross, William "Bill" H. (1944-), 245
Grossman, Sanford "Sandy" (1953-), 167
Guerra de Sucessão Espanhola, 95

H

Hand-book of Proverbs, A, de John Ray, 230
Harvard Countway, 247
Hawking, Stephen (1942-2018), 209
Heller, Joseph (1923-1999), 219
Henslow, John Stevens (1795–1861), reverendo, 65
Hercule Poirot, personagem de Agatha Christie, 220
Heywood, John (1497-1580), 229
HMS [Navio de Sua Majestade] *Beagle*, 65
Holland, John H. (1929-2015), 31-32, 282
Holmes, Oliver Wendell (1809-1894), 179
Hooker, Joseph (1817-1911), 70
How We Believe, de Michael Shermer, 149
Howells, William Dean (1837-1920), 216

I

Idade Média, 149
Ilha de Santa Cruz, 67
Ilha Espanhola, 67
Ilha Genovesa, 67
Ilhas Galápagos, 66-67
Ilíada, de Homero, 218
Illinois, 224

Ilusões Populares e a Loucura das Massas, de Charles MacKay, 96
Índia, 130
Índice S&P 500, 138, 173, 250, 256
Inglaterra, 42, 64-65, 114, 220
Institutional Investor, 55
Instituto de Geofísica e Física Planetária, 107
Instituto Massachusetts de Tecnologia, *ver* Massachussetts Institute of Technology (MIT),
Instituto Santa Fé, em Santa Fé, Novo México, 10, 31, 57, 78, 83, 87, 123, 167, 291
International Business Machines Corporation (IBM), 53, 168
"Internet and the Investor, The", artigo de Terrence Odean e Brad Barber, 141
Intrade, 116
Inumerácia: Analfabetismo Matemático e Suas Consequências, de John Allen Paulos, 176
Investidor Inteligente, O, de Benjamin Graham, 139
Investigações Filosóficas, de diversos autores, sobre Wittgenstein, 170
IPC Acquisition, 198
Irmãos Karamazov, Os, de Fiódor Dostoievsky, 218

J

Jacobs, Alan (1958-), 224
Jacobs, Jane (1916-2006), 89
James, Henry (1811-1882), 181
James, William (1842-1910), 28-29, 179-86, 188, 211, 287
Johnson, George, 209
Johnson-Laird, Philip N., 147-48
Johnson, Norman L., 107-13, 115
Johnson, Samuel (1709-1784), 178
Journal of Business, 55
Judgment under Uncertainty: Heuristics and Biases, de Daniel Kahnemann, 131
Jung, Carl Gustav (1875-1961), 130

K

Kahneman, Daniel (1934-), 129-35, 140, 267-69, 275-77
Kant, Immanuel (1724-1804), 90, 104, 287
Kaplan, Sarah, 87
Kaye, Danny (1911-1987), 144
Kelly Jr., James Larry (1923-1965), 243
Kendall, Maurice (1907-1983), 52
Kent, Inglaterra, 238
Kepler, Johannes (1571-1630), 43-46
Keynes, John Maynard (1883-1946), 233
Knight, Frank H. (1885-1972), 257-58
Koos Olinger, 216
Krugman, Paul (1953-), 104-06
Kuhn, Thomas (1922-1996), 75-76, 185, 257

L

Laboratório David Rittenhouse da Universidade da Pensilvânia, 285
Laboratório de Alto Campo Magnético, 107
Laboratório de Engenharia Financeira do MIT, 87
Laboratório Internacional de Los Alamos, 108
Laboratório Nacional de Los Alamos (LANL), 107
Laboratórios Leidy da Universidade da Pensilvânia, 285
Laplace, Pierre-Simon (1749-1827), 289
Las Vegas, Nevada, 244-45
Lattice Theory (Teoria da rede), de Garrett Birkhoff, 35
Latticework: The New Investing (Treliça: o novo investimento), título original de *Investimentos: a última arte liberal*, 15-16
Le Bon, Gustave (1841-1931), 113
Legg Mason Capital Management, 167, 172, 272
Lei da gravitação universal de Newton, 46, 90
Lei de Galton, 255-56
Leibniz, Gottfried (1646-1716), 257
Lewis, Sinclair (1885-1951), 216

Lincoln Logs, 280
Lincolnshire, Inglaterra, 42
Linha do Equador, 66
Lo, Andrew Wen-Chuan (1960-), 87-88
Locust Walk, 284-85
Logan Hall da Universidade da Pensilvânia, 285
Lógica do Cisne Negro, A: o Impacto do Altamente Improvável, de Nassim Nicholas Taleb, 258
Los Alamos, Novo México, 107
Los Angeles, Califórnia, 105, 134
Lucrécio (94-50 a.C.), 291
Lundeen, George W., 284
Lyell, Charles (1797-1875), 70

M

Macbeth, de William Shakespeare, 217
Mackay, Charles (1814-1889), 96, 113, 117
Malthus, Thomas (1766-1834), 68
Mandelbrot, Benoit (1924-2010), 167-68, 174, 178
Manhattan, Nova York, 221
"Mão invisível" de Adam Smith, 99, 106
Marines dos Estados Unidos da América, 218
Marshall, Alfred (1842-1924), 49-51, 53, 56, 58, 71-75, 77-78
Marx, Karl (1818-1883), 99
Massachussetts Institute of Technology (MIT), 87, 152, 167, 244, 265-66
"Mathematical Theory of Communication, A", artigo de Claude E. Shannon, 153
Mauboussin, Michael (1964-), 10, 167
McGrayne, Sharon Bertsch (1942-), 239
McIntyre, Lee, 164-66, 186
McKinsey & Company, 87
Melville, Herman (1819-1891), 218
Mendel, Gregor Johann (1822-1884), 69
Mental Models, de Philip N. Johnson-Laird, 147
Mercado Eletrônico de Iowa, 116
Mercado lateral, 250
Merton, Robert K. (1910-2003), 152

ÍNDICE REMISSIVO E ONOMÁSTICO

Mesotelioma abdominal, 247
Mestre da Casa da Moeda Real, título de *sir* Isaac Newton, 96
Metaphysical Club, The, de Louis Menand, 211
Metáforas da Vida Cotidiana, de Lakoff e Johnson, 32, 175
Miller, William "Bill" H. (1950-), 10, 167
Miss Jane Marple, personagem de Agatha Christie, 220
Mistério de Marie Rogêt, O, de Edgar Allan Poe, 221
Modelo Kelly de otimização, 243
Modigliani, Franco (1918-2003), 167
More Than You Know: Finding Financial Wisdom in Unconventional, de Michael Maubossin, 118
Morgan, J. P. (1837-1913), 254
Morgenstern, Oskar (1902-1977), 132
Munger, Charles "Charlie" Thomas (1924-), 9, 15, 21-22, 28, 32, 36, 146, 155, 193, 195, 224, 240, 279, 288, 290-91
Munson, Lee, 10, 197
"Myopic Loss Aversion and the Equity Risk Premium Puzzle", artigo de Richard Thaler e Schlomo Benartzi, 134
Mysterious Book Shop, 221

N

NASDAQ Composite, 172
Nashville, Tennessee, 219
Nature, 114
Nature of Dividends, The, de G. A. D. Preinreich, 234
Nature of Explanation, The, de Kenneth Craik, 146
Natureza das Economias, A, de Jane Jacobs, 89
Natureza e a Essência da Teoria da Economia Nacional, A, de Joseph Schumpeter, 72-73
Nero Wolfe, de Rex Stout, 219
Neumann, John von (1903-1957), 132
Neve, de Orhan Pamuk, 219
Newington Green, Inglaterra, 238

"New Interpretation of Information Rate, A", artigo de James Larry Kelly Jr., 243
New York Times, The, 202, 245, 259, 275
New Yorker, The, 113, 144
Newton, *sir* Isaac (1642-1727), 42-48, 59-60, 64, 77, 90, 95-98, 165, 209, 238, 286
Nick e Nora Charles, personagens de Dashiell Hammett, 220
Nietzsche, Friedrich (1844-1900), 112-13
Notícias e a Matemática ou de Como um Matemático Lê o Jornal, As, de John Allen Paulos, 176

O

Observatório de Bruxelas, 253
Odean, Terrence (1950-), 140-42
Origem das Espécies por Meio da Seleção Natural, Da, ou *A Preservação de Raças Favorecidas na Luta Pela Vida*, títulos originais de Charles Darwin, 70-71, 91, 182, 209
"Ouriço e a Raposa, O: Um Ensaio sobre a Visão da História de Tolstoi", ensaio de Isaiah Berlin, 271

P

Pacioli, Luca (1445-1517), 236
Padre Brown, personagem de G. K. Chesterton, 221-23, 261
Page, Scott (1963-), 115, 209
País de Gales, 65
Palestina inglesa, 130
Pamuk, Orhan (1952-), 219
Paris, 130
Pascal, Blaise (1623-1662), 149, 235-38
Passagem Para a Índia, Uma, de E. M. Forster, 219
Pastoral Americana, de Philip Roth, 217
Paulos, John Allen, 176-78
Pense Duas Vezes: Como Evitar As Armadilhas da Intuição, de Michael Maubossin, 118
Penzler, Otto, 221
Perkins, David (1942-), 274-75

Petróleo!, de Upton Sinclair, 217
Philip Marlowe, personagem de Raymond Chandler, 220
Philosophical Transactions, 238
Pierce, Charles Sander (1839-1914), 179, 181
Pleasures of Reading in an Age of Distraction, The, de Alan Jacobs, 224
Plymouth, Inglaterra, 65
Poe, Edgar Allan (1809-1849), 221
Pope, Alexander (1688-1744), 166
Portfolio LLC, 197
Poundstone, William (1955-), 245
Preireinch, G. A. D., 234
Prêmio Nobel de Economia, 51, 56, 78, 104, 129, 131, 267-68
Prêmio Nobel de Física, 123, 168
Price, Richard (1723-1791), 238
"Price Variations in a Stock Market with Many Agents", artigo de Per Bak e outros, 121
Prigogine, Ilya (1917-2003), 104
Primeira Guerra Mundial, 169, 287
Princípios de Economia, de Alfred Marshall, 49, 51, 71, 74
Princípios de Psicologia, de William James, 182
Princípios Matemáticos da Filosofia Natual, Os (*Principia Mathematica*), de Isaac Newton, 46, 209
"Problema El Farol, O", 80-81, 85
Programa de Redução de Ameaças Biológicas, 107
Programa Grandes Livros da Faculdade St. John's, 10, 196, 199, 201
Projeto Inteligência Simbiótica (SIP), 108
"Proof That Properly Anticipated Prices Fluctuate Randomly", artigo de Paul Samuelson, 53
Propostas Relacionadas à Educação da Juventude na Pensilvânia, de Benjamin Franklin, 25
"Prospect Theory: An Analysis of Decision Under Risk", artigo de Daniel Kahnemann e Amos Tversky, 132

Pruitt, Dean G., 143-44
Psicologia das Multidões, de Gustave Le Bon, 113
Ptolomeu (90-168 d.C.), 76

Q
Quark e o Jaguar, O: as Aventuras no Simples e no Complexo, de Murray Gell-Mann, 209
Quebra da Bolsa de Valores de 1929, 52, 255
Quetelet, Lambert Adolphe Jacques (1796-1874), 48, 253
Quincunx, 253-54

R
Rand, Ayn (1905-1982), 217
Rápido e devagar: duas formas de pensar, de Daniel Kahneman, 275
Ray, John (1627-1705), 230
Raynor, Michael E. (1967-), 87
Revival of Pragmatism, The, de Louis Menand, 211
Revolução Científica, 42, 64
Rhodes, Hugh, 229
Ricardo III, de Shakespeare, 217
Richards, Diana, 123-25
Riqueza das Nações, A, de Adam Smith, 53, 99
Risco, Incerteza e Lucro, de Frank H. Knight, 258
Rise of Silas Lapham, The, de William Dean Howells, 217
Roll, Richard (1939-), 167
Ross, Steve (1966-), 167
Roth, Philip (1933-2018), 216
Rouen, capital da Alta Normandia, 236
Ruane, William "Bill" J. (1925-2005), 250-51
"Ruído", palestra de Fischer Black, 152
Russell, Bertrand Arthur William (1872-1970), 169

S
Sabedoria das Multidões, A: Porque Muitos São Mais Inteligentes do Que Alguns e Como a Inteligência Coletiva Pode

ÍNDICE REMISSIVO E ONOMÁSTICO

Transformar os Negócios, a Economia, a Sociedade e as Nações, de James Surowiecki, 113
Safire, William (1929-2009), 259
Sam Spade, personagem de Dashiell Hammett, 220
Samet, Elizabeth D. (1969-), 219
Samuelson, Paul (1915-2009), 51-56, 59, 78, 135
Santa Fé, Novo México, 31, 58, 79-81, 83
São Francisco, Califórnia, 220
Scholes, Myron (1941-), 152
Schumpeter, Joseph Alois (1883-1950), 72-74, 77, 233
"Secret Life of Walter Mitty, The", conto de James Thurber, 143
Security Analysis, de Benjamin Graham e David Dodd, 84, 139, 252
Segunda Guerra Mundial, 84, 101, 130
Self-Organizing Economy, de Paul Krugman, 105
Sequoia Fund, 251
Shakespeare, William (1564-1616), 176, 216
Sharpe, William F. (1934-), 56
Shannon, Claude E. (1916-2001), 153-56, 243-45
Sherlock Holmes, personagem de Arthur Conan Doyle, 221-22
Shermer, Michael, 149-50
Shiller, Robert (1946-), 167, 217
Shrewsbury, Inglaterra, 64
Simon, Herbert (1916-2001), 268
Sistema capitalista *laissez-faire*, 99-01, 217
Smith, Adam (1723-1790), 53, 99-01, 106
Smith, Vernon, 129
Snow, C. P. (1905-1980), 175-76, 178
Sociedade Estatística Real, 52
Sociedade Geológica, 67
Sociedade Real, 67, 238, 254
Soldier's Heart: Reading Literature Through Peace and War at West, de Elizabeth Samet, 219
St. John's College, 10, 195-97, 199, 201, 213, 224
Standard & Poor's, 256

Stanovich, Keith E., 273-74, 277
Stigler, George (1911-1991), 257
Stock Growth and Discount Tables, de Samuel Eliot Guild *et al.*, 234
Stout, Rex (1886-1975), 219
Subprime Solution, The, de Robert Shiller, 217
Sumner, William Graham (1840-1910), 101
Summers, Lawrence, 82
Sunstein, Cass (1954-), 119
Surowiecki, James (1967-), 113-15, 117

T

Taleb, Nassim Nicholas (1960-), 258-60
"Teoria da árvore de decisão", 240
Teoria da auto-organização, 104, 106
Teoria da complexidade, 103, 165
Teoria da decisão, 237
Teoria da perspectiva, 133-34
Teoria da probabilidade, 48, 231, 236-38, 240
Teoria da seleção natural de Darwin, 70, 90
Teoria de Fluxos de Caixa Descontados (DCF), de John Burr Williams, 187-88, 240
Teoria do Desenvolvimento Econômico, A, de Joseph Schumpeter, 72
Teoria Geral do Emprego, do Juro e da Moeda, de John Maynard Keynes, 233
"Teoria Matemática da Comunicação", de Claude Shannon, 243
Teoria ótica de Newton, 46
Teoria que não morreria, A: como a Lei de Beyes decifrou o código Enigma, perseguiu submarinos russos e emergiu triunfante de dois séculos de controvérsias, de Sharon Bertsch McGrayne, 239
Teste de Reflexo Cognitivo, de Shane Frederick, 267
Tetlock, Philip E. (1954-), 269-72
Thaler, Richard (1945-), 134-37, 140, 142, 167
Theory of Games and Economic Behavior, The, de John von Neumann e Oskar Morgenstern, 132

Theory of Investment Value, The, de John Burr Williams, 233
Thoreau, Henry David (1817-1862), 112-13
Thorndike, Edward (1874-1949), 28-29, 211
Thorp, Ed Oakley, 244-45, 247
Thurber, James (1894-1961), 143
Tinkertoy, 146
"Trading Is Hazardous to Your Wealth", artigo de Terrence Odean e Brad Barber, 141
Tratado Lógico-Filosófico, de Ludwig Wittgenstein, 169-70
Tversky, Amos (1937-1996), 131-35, 140

U
Universidade da Califórnia em Berkeley, 130, 179
Universidade da Califórnia em Los Angeles, 134
Universidade da Pensilvânia, 10, 26, 269, 284
Universidade de Chicago, 55, 70, 133, 152, 167, 257
Universidade de Cornell, 134
Universidade de Edimburgo, 64
Universidade de Investimentos Artes Liberais, 272
Universidade de Jerusalém, 130
Universidade de Michigan, 10, 31, 115, 279
Universidade de Minnesota, 217
Universidade de Nova York, 135
Universidade de Princeton,
Universidade de Toronto, 273
Universidade de Wisconsin, 107
Universidade de Yale, 25, 101, 167-68, 197, 266
Universidade Columbia, 16, 29, 250
Universidade Harvard, 25, 29, 35, 87, 119, 181-82, 211, 232-33, 240, 247, 265, 274, 288
Universidade Hebraica de Jerusalém, 130
Universidade Princeton, 25, 147, 167, 265
Universidade Stanford, 36-37, 78, 167
Universidade Temple, 176
Universidade Villanova, 144

V
Value Line, 213
Van Doren, Charles (1926-2009), 202
Veblen, Thorstein (1857-1929), 70-71
Vega, Joseph de la (1650-1692), 96-97, 138

W
Waldrop, Mitchell, 209
Wallace, Alfred Russel (1823-1913), 70
Wall Street, 232, 255
Wall Street Journal, The, 202, 275
Wal-Mart, 173-74
Walter Mitty, personagem fictício de James Thurber, 143
Wedgewood II, Josiah (1769-1843), 65
Wedgewood, Josiah (1730-1795), 64
West Point, 219
What Intelligence Tests Miss: The Psychology of Rational Thought, de Keith Stanovich, 273
"What Pragmatism Means", palestra de William James, 183
William James: In the Maelstrom of American Modernism, de Robert D. Richardson, 211
Williams, John Burr (1900-1989), 187, 231-34, 240
Wilson, Edward O. (1929-), 101, 290
Winner's Curse, The: Paradoxes and Anomalies of Economic Life, de Richard Thaler, 134
Wittgenstein, Ludwig Josef Johann (1889-1951), 169-71, 174, 178, 287
Woodworth, Robert S. (1869-1962), 29

Z
Zeitgeist, 217

Acompanhe a LVM Editora nas Redes Sociais

 https://www.facebook.com/LVMeditora/

 https://www.instagram.com/lvmeditora/

Esta obra foi composta pela Spress em
Playfair Display e impressa em Pólen 80g
pela Gráfica Viena para a LVM em maio de 2022.